知的財産権の事例から見る

民事訴訟法

村西大作 著

開隆堂

はしがき

　本書は、令和元（2019）年に刊行した「弁理士・知財担当者のための民事訴訟法」を基に、その後の法改正等の状況も踏まえ、また幅広い読者の方々にご活用いただけるよう、記述を見直し、内容をアップデートしたものです。

　本書は、民事訴訟法の概要につきコンパクトにまとめたものですが、知的財産権に関する事例を中心に記述しており、タイトルのとおり、知的財産権の事例で民事訴訟法を概観できることが、数多の民事訴訟法に関する書籍の中での本書の最大の特徴となります。本書は、日本弁理士会研修所の「民法・民事訴訟法基礎研修」のテキストとして使用されますが、この研修と「能力担保研修」を受講して特定侵害訴訟代理業務試験の合格を目指す弁理士だけに留まらず、知的財産権法を学ぶ学生や企業等の知的財産権担当者といった方々のお役にも立てるよう、豊富な事例を挙げながら分かりやすく解説していますので、読者の方々におかれましては、本書を十分に活用して民事訴訟法の基礎知識と考え方を身につけていただければ幸いです。

　読者の方々が各自の立場に応じ、例えば知的財産権訴訟の第一線で活動したり、知的財産権に関わる契約書の作成やチェックを適切に行ったりするためには、知的財産権法の知識についてはもちろんのこと、一般法である民法・民事訴訟法の基礎知識と考え方をマスターすることが必要です。知的財産権訴訟や知的財産権に関わる契約に携わる裁判官や弁護士は、通常、一般法である民法・民事訴訟法から入ってその基礎知識と考え方を身につけた上で、特別法である知的財産権法に進んでおり、思考の流れもこの順になっているといえるからです。その意味で、本書とその姉妹書である「知的財産権の事例から見る民法」をセットでお使いいただくことで、学習効果はより大きなものとなると思います。

　ところで、本書は民事裁判手続のIT化等に関する令和4年改正法に基づき執筆しましたが、執筆時には、この改正法に係る多くの条文がまだ施行されておらず、また、これらに対応する民事訴訟規則も整備されていない、改正法の下での実務と判例・学説の展開が十分に予測できない時期に行ったことから、本書の内容には必ずしも十分とはいえない点や将来の実務と判例・学説の展開を踏まえて変更しなければならない点もあるかもしれませんが、この点は執筆時期に免じてご寛容いただければ幸いです。

　本書の版元である開隆堂出版株式会社には、中学時代にその英語の教科書で学んだ懐かしい思い出があるとともに、仕事の上でも弁護士登録の当初から長く良いおつきあいをさせていただいており、そのような版元から前著に続き本書を刊行させていただけることは望外の喜びであり、この場を借りて心より御礼申し上げます。また、かなりの労力をかけて校正等の作業をしてくれた私の事務所の職員にも、ここに記して感謝の意を表します。

令和6（2024）年12月吉日

弁護士　村西　大作

目　次

はしがき ……………………………………………………………………… 3

目次 …………………………………………………………………………… 4

民事訴訟法の学習方法と本書の構成について ………………………… 5

序章　民事訴訟法の全体構造 …………………………………………… 7

第1章　訴訟の主体

第1節　裁判所 ……………………………………………………………… 14

第2節　当事者 ……………………………………………………………… 24

第2章　訴訟の開始

第1節　訴えの類型と訴訟物 …………………………………………… 40

第2節　訴訟要件 …………………………………………………………… 45

第3節　処分権主義 ………………………………………………………… 61

第3章　訴訟の審理

第1節　審理の過程 ………………………………………………………… 70

第2節　弁論主義 …………………………………………………………… 102

第3節　証拠 ………………………………………………………………… 119

第4章　訴訟の終了

第1節　当事者の意思による終了 ……………………………………… 146

第2節　判決 ………………………………………………………………… 155

第5章　複雑訴訟

第1節　複数請求訴訟 ……………………………………………………… 178

第2節　共同訴訟 …………………………………………………………… 187

第3節　訴訟参加 …………………………………………………………… 198

第4節　当事者の交替 …………………………………………………… 207

第6章　上訴・再審 …………………………………………………… 215

付　録　訴状・答弁書書式例（特許権侵害訴訟） ………………… 230

索　引 ………………………………………………………………………… 238

民事訴訟法の学習方法と本書の構成について

▌**1** 民事訴訟法の学習方法

⑴　学習のコツ

　民事訴訟法は円環構造（全体が互いに繋がっている構造）であるといわれ、ひととおり学習しないと十分に理解できない所も少なくありません。このため、よく分からない所があっても気にせず、まずはひととおり学習するようにしましょう（但し、どこが分かっていないのかは把握しておきましょう）。また、学習の際は、民事訴訟制度の目的＝私的紛争の公権的解決との関係を意識しましょう。一見難しく感じる制度や規定も、全てはこの目的に繋がっていることが分かれば、制度や規定の理解も容易になるでしょう。

⑵　学習の順序

　本書では、民事訴訟法の全体構造（序章）と訴訟の主体（第1章）について記述した上で、手続の流れに沿って訴訟の開始→訴訟の審理→訴訟の終了の順に記述し（第2章～第4章）、その後に複雑訴訟（第5章）と上訴・再審（第6章）について記述していますが、前述した円環構造を踏まえると、まず民事訴訟法の全体構造を押さえた上で、手続の流れに沿って訴訟の開始→訴訟の審理→訴訟の終了の順に学習し、その後に訴訟の主体、複雑訴訟、上訴・再審について学習するのが効率がよいでしょう。

⑶　条文は重要だがそれだけでは終わらない

　本書の読者のうち弁理士や知財担当者の中には、一般法である民事訴訟法を学ぶことなく特別法である知的財産権法を学んだ方々も多いかと思います。そして、知的財産権法においては民事訴訟法と比べてかなり細かく規定が設けられており、条文を見つけて適用すれば問題が解決するということも多いといえます。このため、著者の経験上、これらの方々は、民事訴訟法を学ぶ際も、「これは何条に規定されているのか」という点に傾注することが多いように感じます。

　法律の学習において条文が重要であることは言うまでもないことですが、その一方で、一般法である民事訴訟法においては、細かく規定を設けずに解釈や一般法理に委ねていたり、規定を設けていてもその解釈が必要となったりする場合が多くみられます。この点に「拒否反応」を示すことなく、民事訴訟法という法典の背景にある法理や制度の趣旨に遡って考えられることが、民事訴訟法の学習を制する大きなポイントとなるでしょう。

　また、民事訴訟法の学習においては講学上の概念（例えば弁論主義やその3つのテーゼ）を正確に押さえていることが重要ですので、この点も意識して学習しましょう。

⑷　原則論から考えること

　民事訴訟法を正しく理解するためには、民法と同様に、まず、その制度や事例に関する原則的な取扱いがどうなっているのかを押さえた上で、例外的な取扱いがあるときはそれも押さえるという思考パターンによることが重要です。例えば、ある制度の効果が原則としては不可だが例外的に可となることがあるという場合に、可という結論を早く導こうと

して、原則を飛ばして例外から考えるのは、民事訴訟法の構造を無視することになってしまうため好ましくありません。民事訴訟法を学ぶ際も、民法と同様に、原則論から考える習慣を身につけましょう。

2 本書の構成について

(1) 本文と側注

一部を除き、本書は本文と側注から構成されており、主に、本文には基礎知識を、側注には本文の補足説明や本文に関連する比較的細かな知識を記載しています。本書を使用して初めて民事訴訟法を学ぶ方は、まずは本文を正しく理解するよう心がけましょう。

(2) 各章の扉

各章の扉に、そこで学ぶ内容に関するガイダンスを設けていますので、その章の学習を始める際と終わった際には必ず目を通し、早い段階で民事訴訟法の枠組みを把握してください。

(3) 事例と解説、図解

本書では、原則として各項目の冒頭に【事例】を、末尾にその解説を【事例の解説】として入れるとともに、図表や【図解】を豊富に取り入れています。読者の皆様は、これらを活用することにより、各項目につき具体的なイメージを持って学習することができるでしょう。

(4) 条文の掲載と標記

本書には原則として条文自体の掲載をしていません。これは、本書に登場する条文を全て盛り込むと大部となってしまうことや、条文を検索する能力を向上させるには、安易に条文を掲載せず、自分で条文を引くのが重要であることによるものです。本書を使用する際は、こまめに条文を引くようにしましょう。

なお、本書に登場する条文には民事訴訟法のほか民事訴訟規則や民法、民事保全法、民事執行法、特許法などのものがありますが、スペース省略のため、原則として、民事訴訟法は条文番号のみを標記し、民事訴訟規則は「規12条」と省略標記しています。

(5) 判例、裁判例

本書執筆時において、平成29（2017）年の債権法を中心とする民法大改正後の規定に関する判例（特に断りのない限り最高裁又は大審院の判例を指す）や重要な裁判例は見当たらなかったため、判例や裁判例については、この大改正前の規定に関するものを挙げています。なお、判決年月日や事件番号は、一部を除き省略しています。

序　章

民事訴訟法の
全体構造

　民事訴訟法は円環構造（全体が互いに繋がっている構造）であるといわれ、ひととおり学習しないと十分に理解できない所も少なくありません。このため、学習を開始するに当たっては、まず、民事訴訟制度の目的＝私的紛争の公権的解決と、民事訴訟法の全体構造を押さえることが重要です。本章では民事訴訟制度の目的と指導理念、民事訴訟手続の流れの概要と権利判断の構造を学ぶとともに、各所で登場する民事訴訟法の基本概念について確認します。

序章 民事訴訟法の全体構造

1 私的紛争の解決を目的とする諸制度

私法上の法律関係（権利義務又は法律上の地位）の存否に関する紛争（私的紛争）解決の制度としては、公権的（強制的）解決制度である民事訴訟（並びにこれに付随する手続である強制執行（民事執行法）及び民事保全（民事保全法））のほかにも、和解（民法上の和解（民法695条）、起訴前の和解（275条）、訴訟上の和解（267条））、調停（民事調停法に基づき裁判所で行われるもの（知財調停）と、裁判所以外で行われるもの）、仲裁（仲裁法）などの自主的解決をはかる制度がある。

2 民事訴訟制度の目的

民事訴訟制度の目的をいかに解するかについては、かつては、学説の厳しい対立がみられたが、現在では、私的紛争の公権的解決をもって民事訴訟制度の目的とする説（紛争解決説）が通説となっている。

3 民事訴訟制度の指導理念

このような私的紛争の公権的解決という民事訴訟制度の目的を達成するために設けられた個別具体的な制度を指導する理念としては次のものが挙げられる。これらは時には相まって、またある時には反発しながら、民事訴訟制度の目的達成に寄与している。

① 公平

当事者をかたよりなく扱うことをいう。

② 適正

裁判の内容と手続が正当であることをいう。

③ 迅速

速やかに訴訟を進行・完結することをいう。

④ 訴訟経済

裁判所や当事者の労力・経費を最小限に止めることをいう。

4 民事訴訟手続の流れの概要と権利判断の構造

(1) 手続の流れ

a. 一般的な手続の流れ

民事訴訟手続は、原告の訴えの提起により開始され、訴訟の審理を経て、判決又は当事者の意思に基づく終了事由により終了する。判決に対しては上訴の機会が与えられるが、判決が確定すると、民事訴訟制度の目的である私的紛争の公権的解決を実効性あらしめるために既判力が生じ（なお、当事者の意思に基づく終了

□知的財産権に関する裁判外紛争解決手続（ADR〜Alternative Dispute Resolution）の例としては、日本知的財産仲裁センターにおける調停、仲裁、センター判定等が挙げられる。

□かつては、私人の権利保護が民事訴訟制度の目的であるとする権利保護説と、国家の私法秩序を維持することが目的であるとする私法秩序維持説が対立していた。しかし、前者に対しては、民事訴訟が国家の制度である以上、単純に私権保護という個人的目的では捉えられないという批判が、後者に対しては、民事訴訟手続は当事者が追行し、判決の効力も原則として当事者間にのみ及ぶ以上、私法秩序の維持を目的とすることはできないという批判がそれぞれ加えられ、紛争解決説が通説化した。なお、上記の3つの全てが民事訴訟制度の目的であるとする多元説も主張されている。

にもこれと同じ効力が生じる場合がある（267条）。）、紛争の蒸し返しが禁じられる。

【図解】

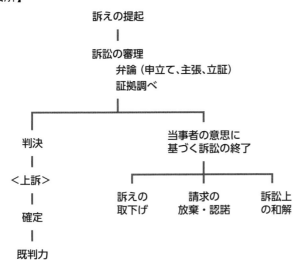

b．知的財産権侵害訴訟の特殊性〜二段階審理方式

　aで述べた一般的な手続の流れを踏まえ、知的財産権侵害訴訟（差止請求のみならず損害賠償請求もされている場合。以下本項において同じ）における訴えの提起から訴訟の審理、判決までの手続の流れの概要を示すと、以下の【図解】のとおりとなる。知的財産権侵害訴訟では、まず侵害の成否につき審理を行い、裁判所が侵害の心証を形成した場合にのみ損害論の審理に進む。なお、知的財産権侵害訴訟でも当事者の意思に基づく訴訟の終了が認められることはもちろんである。

【図解】

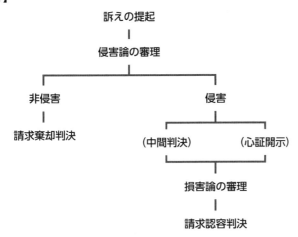

□請求の放棄・認諾と訴訟上の和解については267条がこれらを調書に記載したときは確定判決と同一の効力を有する旨を規定しているが、この効力に既判力が含まれるか否かについては争いがあるため（第4章第1節参照）、【図解】ではこれらと既判力を結びつけていない。

(2) 権利判断の構造

　民事訴訟は、私法上の法律関係（権利義務又は法律上の地位。以下、本項では「権利」という。）の存否につき裁判所が判断し、解決する制度であるが、権利は観念的なものであって、その存否を直接判断することができないため、その判断は、権利の発生・変更・消滅などの法律効果を定める法規の構成要件（法律要件）に該当する事実（法律事実）の存否を判定することを通じて行われる。これを権利の発生の場面についてみれば、裁判所は、証拠に基づき権利の発生を定める法律要件に該当する事実の存否を認定し、この要件を全て充足すると考えたときに権利の発生を認めることになる。そして、訴訟において行使する権利の決定（どのような権利を訴訟において主張するかの決定）は、当事者のうち原告の権能及び責任とされ（処分権主義）、権利の発生要件に該当する事実の主張や、この事実の存在の立証もまた原告の権能及び責任とされる（弁論主義）一方、法律要件を始めとする法の解釈・適用については裁判所の権能かつ職責とされる。

　このような権利判断の構造を図解にすると以下のとおりとなる（民事訴訟のピラミッド構造）。

【図解】

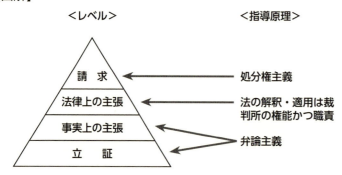

□「知的財産権の事例から見る民法」12頁参照。

□法律上の主張とは、請求権の属性である権利（ex. 所有権、特許権）に関する主張や法律解釈・法的評価（ex. クレーム解釈やその充足性）に関する主張をいう。

5 民事訴訟法の基本概念

(1) 訴訟物

　訴訟物とは、訴訟の主題（対象）となる実体法上の権利をいうものと解するのが判例・実務である（旧訴訟物理論、実体法説）が、訴訟の類型に応じて訴訟法独自の観点から訴訟物を構成する説もある（新訴訟物理論、訴訟法説）。

(2) 処分権主義

　訴訟の開始・請求の特定・訴訟の終了を当事者の権能及び責任とする原則をいう。

□詳細はそれぞれの記述に譲るが、ここで紹介するものは民事訴訟法の基本概念中の基本概念といえるため、学習の早い段階で正確に頭に入れておく必要がある。

(3) **弁論主義**

訴訟資料（事実及び証拠）の収集・提出を当事者の権能及び責任とする原則をいう。

(4) **自由心証主義**

裁判における事実の認定を、裁判官が審理に現れた全ての資料・状況に基づき自由な判断によって形成する心証に委ねるものとする原則をいう。

(5) **証明責任**

訴訟において裁判所がある事実につき、そのいずれとも確定できない（真偽不明の）場合に、その結果として、判決において、その事実を要件とする自己に有利な法律効果の発生又は不発生が認められないことになるという、一方当事者の負う危険又は不利益をいう。

(6) **既判力**

確定判決における請求についての判断は、以後、当事者間の関係を律する基準となり、同一事項が再び問題となったときには、当事者はこれに矛盾する主張をしてその判断を争うことが許されず、裁判所もその判断に矛盾抵触する判断をすることが許されなくなるという拘束力をいう。

第1章

訴訟の主体

　本章では、民事訴訟の主体となる裁判所と当事者を取り上げています。裁判所については、実務上重要となる管轄について、事例を通じて基礎知識を学び、当事者については、当事者の確定、当事者能力、訴訟能力、訴訟上の代理人・法人等の代表者に関する基礎知識を学びます。

　なお、民事訴訟法の学習方法（5頁）でも述べたとおり、民事訴訟法が円環構造であることを踏まえると、まず民事訴訟法の全体構造を押さえた上で、手続の流れに沿って訴訟の開始→訴訟の審理→訴訟の終了（第2章〜第4章）の順に学習し、その後に訴訟の主体（本章）などについて学習するのが効率がよいため、特に初めて学習する際は、本章はあえて後回しにすることをお勧めします。

第1章 訴訟の主体

第1節 裁判所

1 除斥・忌避・回避

(1) 意義

ア 除斥（23条、25条～26条）

除斥とは、裁判官がある事件について法定の関係を持つため、その事件につき当然に職務執行できないことをいう。

イ 忌避（24条～26条）

忌避とは、除斥原因以外に裁判の公正を妨げる事情がある場合に、当事者の申立てに基づく裁判によって裁判官を職務執行から排除することをいう。

ウ 回避（規12条）

回避とは、裁判官が自ら除斥又は忌避の事由があると認めて、職務執行を避けることをいう。

(2) 趣旨

裁判官の独立（憲法76条3項）は、公平な裁判を一般的に保障するものであるが、このような保障があっても、具体的事件においてこれを担当する裁判官が偶然その事件と特殊な関係にあるために、不公平な裁判がされるおそれが生じることは避けられない。そこで、そのような場合にも公平な裁判を保障するため、その裁判官等をその事件の職務執行から排除する制度として、除斥・忌避・回避の各制度が設けられている。

2 管轄

事例 1－1

甲は神奈川県横浜市に本店を置き、A特許権及びB意匠権を保有する株式会社であり、乙は福岡県福岡市に本店を置き、同地でA特許権及びB意匠権を侵害する疑いのある製品Xを製造販売している株式会社である。

この事例において、甲社が乙社を被告として(1)～(2)、(4)、(6)の各請求を行う場合、乙社が甲社を被告として(3)、(5)の各請求を行う場合の法定管轄裁判所をすべて挙げよ。

□裁判所の種類

最高裁判所のほか、その下級裁判所として高等裁判所、地方裁判所、家庭裁判所、簡易裁判所が設けられている（憲法76条1項、裁判所法1条、2条1項）。

□除斥・忌避・回避の規定は、裁判所書記官（27条、規13条）、専門委員（92条の6、規34条の9）、知的財産に関する事件における裁判所調査官（92条の9、規34条の11）について準用されている。

□事例1－1～3に関し、横浜市、福岡市、大阪市、前橋市、さいたま市を管轄する地方裁判所（地裁）は、それぞれ横浜地裁、福岡地裁、大阪地裁、前橋地裁、さいたま地裁である。

□平成23年改正により国際裁判管轄の規定が設けられた（3条の2～12）。これは、国際的な要素を有する財産権上の訴えに関して日本の裁判所が管轄権を有する場合等について定めるものである。本書の性格上詳しい説明は割愛するが、簡略にポイントを示せば以下のとおりとなる。

(1) A特許権に基づく製品Xの製造販売差止請求を行う場合
(2) 製品Xが埼玉県さいたま市の工場でも製造されているという事情があるときに、(1)の請求を行う場合
(3) A特許権に基づく製品Xの製造販売差止請求権不存在確認請求を行う場合
(4) (1)の請求と、製品Xの製造販売によるA特許権の侵害に基づく損害賠償請求を併せて行う場合
(5) B意匠権に基づく製品Xの製造販売差止請求権不存在確認請求を行う場合
(6) (4)の請求と、B意匠権に基づく製品Xの製造販売差止請求と、製品Xの製造販売によるB意匠権の侵害に基づく損害賠償請求を併せて行う場合

事例 1-2

S商標権を保有する大阪府大阪市所在の甲株式会社は、群馬県前橋市所在の乙株式会社がそのウェブサイトでしているT標章を付した商品の販売行為がS商標権を侵害するとして、S商標権に基づくT標章の使用差止請求訴訟を提起することを決断した。なお、当該商品は乙社の所在地から、甲社の所在地を含む全国に向けて出荷されている。

この場合に甲社が提訴できる法定管轄裁判所をすべて挙げよ。

事例 1-3

神奈川県横浜市に本店を置き、A特許権を保有する甲株式会社は、福岡県福岡市に本店を置き、同地でA特許権を侵害する疑いのある製品Xを製造している乙株式会社と、乙社と意思を通じ、製品Xを一手に仕入れて販売している丙株式会社（さいたま市所在）を被告として、A特許権に基づく、製品Xの製造販売差止請求訴訟を提起することを検討している。甲社が、乙社と丙社をまとめて提訴する場合の法定管轄裁判所をすべて挙げよ。

(1) 被告の住所、主たる事務所又は営業所が日本国内にある場合には日本の裁判所が管轄権を有する（厳密には3条の2第1項、第3項の文言を参照）。
(2) 被告の住所、主たる事務所又は営業所が外国にある場合であっても、一定の事由に該当するときは日本の裁判所が管轄権を有する（3条の3〜8）。
(3) 知的財産権侵害訴訟は「不法行為に関する訴え」（3条の3第8号）に当たる。3条の5第3項にいう知的財産権の「存否又は効力に関する訴え」とは、これら自体が訴訟物として争われる場合をいい、侵害訴訟や権利の帰属に関する訴えはこれに当たらない点に注意を要する。
(4) 裁判所は、専属的合意管轄に基づく提訴の場合を除き、訴えにつき日本の裁判所が管轄権を有する場合でも、事案の性質、応訴による被告の負担の程度、証拠の所在地その他の事情を考慮して、日本の裁判所が審理及び裁判をすることが当事者間の衡平を害し、又は適正かつ迅速な審理の実現を妨げることとなる特別の事情があると認めるときは訴えの全部又は一部を却下することができる（3条の9）。
(5) 国際的な要素を有する財産権上の訴えに関し、日本の裁判所に訴えが提起された場合、まず、3条の2〜12により、日本の裁判所に訴えを提起できるか否かが検討され、これができない場合には訴えが却下され、できる場合には、次に、本文の国内土地管轄に関する規定により、日本国内のどの裁判所に訴えを提起できるかが定まることになる。

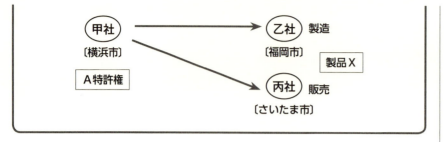

(1) **意義**

　　管轄とは、裁判所間における事件分担の定めをいう。

(2) **種類**

　ア　法定管轄

　　法の定めによって生じる管轄を法定管轄という。

　　a．職分管轄

　　　裁判権の種々の作用をどの種の裁判所の役割として分担させるかの定めを職分管轄といい、このうちどの種の裁判所が最初の裁判をし、その裁判に対してどの種の裁判所へ上訴できるかの定めを審級管轄という。

　　b．事物管轄

　　　第一審訴訟事件についての、同一地域を管轄する簡易裁判所と地方裁判所との間の分担の定めを事物管轄という。

　　　現在は、「訴訟の目的の価額」（訴額）が 140 万円を超えない請求は簡易裁判所、それ以外の請求は地方裁判所の管轄とされている（裁判所法 24 条 1 号、33 条 1 項 1 号）。

　　　事物管轄は専属管轄ではないことから、合意管轄（11 条）、応訴管轄（12 条）によって変えることができる。

　　c．土地管轄

　　　所在地を異にする同種の裁判所間で、同種の職分を分配するための定めを土地管轄という。そして、第一審訴訟の土地管轄において、事件の当事者又は訴訟物に密接な関係をもつ特定の地点を指示する観念であって、事件を特定の管轄区域に連結させ、その裁判所に土地管轄を発生させる原因となるものを裁判籍という。裁判籍には、普通裁判籍と特別裁判籍とがあり、後者はさらに独立裁判籍と関連裁判籍とに分けられる。

　　(a) 普通裁判籍

　　　　普通裁判籍とは、どのような民事訴訟事件であれ、ある法主体が被告になったときに常に管轄権を発生させる原因となる、その者の生活の根拠地をいう。

一般的に、民事訴訟をするときは、原告の方が被告の生活の根拠地に出向いてするのが公平であることから、法は、被告の生活の根拠地の裁判所に、事件の種類や内容を問わず管轄権を生じさせている（4条）。

（b）特別裁判籍

特別裁判籍とは、種類内容において限定された事件について認められる裁判籍をいう。

ⓐ　独立裁判籍

独立裁判籍とは、他の事件と無関係にその事件に本来認められる裁判籍をいう。例えば、法は財産権上の訴えについて義務履行地に裁判籍を認め（5条1号）、不法行為に関する訴えにつき不法行為地に裁判籍を認める（5条9号）などしている。

ⓑ　関連裁判籍

関連裁判籍とは、他の事件との関連から生じる裁判籍をいう。法は7条本文において併合請求の関連裁判籍を規定しており、これにより、例えば甲が乙を被告として、①乙が現在居住している土地の所有権が甲にあることの確認と、②乙に対する貸金返還を求める訴えを提起する場合に、甲は②について自己の住所を管轄する裁判所に提訴することができる（5条1号、民法484条1項後段）だけでなく、これに関連させて、①についても、②の訴えを管轄する裁判所にまとめて提訴することができる。これは、被告はいずれにせよその裁判所（上記の例でいえば②の訴えを管轄する裁判所）に応訴せざるを得ない以上、管轄に関し特段の不利益はなく、訴訟経済等にも資することによるものである。

一方、訴えの主観的併合（38条）については、訴えの客観的併合と異なり、当事者が複数であることから、38条前段に規定する、権利又は義務の関連性が密接な場合に限って関連裁判籍を認めている（7条ただし書）。

d．専属管轄

専属管轄とは、ある事件を特定の裁判所だけが管轄することとし、他の裁判所の管轄を排除することをいう（ex.会社法848条）。これに対し、他の裁判所の管轄との競合を認めるものを任意管轄という。

e．知的財産権に関する訴えの管轄

□金銭債務の義務履行地は債権者の現在の住所である（民法484条1項後段）。なお、不作為債務の義務履行地は債務者の所在地であると解されており、普通裁判籍による管轄の規定（4条1項）を適用すれば足りるため、殊更に義務履行地に関する特別裁判籍を持ち出す必要性は低い。

□不法行為に関する訴え（5条9号）には、損害賠償請求（民法709条）のみならず、特許権侵害等による差止請求や、消極的確認（ex.差止請求権不存在確認）の訴えも含まれるものと解されている。なお、不法行為地と債務者の所在地が同じである場合、普通裁判籍による管轄の規定（4条1項）を適用すれば足りるため、殊更に不法行為地に関する特別裁判籍を持ち出す必要性は低い。

□会社法848条は、株式会社の役員等の責任を追及する訴えは、その会社の本店の所在地を管轄する地方裁判所の管轄に専属する旨を規定しているため、4条

(a) 特許権等に関する訴え

特許権、実用新案権、回路配置利用権又はプログラムの著作物についての著作者の権利に関する訴え（特許権等に関する訴え）については、以下のとおり、東京又は大阪の各地方裁判所の管轄に専属する（6条1項）。これは、知的財産権に関する訴えの中でも特許権等に関する訴えは特に専門性が高いことから、このような事件の審理を行う専門部がある上記各裁判所に事件を集中させるのが妥当であることによるものである。

6条1項に基づき、4条及び5条の規定によれば、

① 東京、名古屋、仙台、札幌の各高等裁判所の管轄区域内に所在する地方裁判所が管轄権を有すべき場合は、東京地方裁判所（6条1項1号）

② 大阪、広島、福岡、高松の各高等裁判所の管轄区域内に所在する地方裁判所が管轄権を有すべき場合は、大阪地方裁判所（6条1項2号）

の管轄に専属する。

(b) 意匠権等に関する訴え

意匠権、商標権、著作者の権利（プログラムの著作物についての著作者の権利を除く。）、出版権、著作隣接権若しくは育成者権に関する訴え又は不正競争（不正競争防止法2条1項に規定する不正競争）による営業上の利益の侵害に係る訴えについては、4条又は5条の規定により定まる各地方裁判所に加え、以下のとおり、東京又は大阪の各地方裁判所にも、その訴えを提起することができる（6条の2）。これは、意匠権等に関する訴えは、特許権等に関する訴えのような技術的な専門性はないが、知的財産権事件の専門部があり、意匠権等に関する訴えの審理に精通している東京又は大阪の各地方裁判所にも管轄を認めるのが妥当であることによるものである。

6条の2に基づき、4条及び5条の規定によれば、

① 6条1項1号に掲げる裁判所（東京地方裁判所を除く）が管轄権を有する場合は、東京地方裁判所（6条の2第1号）

② 6条1項2号に掲げる裁判所（大阪地方裁判所を除く）が管轄権を有する場合は、大阪地方裁判所（6条の2第2号）

も管轄権を有する（競合管轄）。

イ 合意管轄・応訴管轄

1項、5条、7条、11条、12条は適用されない。従って、例えば会社の本店が東京にあれば、原告たる株主及び被告たる役員等の住所が大阪であり、大阪地裁が近くて便利であっても4条1項は使えず、東京地裁に提訴するしかない。

□特許権等に関する訴えについて、4条及び5条の規定により6条1項各号に掲げる裁判所の管轄区域内に所在する簡易裁判所が管轄権を有する場合には、それぞれ当該各号に定める裁判所にも、その訴えを提起することができる（6条2項）。

□控訴審の管轄裁判所

大阪地方裁判所が第一審としてした特許権等に関する訴えについての終局判決に対する控訴は原則として東京高等裁判所の管轄に専属する（6条3項）。なお、知的財産高等裁判所は、東京高等裁判所の特別の支部とされている（知的財産高等裁判所設置法2条）。これに対し、大阪地方裁判所が第一審としてした特許権等に関する訴え以外の訴えについての終局判決に対する控訴は大阪高等裁判所が管轄する（下級裁判所の設立及び管轄区域に関する法律別表第五表）。

□6条の2第1号及び第2号に掲げる裁判所から東京、大阪の各地裁が除かれているのは、本条を使わなくともこれらの各地裁が管轄裁判所となるからである。

□13条2項の意味

13条2項は、知的財産権事件の専門部がある東京地裁・大阪地裁のいずれか

a．合意管轄（11条）

　(a)　意義

　　　　合意管轄とは、当事者間の合意によって生じる管轄をいう。

　　　　当事者は、専属管轄の定めがある場合を除き、第一審に限り、合意により法定管轄と異なる管轄を定めることができる（11条1項、13条1項）。専属管轄を除き、法定管轄は、主に当事者間の公平・訴訟追行の便宜を考慮して定められており、当事者が一定の管轄を望むならばこれを許して差し支えなく、また、裁判所の事務負担が著しく過大になるおそれもないからである。

　(b)　要件・方式

　　①　合意は、第一審の裁判所に限る（11条1項）。

　　②　合意は、法定管轄と異なる定めをするものに限る。

　　③　合意は、一定の法律関係に基づく訴えに関するものでなければならない（11条2項）。合意の範囲が不明確であると被告の管轄の利益を害するからである。

　　④　合意の方式は、書面でしなければならない（11条2項）。後日の紛争を防止し、手続の安定を図るためである。

　(c)　管轄の合意の解釈

　　　　管轄の合意には、①法定管轄のほか管轄裁判所を追加する付加的合意と、②特定の裁判所だけに管轄を認め、その他の管轄を排除する専属的合意がある。個々の合意に明示がない場合、いずれかは合理的な意思解釈によって決定することになる。

b．応訴管轄（12条）

　(a)　意義

　　　　被告の応訴によって生じる管轄をいう。専属管轄の定めがある場合を除き、原告が管轄違いの裁判所に訴えを提起しても、被告が異議なく応訴すれば、合意管轄と同じく、法定管轄と異なる管轄を認めて差し支えないことから認められたものである（12条、13条1項）。

　(b)　要件

　　①　応訴管轄は、第一審の裁判所に限り生じる（12条）。

　　②　応訴管轄は、法定管轄と異なる裁判所に限る。

　　③　応訴管轄は、管轄違いの抗弁を提出しないで本案につき弁論をし、又は弁論準備手続において申述をしたときに生じる（12条）。

に提訴する限り、専門部による審理を行わせるという6条1項の趣旨に反しないため、同項の定める専属管轄の違反は問わないとする規定である。

　例えば、①原告が東京所在・被告が大阪所在で、a.特許権に基づく請求は差止めのみ、b.別件意匠権に基づく請求は損害賠償という場合に、原告は、7条により、aをbと併合して東京地裁に提訴することができる（aにつき専属管轄の規定である6条1項2号には反するが、13条2項により許される。）。

　また、②原告・被告がともに大阪所在であっても、11条により当事者間で東京地裁を管轄裁判所とする合意をしたり、12条により東京地裁に提訴された被告が応訴したりすれば、東京地裁を管轄裁判所とすることができる（これも専属管轄の規定である6条1項2号には反するが、同じく13条2項により許される。）。

□a(c)②に関し、専属的合意をした場合であっても、専属管轄と全く同列ということにはならない（ex.16条2項ただし書括弧書）。

□b(b)③に関し、「本案の弁論」とは、請求の当否に関する弁論であり、原告の請求原因に対して認め、又は否認する被告の陳述はこれに当たり、応訴管轄が生じる。他方、訴訟要件を欠

19

(3) 管轄権の調査

ア 管轄調査

管轄権があることは訴訟要件の１つであるから、裁判所は、管轄権の有無について職権で調査を開始し（職権調査事項）、また職権で証拠調べをすることができる（14条）。

管轄は、訴えの提起の時を標準として定める（15条）。

イ 管轄違いの効果

当該裁判所は、管轄権がない場合は訴訟要件を欠くが、訴えを不適法として却下するのではなく、管轄権ある裁判所に移送しなければならない（16条１項）。

解説　事例１−１

紙幅の関係もあり、ここでは結論と根拠条文のみを挙げる。管轄の決定につき文章で表現する場合の記載例としては、後記解説【事例１−３】を参考にされたい。

(1) 大阪地裁（４条１項・４項、６条１項２号）

(2) 大阪地裁（(1)に同じ）、東京地裁（５条９号、６条１項１号）

(3) 東京地裁（４条１項・４項、６条１項１号）、大阪地裁（５条９号、６条１項２号）

(4) 大阪地裁（４条１項・４項、６条１項２号）、東京地裁（５条１号・民法484条１項後段、６条１項１号、７条本文、13条２項）

(5) 横浜地裁（４条１項・４項）、東京地裁（４条１項・４項、６条の２第１号）、福岡地裁（５条９号）、大阪地裁（５条９号、６条の２第２号）

(6) 大阪地裁（４条１項・４項、６条１項２号、13条１項）、東京地裁（５条１号・民法484条１項後段、６条１項１号、７条本文、13条１項・２項）

解説　事例１−２

前橋地方裁判所（４条１項、４項）、東京地方裁判所（６条の２第１項）。また、商品の販売態様に鑑みれば、大阪地方裁判所にも提訴できる（５条９号）。同号は、不法行為に関する訴えは不法行為があった地を管轄する裁判所に提訴できる旨を定めているが、この「不法行為があった地」には、加害行為が行われた地（加害行為地）と結果が発生した地（結果発生地）の双方が含まれる。本事例において加害行為地は商品発送地である群馬県前橋市、結果発生地は送

くことを理由にした訴え却下の申立てや、裁判官の忌避の申立てはこれに当たらない。なお、単に「請求を棄却する」ことを求めるとの被告の陳述が、「本案の弁論」に当たり応訴管轄を生じるかについては争いがあるが、本案の弁論とは原告主張の権利・法律関係につき被告がする事実上・法律上の陳述であるとして否定するのが判例である。

□指定管轄につき10条参照。

□管轄調査のための本案審理の要否

例えば、不法行為に関する訴えは、原告は不法行為地の裁判所の独立裁判籍をもつが（５条９号）、この管轄権の存否を調査するために本案審理が必要であるとすると、管轄の規定を設けた意味が失われるとしてこれを否定するのが通説である。

□知財高判平成22年9月15日（同高裁平成22年（ネ）第10001号）参照。

付先であって甲社の所在地である大阪府大阪市を含む全国各地となるから、甲社は大阪地方裁判所にも提訴することができる。

解説 事例1-3

　まず、乙社と丙社の普通裁判籍の所在地を管轄する裁判所は、それぞれ福岡地裁、さいたま地裁であるところ（4条1項・4項）、本事例は特許権に基づく差止請求訴訟であり、これらの地裁はそれぞれ大阪高裁、東京高裁の管轄区域内に所在することから、乙社に対する訴えは大阪地裁、丙社に対する訴えは東京地裁の専属管轄となる（6条1項1号・2号）。次に、本事例では、乙社と丙社をまとめて提訴するものであることから、訴えの主観的併合における管轄の問題となるところ、甲社の訴えは38条前段に当たるため、7条及び13条2項（上記のとおり乙社及び丙社に対する訴えは専属管轄となるため、13条1項により乙社を東京地裁に、丙社を大阪地裁に提訴することは禁じられるようにも思われるが、同条2項はその例外を認めている。）により、大阪地裁、東京地裁いずれについても管轄が生じる。よって、法定管轄裁判所は大阪地裁と東京地裁である。

---

(4) 移送

　ア　意義

　　移送とは、一旦係属した訴訟を、係属裁判所から他の裁判所に移すことをいう。

　イ　種類

　　a．管轄違いに基づく移送

　　　訴訟要件が欠けるときは、裁判所は、訴えを不適法として却下するのが原則であり、管轄権の存在も訴訟要件の1つであるが、管轄違いの訴訟が提起されたときは、裁判所は、これを管轄権のある裁判所に移送しなければならない（16条1項）。但し、地方裁判所は、訴訟がその管轄区域内の簡易裁判所の管轄に属する場合においても、相当と認めるときは、移送せずに自ら審理及び裁判することができる（同条2項本文）。

　　b．著しい遅滞を避け、当事者の衡平を図るための移送

　　　第一審裁判所は、当事者及び証人の住所、検証物の所在地そ

□16条2項本文の例外につき同項ただし書参照。なお、ここにいう「簡易裁判所の専属管轄に属する場合」の例としては、簡易裁判所の判決や調停に対する請求異議の訴え（民事執行法35条）が挙げられる。

21

の他の事情を考慮して、①著しい遅滞を避け、又は②当事者間の衡平を図るため必要があると認められるときは、他の管轄裁判所へ移送できる（17条）。

c．当事者間の合意がある場合の必要的移送

第一審裁判所は、訴訟がその管轄に属する場合においても、当事者の申立て及び相手方の同意があるときは、訴訟の全部又は一部を申立てに係る地方裁判所又は簡易裁判所に移送しなければならない（19条1項本文）。但し、移送により著しく訴訟手続を遅滞させることとなるとき、又はその申立てが簡易裁判所からその所在地を管轄する地方裁判所への移送の申立て以外のものであって、被告が本案について弁論をし、若しくは弁論準備手続において申述をした後にされたものであるときは、移送する必要はない（同項ただし書）。

d．特許権等に関する訴え等に係る訴訟の移送

特許権等に関する訴えに係る訴訟は東京又は大阪の各地方裁判所の専属管轄に属するが（6条1項）、これらの裁判所が、当該訴訟において審理すべき専門技術的事項を欠くことその他の事情により著しい損害又は遅滞を避けるため必要があると認めるときは、申立てにより又は職権で、訴訟の全部又は一部を4条、5条、11条によれば管轄権を有すべき地方裁判所又は19条1項によれば移送を受けるべき地方裁判所に移送することができる（20条の2第1項）。これは、特許権等に関する訴えに係る訴訟であっても、専門性が乏しい事件については、当事者の便宜や審理の効率を優先してよいことから移送を認めたものである。

ウ　専属管轄の場合の移送の制限

a．移送に関する17条から19条の規定は、訴訟がその係属する裁判所の専属管轄（合意管轄の場合（11条）を除く）に属する場合には適用しない（20条1項）。

b．特許権等に関する訴えに係る訴訟について、17条又は19条1項によれば6条1項各号に定める裁判所に移送すべき場合には、20条1項にかかわらず、17条又は19条1項の規定を適用する（20条2項）。

エ　手続

a．裁判所は、原則として当事者の申立て又は職権により、移送の決定を行う（16条1項、17条、18条、20条の2。なお、19条1項本文の場合は当事者の申立て及び相手方の同意による）。

□bにつき、①「訴訟の著しい遅滞を避けるため必要があるとき」の例としては、重要で移動困難な証拠方法の所在が移送先の裁判所の管轄区域内に偏っている場合が、②「当事者間の衡平を図るため必要があるとき」の例としては、当事者の一方が身体的・経済的な理由により受訴裁判所に出廷することが困難な場合が挙げられるが、実務上は①②を総合的に考慮して移送の可否が判断されており、①の例に挙げた事情も当事者の一方の費用負担増をもたらすものとみれば②を肯定すべき事情の1つとなり得る。

□簡易裁判所の裁量移送
簡易裁判所は、訴訟がその管轄に属する場合においても、相当と認めるときは、申立てにより又は職権で、訴訟の全部又は一部をその所在地を管轄する地方裁判所に移送することができる（18条）。

□dに述べたところと同様の趣旨から、20条の2第2項は、東京高等裁判所（知財高裁）は6条3項の控訴が提起された場合において、その控訴審において審理すべき専門技術的事項を欠くことその他の事情により著しい損害又は遅滞を避けるため必要があると認めるときは、申立てにより又は職権で、訴訟の全部又は一部を大阪高等裁判所に移送することができると規定している。

□20条2項は、知的財産専門部のある東京地裁・大阪地裁の間で移送する限り、専門部による審理を行わせるという6条1項の趣旨に反しないため、同項の定める専属管轄の違反は問わないとするものであり、前述した13条2項と同趣旨の規定である。

22

ｂ．移送の決定及び移送の申立てを却下する決定に対して不服が
　　　あるときは、即時抗告をすることができる（21条）。
オ　効果
　　ａ．移送の裁判があると、移送を受けた裁判所はこれに拘束され
　　　（22条1項）、事件を他の裁判所に再移送することができない（同
　　　条2項）。
　　ｂ．移送の決定が確定すると、訴訟は最初の訴えの提起の時から、
　　　移送を受けた裁判所に係属したものとみなされる（22条3項）。
　　　従って、時効の完成猶予や法律上の期間遵守の効果は失われな
　　　い。

第2節 当 事 者

1 意義

当事者とは、訴え又は訴えられることによって、判決の名宛人となる者をいう（形式的当事者概念）。

2 当事者の確定

(1) 当事者を確定する意味

訴訟において、「当事者は誰か」という問題は重要である。なぜなら、それによって判決の効力（115条1項1号）が具体的に誰に及ぶかが決まるからである。

また、当事者は判決に拘束される以上、裁判所は訴訟の全ての過程において、当事者に手続への関与の機会（訴状の送達、期日の呼出し、弁論の許容等）を与えなければならない。

のみならず、普通裁判籍（4条）、裁判官の除斥原因（23条）、当事者能力（28条～）、訴訟能力（28条、31条～）、当事者適格、訴訟手続中断（124条～）、重複する訴えの提起（二重起訴）の禁止（142条）、証人能力（207条）等は、誰が当事者であるかが明らかでないと判定できない。

このように、「当事者は誰か」という問題は、民事訴訟の全ての過程において重要な意味を有する。

(2) 当事者を確定する基準

訴状に記載されたところを合理的に解釈して決めるべきであるとする実質的表示説が判例・通説である。

（理由）

① 誰が当事者であるかは、訴訟手続進行の基準となる事項であり、訴えの提起後直ちに判断されるべきものであり、かつ、その基準は明確なものでなければならない。

② 大量の事件を処理する裁判所にとっては、訴訟手続開始の段階においては、訴状以外に当事者を確定するための資料はないのであるから、訴状の記載を基準とすべきである。

③ 訴状の冒頭の当事者欄の記載のみによって当事者を確定するのではなく、請求の趣旨・請求の原因など一切の訴状の表示を合理的に解釈して当事者を確定すれば、具体的妥当性を図ることができる。

3 当事者能力

(1) 定義

当事者能力とは、民事訴訟の当事者となることができる一般的な

□二当事者対立構造の原則
訴訟においては、二当事者が互いに相対立して存在しなければならない。これを二当事者対立構造の原則という。

資格をいう。

(2) **基準**

ア　原則として実体法の定めによる（28条）。民事訴訟は私人間の権利義務関係をめぐる紛争を取り扱うものであるから、権利義務の帰属主体である権利能力者に当事者能力が認められる。

イ　但し、法人格のない社団・財団（町内会、同窓会、設立中の会社、設立中の財団等）でも、代表者又は管理人の定めがある場合には当事者能力が認められる（29条）。これは、法人格のない社団・財団も実際に経済取引その他の社会活動の主体となっており、紛争の実効的解決の見地からは、裁判上も当事者として取り扱うことが相手方にとっても、社団・財団にとっても便宜であることに基づくものである。

(3) **民法上の組合の当事者能力**

民法上の組合は、組合員が組合契約によって結びついている状態にすぎず、それ自体は権利義務の帰属主体とはなりえない。そこで、28条の原則に従うと、民法上の組合は訴訟法上も当事者能力が認められないことになりそうである。しかし、法人格のない社団に当事者能力を認める29条により、民法上の組合にも当事者能力を認めることができないかが問題となる。

この点、判例は、29条の「社団」には、代表者又は管理人の定めがあれば民法上の組合も含まれ、当事者能力が認められるとする肯定説を採用している。

（理由）

①　民法上の組合と法人格のない社団とは、社会的実体として区別が難しく、そのいずれなのかを相手方が確認した上でなければ訴えを提起できないとすると29条を設けた趣旨が没却される。

②　組合に当事者能力を認めても、組合規約等に基づき業務執行組合員に組合員全員を代理する権限があるなら、この業務執行組合員が訴訟を追行し、組合を当事者とする判決に組合員を服させても、組合員の利益が不当に害されることにはならない。

(4) **当事者能力を欠く場合の効果**

ア　当事者能力がない場合に裁判所の採るべき措置

当事者能力は、訴訟要件の1つであるから、裁判所はいつでも職権でこれを調査し（職権調査・職権探知事項）、これを欠くときは訴えを却下しなければならない。

イ　当事者能力を欠くことを看過して下された判決の効力

当事者能力を欠くことを看過して下された判決に対しては、そ

の確定前は上訴により取消しを求めることができるが、判決が確定した場合、再審事由に当たらない以上、判決は有効であるとするのが多数説である。

4 訴訟能力

(1) 意義・趣旨

訴訟能力とは、当事者（又は補助参加人）として自ら単独で有効に訴訟行為をし、又は相手方若しくは裁判所の訴訟行為を受けるために必要な能力をいう。当事者能力があれば、訴訟の当事者となり判決の名宛人となることができるが、それだけで直ちに自分で訴訟追行ができるわけではない。そのために必要になるのが訴訟能力である。

一般の取引行為については、民法上、行為能力の制度が設けられているが、訴訟追行は取引行為以上に複雑で、その結果を予見することは難しく、当事者の訴訟追行が拙劣であれば不当に不利益を受けるおそれがある。そこで、訴訟上自己の利益を十分に主張し防御できない当事者を保護するため、民事訴訟法は訴訟能力という水準を設け、これに達しない者は単独で有効な訴訟追行ができないものとした。

訴訟能力は、当事者（又は補助参加人）として訴訟行為をし、又は受けるために必要な能力であるから、他人の代理人として訴訟行為をする場合（民法102条、民訴法54条1項ただし書）や、単に証拠方法として証人尋問を受け、又は当事者尋問を受けて供述する場合には、訴訟能力は必要とされない。

訴訟能力は、訴訟手続内の行為だけでなく、訴訟外又は訴訟前にされる訴訟行為、例えば管轄の合意、訴訟代理権の授与などについても必要である。

(2) 訴訟能力者と訴訟無能力者

ア　訴訟能力者

訴訟能力については、民事訴訟法に別段の定めのない限り、民法その他の法令に従うこととされている（28条）。これは訴訟能力の有無を行為能力の有無に準拠させる趣旨である。従って、原則として実体法上の行為能力を基準に訴訟能力の有無が決せられ、少なくとも行為能力を有する者は訴訟法上もすべて訴訟能力を有することになる。

法人や29条に該当する団体には当事者能力が認められるが、法人や団体自体には訴訟能力は認められない。そこで、法人などの代表者を法定代理人に準じて取り扱うこととした（37条）。

イ　訴訟無能力者

　　民法上の制限行為能力者は完全な訴訟能力を有しない。訴訟無能力者の範囲及び無能力の効果は、民法上の制限行為能力者の範囲や制限能力の効果と必ずしも一致しない。

　ａ．絶対的訴訟無能力者（未成年者・成年被後見人）

　　(a)　原則

　　　　未成年者・成年被後見人は原則として訴訟能力を有せず、（絶対的）訴訟無能力者とされる。これら訴訟無能力者は、自ら有効に訴訟行為をし、又は受けたりすることはできず、これらは法定代理人によってのみ可能となる（31条本文）。法定代理人がいないときは、相手方は受訴裁判所の裁判長に特別代理人の選任を申し立てることができる（35条1項）。

　　　　民法では、未成年者は法定代理人の同意があれば自ら法律行為をすることができるとされているが（民法5条1項）、訴訟行為についてはこのような例外は認められていない。なぜなら、訴訟行為は複雑であるため、未成年者に不測の損害を与えかねないし、また、訴訟行為について個別的に同意に基づく訴訟能力を認めることは手続を不安定にするからである。

　　(b)　例外

　　　　未成年者が独立して法律行為をすることが許されている場合は、その関係の訴訟に関しては訴訟能力が認められる（31条ただし書）。法定代理人から営業の許可が与えられていた場合（民法6条1項）、会社の無限責任社員となることについて許可が与えられていた場合（会社法584条）がこれに当たる。

　ｂ．制限的訴訟能力者

　　(a)　被保佐人には行為能力が認められるが、一定の行為をするには保佐人の同意が必要とされる（民法13条1項本文）。その行為の中には、訴訟行為も含まれるので（同項4号）、被保佐人には完全な訴訟能力は認められず、訴訟行為を行うには保佐人の同意を要する。訴訟行為をすることにつきその補助人の同意を得ることを要する被補助人（民法17条1項）についても同様である。

　　　　保佐人・補助人の同意は訴訟手続の安定のため個別的訴訟行為について与えられるのではなく特定事件の訴訟追行全般につき包括的に与えられなければならない。審級ごとに同意

□ここに制限行為能力者とは、未成年者、成年被後見人、被保佐人、及び被補助人が特定の法律行為をするにはその補助人の同意を得なければならない旨の審判（民法17条1項）を受けた被補助人をいう（民法13条1項10号）。

を与えることもできるが、審級を限定しない場合は、同意の
効力は上訴審の行為にも及ぶ。また、一旦同意を与えて訴え
や上訴が提起された後は撤回できない。撤回を認めると、手
続を不安定にし、相手方の信頼を害することになるからであ
る。

(b) 被保佐人・被補助人が相手方の提起した訴えや上訴に対し
て訴訟行為をするには保佐人・補助人の同意を要しない（32
条1項）。もし同意が必要であるとすると、保佐人・補助人
には法定代理権がないため、相手方は保佐人・補助人を法定
代理人として訴えるわけにはいかないため、被保佐人・被補
助人に対する訴えや上訴をすることができなくなるおそれが
あるからである。

(c) 被保佐人・被補助人が既に保佐人・補助人の同意を得た場
合でも、又は同意を要しない場合でも、判決によらないで訴
訟を終了させる行為（訴えや上訴の取下げ・訴訟上の和解な
ど）をするためには、常にそのための特別な授権が必要である
る（32条2項）。これらの行為は重大な結果を招くものであ
るため、訴訟追行一般に関する授権には含まれていないと考
えられ、また、特別の授権を要求することにより、相手方が
特に不利益を受けることもないからである。

(3) 訴訟能力を欠く場合の効果と処理

ア　訴訟行為の有効要件

訴訟能力は、個々の訴訟行為の有効要件である。従って、訴訟
能力のない者の訴訟行為又はこの者に対する訴訟行為は当然に無
効である。民法上は、制限行為能力者の行為は取り消されるまで
は有効であり、取り消されると行為の時点まで遡って無効になる
が（民法5条2項、9条本文、13条4項、17条4項、121条）、
訴訟手続は個々の訴訟行為の積み重ねによって連鎖的に進行する
ので、取消しを認めるとそれ以降の訴訟手続がすべて覆され手続
の安定が害されるからである。

①訴え提起又は訴状受領の段階から訴訟能力を欠いていた場合
は、訴訟係属が適法でなかったことになるため、訴え却下判決が
される。一方、②上記の段階では訴訟能力があったがその後に喪
失した場合は、訴訟係属自体は適法であり、その後の訴訟行為だ
けが無効となる。②の場合、訴訟手続は中断し、法定代理人が受
継することになる（(4)参照）。

イ　追認

□32条2項は後見人その
他の法定代理人についても
規定しているが、これは後
見監督人の同意を要する場
合（民法864条本文、13
条1項4号）につき同意
を得ていても、32条2項
所定の行為をするには特別
の授権が必要であるという
意味である。

訴訟無能力者の行為でも、その法定代理人、又は能力を取得・回復しもしくは授権を得た本人が追認すれば、行為の時に遡って有効になる（34条2項）。これは、追認を認めても、訴訟無能力者の保護に欠けるわけではなく、また、相手方や裁判所の期待を裏切ることもなく、かえって訴訟経済にも合致するからである。

　追認は、訴訟能力を欠いてされた訴訟行為が確定的に排斥されるまではすることができる。従って、訴え却下の判決がされても、それが確定する前であれば、たとえ上告審においても追認が可能である。但し、追認は、過去の訴訟追行を一体として不可分に行うべきで、手続中の個々の行為を取り出して、それだけを追認するということはできない（判例）。訴訟行為は、前後相関係するものであるから、分割するのは適切ではないし、それを認めるとその後の手続が複雑になるおそれがあり、手続の安定を害するからである。

ウ　補正命令

　裁判所は、常に職権をもって訴訟能力の有無を調査しなければならないが、訴訟能力の欠く者の訴訟行為でも、追認により有効になる余地があるし、必ずしもその者に不利な結果をもたらすとは限らない。

　そこで、裁判所は直ちにこれを排斥せず、期間を定めて補正を命じなければならない（34条1項前段）。この場合の補正とは、過去の行為を追認するとともに、将来に向かって訴訟能力のある訴訟追行ができる方法を講じることをいう。

エ　訴訟能力を欠くことを看過して下された判決の効力

　判決は当然に無効とはならないが、上訴で争うことができ、確定した場合でも、再審によって取り消すことができるとするのが通説である。

（理由）

①　紛争解決基準を提供する判決の法的安定性を重視する見地から、上訴や再審によって取り消されない限り、判決の無効の主張を許すべきではない。また、判決自体は裁判所の行為であり、当事者の訴訟行為が訴訟能力を欠くため無効であっても、直ちに判決自体が無効になるわけではない。

②　訴訟無能力者を一応有効とされる敗訴判決から救済するために、訴訟無能力者による上訴・再審を認めるべきである。

③　312条2項4号及び338条1項3号の「法定代理権を欠いたこと」には、法定代理人に代理権がなかった場合だけでなく、

法定代理人によってのみ訴訟行為をすべき場合に、代理人によって代理されなかった場合も含まれる。

(4) 訴訟能力の変動

訴訟係属中に当事者が訴訟能力を喪失すると（例えば、後見開始の審判、未成年者の営業許可の取消し）、訴訟手続は法定代理人が受継するまで中断する（124条1項3号）。この場合、手続を受継した法定代理人は、訴訟能力を欠くため無効となった訴訟行為をやり直すことになる。反対に、法定代理人が訴訟追行に当たっている場合に、当事者が訴訟能力を取得・回復すると（ex.後見開始の審判の取消し）、法定代理権は消滅し（本人又は代理人から相手方に通知する必要がある。36条1項）、訴訟手続は本人が受継するまで中断する（124条1項3号）。

これに対し、保佐開始及び補助開始の審判又はその取消しの場合は、いずれにしても本人が訴訟追行するから、訴訟手続の中断の問題は生じない。

□これらの中断事由がある場合でも、訴訟代理人がある間は中断しない（124条2項）。

5 訴訟上の代理人・法人等の代表者

(1) 訴訟上の代理人の意義・種類

ア　意義

訴訟上の代理人とは、当事者に訴訟行為の効果を帰属させるために、当事者の名で、これに代わって自己の意思決定により訴訟行為をし、又は受ける者である。

訴訟上の代理は、①単独で有効な訴訟行為ができない訴訟無能力者については、その能力を補充するために、代理の制度が必要不可欠であること、②訴訟追行には専門的な知識や技術が必要であったり、自ら訴訟追行する時間的な余裕がない場合もあったりするため、訴訟能力を有する者であっても、専門家である弁護士を代理人にすることができれば便利であること、③当事者が弁護士によって代理されることによって、より円滑迅速な訴訟の運営が期待されるという制度運営上の利点があることから認められている。

イ　種類

訴訟上の代理人は、その地位が本人の意思に基づかない法定代理人と、本人の意思に基づく任意代理人に大別される。

ウ　訴訟上の代理権

a．明確化・画一化

代理人の、あるいは代理人に対する訴訟行為の効果を全面的に当事者本人に帰属させるためには、民法の代理と同様に、代

理権の存在が必要である。但し、訴訟上の代理については、訴訟手続の円滑・安定を図るために、民法上の代理よりも、代理権の存否・範囲について明確性・画一性が要請される。

すなわち、①代理権の存在は書面で証明しなければならず（規15条前段、規23条1項・2項）、②代理権の消滅は相手方に通知されなければ効力を生じず（36条、59条）、③法定代理権の範囲は民法の規定で定められ（28条）、訴訟委任による訴訟代理権の範囲は明文で明らかにされている（55条）。

b．代理権を欠く場合の効果・取扱い

代理権の存在は、個々の訴訟行為の有効要件であるから、代理権を欠いてされた訴訟行為は無効である。但し、追認があれば遡及的に有効となる（34条2項、59条）。

代理権の存否は職権調査事項であり、裁判所は常に代理権の存在を調査して、無権代理人の訴訟関与を排斥すべきである。もっとも、裁判所は補正の余地があれば補正命令を発し、遅滞のため損害を生ずるおそれがあるときは、一時訴訟行為をさせることもできる（34条1項、59条）。

代理権を欠くことを看過して下された本案判決は当然に無効ではないが、上訴・再審によりその取消しを求めることができる（312条2項4号、338条1項3号）。

□訴訟能力を欠く場合と同様に、訴え提起又は訴状受領の段階から代理権を欠いていたときは、訴訟係属が適法でなかったことになるため、追認・補正がされない限り、訴え却下判決がされる。

(2) 法定代理人

ア　意義・種類

法定代理人とは、訴訟上の代理人のうち、法律の規定に基づいて訴訟上の代理権を与えられる代理人をいう。

法定代理人は、包括代理人と個別代理人（個々の訴訟行為の法定代理人）に分けられる。そして、前者には、実体法上の法定代理人と訴訟法上の特別代理人がある。

イ　実体法上の法定代理人

a．意義

実体法上の法定代理人とは、実体法の規定に基づいて訴訟上の代理権を与えられる代理人をいう。実体法上の法定代理人とされている者は、訴訟法上も法定代理人とされる（28条）。

b．具体例

未成年者の親権者（民法824条）、後見人（民法859条）は訴訟法上も法定代理人となる。

ウ　訴訟法上の特別代理人

a．意義

□個別代理人の例としては、刑事施設の長（102条3項）が挙げられる。

31

訴訟法上の特別代理人とは、民事訴訟法等の規定に基づいて裁判所が個々の手続において必要に応じて選任する法定代理人をいう。

b．具体例

(a) 訴訟無能力者の特別代理人（35条）

未成年者・成年被後見人を被告として訴訟行為をしようとする場合に、これらの者に法定代理人がいなかったり、いたとしても利益相反行為となる（民法826条、860条）ため代理権を行使できない場合には、有効に訴訟行為をすることができない。そこで、民事訴訟法は、訴訟無能力者に対する訴訟の道が閉ざされることがないように、例えば、代理人の選任を待っていたのでは時効の完成猶予を受けるための訴え提起ができなくなる場合に、受訴裁判所の裁判長にその訴訟行為のための訴訟無能力者の特別代理人の選任を申し立てることを認めた（35条）。

(b) 証拠保全における特別代理人（236条）

証拠保全の申立てにあたり、相手方を指定することができない場合、裁判所は、相手方となるべき者のために特別代理人を選任することができる。

エ　法定代理権の範囲

法定代理権の範囲は、民事訴訟法に特別の規定がない限り、民法等の規定によって定まる(28条)。例えば、未成年者の親権者は、一切の訴訟行為ができる（民法824条）。

共同代理が定められている場合（民法818条3項本文）、代理人側の積極的な訴訟行為は全員でしなければ効力を生じない。これに対して、訴訟行為の受領は単独でできる（102条2項参照）。

オ　法定代理人・本人の訴訟上の地位

a．法定代理人は当事者ではないから、その訴訟行為の効果は全て本人に帰属する。また、裁判籍や裁判官の除斥の判断も本人を基準とする。訴訟費用も原則として負担しない。

b．しかし、法定代理人は、自ら訴訟行為ができない当事者に代わる者であることから、手続上本人に準じて扱われることがある。

(a) 訴状・判決書の表示

訴状・判決書には、当事者と並べて表示しなければならない（必要的記載事項、134条2項1号、253条1項5号）。

(b) 送達

送達は法定代理人にしなければならない（102 条 1 項）。

(c) 出頭

本人が訴訟無能力者である場合には、法定代理人を代わりに呼び出す（151 条 1 項 1 号）。

(d) 本人の干渉

訴訟追行について本人の干渉を受けない（57 条参照）。法定代理人は訴訟代理人を選任することもできる。

(e) 証人能力

法定代理人は証人能力が認められず、法定代理人を尋問するためには、当事者尋問の手続によらなければならない（211 条本文）。

(f) 訴訟手続の中断

当事者死亡の場合と同様に、法定代理人の死亡や代理権の消滅があるときは、訴訟手続は中断する（124 条 1 項 3 号）。但し、訴訟代理人がいる場合は中断しない（同条 2 項）。

カ　法定代理権の消滅

a．消滅原因

法定代理権の消滅原因は、民法等の定めるところによる（ex. 本人又は代理人の死亡（民法 111 条 1 項））。

b．消滅の通知

法定代理権の消滅原因が生じても、それによって当然には代理権消滅の効果を生じない。代理権消滅の効果は、能力を取得もしくは回復した本人、又は新旧いずれかの代理人が相手方に通知することによって初めてその効力を生じる（36 条 1 項）。

c．消滅の効果

代理権の消滅の効果が発生すると、能力を取得した本人や新しい法定代理人が受継するまで訴訟手続は中断する（124 条 1 項 3 号）。但し、訴訟代理人がいる場合は中断しない（同条 2 項）。

キ　法人等の代表者

a．意義

法人や法人格のない社団・財団で当事者能力ある者（29 条）の代表機関として、法人等の名で、自己の意思に基づき訴訟行為を行い、その効果が法人等に帰属する関係にある者を代表者という。例えば、法人の理事（一般社団法人及び一般財団法人に関する法律 77 条、197 条）、会社の代表取締役（会社法 349 条）、清算人（会社法 483 条）、あるいは法人格のない社団・財団の代表者・管理人などである。

これらの法人や社団・財団とその代表者との関係は、本人と法定代理人との関係と類似することから、37条は法定代理及び法定代理人に関する規定を上記法人の代表者等について準用している。

　ｂ．表見法理に関する規定の適用の有無

　法人を被告として訴えを提起する場合には、この法人の代表者が誰かということを特定する必要がある。法人内部の事情に通じていればともかく、通常は登記簿の記載により特定するほかはない。しかし、登記簿が真実の実体関係を反映しておらず、登記簿上の法人代表者が既に代表者の地位を喪失している場合もある。このような場合、登記簿上の代表者に対する訴訟行為に、私法上の表見法理に関する規定が適用されるか否かが問題となるが、判例は、表見法理の規定は取引の安全を図るための規定であり、手続の安定を重視すべき訴訟行為には適用すべきでないとして否定説に立っている。

(3) 任意代理人

ア　意義・種類

　任意代理人とは、訴訟上の代理人のうち、その地位が本人の意思に基づく代理人をいう。

　任意代理人は、包括代理人と個別代理人（個々の訴訟行為の任意代理人）に分けられる。そして、前者、すなわち当事者によって、その訴訟追行につき包括的な代理権を与えられている任意代理人を、訴訟代理人（広義）という。訴訟代理人（広義）には、訴訟委任に基づく訴訟代理人（狭義の訴訟代理人）と法令上の訴訟代理人がある。

□個別代理人の具体例としては送達受取人（104条1項後段）が挙げられる。

イ　訴訟委任に基づく訴訟代理人

　ａ．意義

　訴訟委任に基づく訴訟代理人とは、特定の事件ごとに訴訟追行の委任を受け、そのための包括的な代理権を授与された訴訟代理人である。

　ｂ．弁護士代理の原則

　訴訟委任に基づく訴訟代理人は、原則として弁護士でなければならない（54条1項本文）。これは訴訟代理人の資格を制限したもので、弁護士でなければ弁論能力はないという弁護士強制主義を採用したものではない。弁護士代理の原則を採る趣旨は、専門職として訓練を受け弁護士法の規律に服する弁護士に代理させることで、いわゆる事件屋等がほしいままにすること

□簡易裁判所では、事件が軽微であるため、裁判所の許可を得て弁護士でない者を訴訟代理人とすることができる（54条1項ただし書）。

による当事者の被害を防止するとともに、迅速で的確な訴訟進行を確保する点にある。

c．訴訟委任

訴訟委任とは、特定の事件につき訴訟上の代理権を授与する本人の行為である。訴訟委任は、通常、委任契約の締結とともにされる。委任契約により、代理人の誠実義務や費用・報酬請求権が発生し、訴訟委任により、訴訟代理権が発生する。委任契約と訴訟委任はそれぞれ別個の行為であり、要件も別個である。すなわち、委任契約では行為能力を要し、訴訟委任では訴訟能力を要する。

代理権の存在は、書面で証明しなければならない（規23条1項・2項）。これは、将来代理権をめぐる争いが生じるのを防止し、手続の安定を図る趣旨である。

d．訴訟代理権の範囲

弁護士である訴訟代理人の代理権の範囲は、包括的に法定されており（55条1項）、これを制限することはできない（55条3項本文）。すなわち、代理権の範囲は、特別授権事項を除けば、訴訟追行に必要な一切の訴訟行為のほか、攻撃防御に必要な限り実体法上の権利行使も認められる。

重要な結果をもたらす訴訟行為、すなわち、反訴の提起、判決によらずに訴訟を終了させる訴えの取下げ・訴訟上の和解、控訴・上告の申立て等については、本人の意思の個別的確認の必要から、特別の委任を要する（55条2項）。

□弁護士でない訴訟代理人の代理権の範囲は制限することができる（55条3項ただし書）。

e．代理人・本人の訴訟上の地位

訴訟委任に基づく訴訟代理人は、法定代理人の場合とは異なり、あくまで第三者として取り扱われる。代理人が権限内でした行為の効果は本人に帰属し、代理人は判決の効力を受けないし、原則として訴訟費用の負担もしない。

（a）訴状・判決書の表示

法定代理人の場合とは異なり、訴状・判決書の必要的記載事項ではない（但し、実務上は記載されている。規53条4項参照）。

（b）送達

訴訟代理人を選任した後も、本人は当事者として自ら訴訟を追行できる地位を失うわけではないため、本人に対する送達も適法である（判例）。

（c）出頭

□数人の訴訟代理人があるときは、各自単独で当事者を代理する（56条1項）。当事者がこれと異なる定めをしても、裁判所及び相手方に対して効力を生じない（同条2項）。

35

当事者本人は、代理人がいても出頭を命じられることもあるし、当事者尋問を受けることもある。

(d) 本人の干渉

当事者には更正権がある（57条）。本人が代理人と共に出廷して代理人の事実上の陳述を直ちに取り消して更正した場合には、代理人の行為は効力を生じない。更正権は、本人のほか法定代理人もこれを行使することができる。

(e) 証人能力

訴訟代理人は証人能力を有するので、証人になることができる。

(f) 訴訟手続の中断

訴訟代理人の死亡や代理権の消滅が生じても、訴訟手続は中断しない。これは、本人が訴訟追行できる状態にあることに基づく。

f．訴訟代理権の消滅

(a) 消滅原因

代理人の死亡・後見開始の審判・破産（民法111条1項2号）、委任の終了（同条2項）、解任・辞任（民法651条1項）、本人の破産（民法653条2号）などの事情を生じた場合は、訴訟代理権は消滅する。

これに対して、授権者の側に、当事者や法定代理人の死亡、合併、訴訟能力や法定代理権の喪失等の事情が生じても、訴訟代理権は消滅しない（58条1項）。これは、訴訟委任の場合には、民法上の委任の場合と異なり、委任事務の目的範囲が明確であり、また、受任者が弁護士であるのが原則であることから、本人の信頼関係が裏切られる恐れが少ないことに基づく。

(b) 消滅の通知

訴訟代理権の消滅原因が発生しても、相手方に通知しなければ、効力を生じない（59条、36条1項）。

(c) 消滅の効果

訴訟代理権の消滅の効果が発生しても、訴訟手続は中断しない。これは、本人が訴訟追行できる状態にあることに基づく。

ウ　法令上の訴訟代理人

法令上の訴訟代理人とは、一定の地位に就くことによって、法令が一定範囲の業務につき包括的な代理権を認めている訴訟代理

□法令上の訴訟代理人は、本人の意思に基づきその地位を得ている点で法定代理

人である（ex. 支配人（会社法 11 条 1 項））。法令上の訴訟代理人は、訴訟委任に基づく訴訟代理人と異なり、弁護士である必要はない。

　訴訟代理権の範囲は、本人からの個別の授権によらず、法令の定めるところにより（55 条 4 項）、その地位に基づく業務範囲に関する事件全般に及ぶ。法令上の訴訟代理人の訴訟上の地位は、原則として訴訟委任に基づく訴訟代理人の場合と同様である。

⑷　補佐人

ア　意義

　補佐人とは、当事者又は訴訟代理人とともに期日に出頭して、これらの者の陳述を補助する者をいう（60 条 1 項）。

　補佐人は、事件によって特殊・専門的知識がなければ正確な主張・陳述ができない場合などがあるため認められたものである。

イ　資格

　補佐人は、弁護士である必要はない。ただ、補佐人の選任には裁判所の許可が必要であり（60 条 1 項）、裁判所はこの許可をいつでも取り消すことができる（同条 2 項）。補佐人は、自らのために訴訟行為をする者でないから、訴訟能力を要しない。

ウ　訴訟上の地位

　補佐人は、期日において当事者その他の者とともに出頭し、当事者がすることのできる一切の陳述を、自己の判断に基づき行うことができる。当事者やその訴訟代理人は、補佐人の陳述につき更正権を持つが、直ちに取り消し、又は更正しなければ、当事者又は訴訟代理人が自ら陳述したものとみなされる（60 条 3 項）。なお、訴訟代理人に対する本人の更正権が事実上の陳述に限定されるのに対して、補佐人に対する本人の更正権は事実上の陳述に限定されない（57 条参照）。

人と異なり、訴訟代理権が本人から授与されたものではなく法律の規定を根拠とする点で訴訟委任に基づく訴訟代理人と異なる。

□弁理士が特許、実用新案、意匠、商標、国際出願、意匠又は商標に係る国際登録出願、回路配置又は特定不正競争に関する事項について当然に補佐人となることができる旨を定める弁理士法 5 条はその例外である。

第2章

訴訟の開始

　本章では、訴えの類型と訴訟物（第1節）、訴訟要件（第2節）、処分権主義（第3節）を取り上げています。

　民事訴訟法においては、私的自治の原則から、訴訟の開始・請求の特定・訴訟の終了を当事者の権能及び責任とする原則（処分権主義）が採られており、本章では、このうち訴訟の開始・請求の特定に関する点について学びます。また、これとも関連する、訴えの類型と訴訟物についても、処分権主義に先立って学びます。

　訴訟要件は、本案判決（請求の当否について判断する判決）をするために必要とされる要件であり、その具備の判断時期は本案判決の基準時と同様、口頭弁論終結時であるため、判決の項（第4章第2節）で取り上げることも可能ですが、原告は訴えの提起に当たり訴訟要件の具備を確認し、また、被告も提起された訴えに訴訟要件が備わっているか否かを確認し、備わっていなければ当初からこの点を争うのが通常であることから、本書では訴訟の開始の章にて取り上げています。

第2章 訴訟の開始

第1節 訴えの類型と訴訟物

1 訴え

(1) 定義

訴えとは、裁判所に対し原告がその請求を提示して、一定内容の判決を要求する要式の訴訟行為をいう。

(2) 類型

ア 給付の訴え

給付の訴えとは、請求内容として、被告に対する特定の給付請求権の存在を主張し、給付を命ずる判決を求める訴えをいう（ex. 特許権侵害行為の差止めや、侵害行為により生じた損害の賠償を請求する訴え）。

イ 確認の訴え

確認の訴えとは、請求内容として、特定の権利又は法律関係の存在又は不存在を主張し、これを確認する判決を求める訴えをいう（ex. 被疑侵害者を原告、特許権者を被告として提起された差止請求権の不存在確認を請求する訴え）。

ウ 形成の訴え

形成の訴えとは、請求内容として、特定の権利又は法律関係の変動（発生・変更・消滅）のための一定の法律要件の存在を主張して、その変動を宣言する判決を求める訴えをいう（ex. 拒絶査定不服審決取消請求や特許無効審決取消請求に係る訴え）。

2 訴訟物理論

ex. 個人タクシーの運転手であるBは、過失により運転を誤り、乗客Aを負傷させた。AはBを被告として不法行為による損害賠償請求訴訟を提起したが、裁判所はAの請求を棄却し、判決は確定した。そこで、Aは、Bを被告として、この事故に関し、債務不履行による損害賠償請求訴訟を提起した。

【図解】

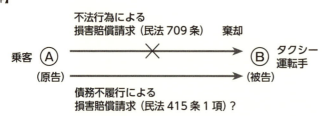

□ここに請求とは、訴訟物（後記2参照）の存否についての原告の被告に対する主張をいう。

訴訟物は訴え提起によって原告が被告及び裁判所に対し定立する訴訟の主題であり、これをどのように捉えるかは、①請求の併合（136条）、②訴えの変更（143条）、③重複する訴えの提起の禁止（142条）、④既判力の客観的範囲（114条）の各規定の適用に影響をもたらす。

ⅰ）旧訴訟物理論（実体法説、判例・実務）

実体法上の権利又は法律関係をもって訴訟物と捉える。

（理由）
① 基準として明確であり、何が訴訟物であるのかが分かりやすい。
② 実体法と訴訟法の調和が図られる。

ⅱ）新訴訟物理論（訴訟法説、有力説）

実体法上の権利に拘泥せずに訴訟法独自の観点から訴訟物を捉える。すなわち、給付訴訟については「給付を求める地位」、確認訴訟については「その対象となる権利」、形成訴訟については「形成を求める地位」がそれぞれ訴訟物になると考える。

（理由）
① 紛争は、できる限り一回的に解決すべきである。
② 原告の意思とも合致する。例えば給付訴訟についてみると、原告にとって重要なのは給付を受けられるか否かであって、いかなる実体法上の権利が認められるかではない。

3 訴状

事例 2-1

甲は、乙を被告として、特許権侵害を理由とする損害賠償請求訴訟を提起することを考えている。この場合の訴状提出から第1回口頭弁論期日までの手続の流れにつき簡潔に説明せよ。

特許権侵害による損害賠償請求
（原告）甲 ────────▶ 乙（被告）

(1) 訴状の記載事項

訴状とは、原告が訴えを提起するために第一審裁判所に提出する書面をいう。訴状の記載事項には、必要的記載事項と任意的記載事項がある。

ア 訴状の必要的記載事項とは、訴状に記載されていなければ、訴状たる要件を欠くことになる事項である。必要的記載事項には、当事者、法定代理人、請求の趣旨、請求の原因がある（134条2項）。なお、ここでいう「請求の原因」とは請求を特定するのに必要な事実をいい（規53条1項）、請求を理由づける事実（同項、理由

づけ請求原因）とは区別する必要がある。

イ　訴状の任意的記載事項とは、民事訴訟規則によって記載が要求されている事項であり、その記載が欠けても訴状としての効力に影響がない事項である。任意的記載事項には、①請求を理由づける事実（規53条1項）、②当該事実に関連する事実で重要なもの及び証拠（同条項）、③その他の攻撃防御方法（規53条3項）、④原告又はその代理人の郵便番号、電話番号、ファクシミリ番号（規53条4項）、⑤起訴前に証拠保全を行った場合における証拠調べをした裁判所と証拠保全事件の表示（規54条）などがある。

(2)　**訴状の提出**

訴えの提起は、原告が前述の記載事項を記載した訴状を裁判所に提出して行うのが原則である（134条1項）。これは手続の明確性を図る趣旨である。訴状の提出に際して、原告は、訴状に必要的記載事項を記載し（同条2項）、訴額に応じた印紙を貼り、副本を添え、送達費用を予納しなければならない。

□オンラインによる訴えの提起については(5)参照。

(3)　**訴状の審査**

事件の配付を受けた裁判長は、訴状の必要的記載事項の具備を審査し、不備があれば補正を命じ（137条1項）、補正されない場合は命令で訴状を却下する（同条2項）。

□訴え提起の手数料が納付されない場合、裁判所書記官は納付を命ずる処分を行い、納付しないときは裁判長が命令で訴状を却下する（137条の2第1項、第6項）。

(4)　**訴状の送達**

裁判長の訴状審査の結果、訴状の必要的記載事項に不備がないとき、又は不備があっても補正されたときは、訴状を被告に送達する（138条1項）。ここに送達とは、裁判所が裁判権の作用として、当事者その他の訴訟関係人に、確実に訴訟上の書類の内容を知らせるために、一定の方式により書類を交付する行為をいう。

送達は、被告に訴状の副本を交付する交付送達が原則である（102条の2、105条〜106条）。但し、交付送達ができない場合は、書留郵便に付する送達がされ（107条）、これもできない場合は公示送達がされる（110条〜113条）。

□オンラインによる送達については(5)参照。

(5)　**訴訟手続のＩＴ化との関係**

ア　申立て等のＩＴ化

令和4（2022）年の民事訴訟法改正により、裁判所に対して書面等（人の知覚によって認識することができる情報が記載された紙その他の有体物）でするものとされている申立てその他の申述（申立て等）については、当該書面等に記載すべき事項を、インターネットを利用して裁判所のサーバのファイル（条文上の文言については91条の2第1項参照。以下、本書でも、原則として、単

□令和4（2022）年の民事訴訟法改正により、書類の公示送達だけでなく、送達すべき電磁的記録に記録されている事項を裁判所ウェブサイトに公示する方法も認められた（111条）。

に「ファイル」という。）に記録する方法で行えるようになった（132条の10）。

イ　訴えの提起のＩＴ化

　　上記アにより、訴えの提起についても、訴状に記載すべき事項をファイルに記録する方法で行うことができる（オンライン提出。手数料は現金の電子納付により行う）。なお、オンライン提出によるか否かは原則として任意であるが、委任を受けた訴訟代理人（簡易裁判所の事件につきその許可を得て弁護士でない者が代理人となったものを除く）や国の指定代理人等には、申立て等に係る書面等のオンライン提出が義務付けられている（132条の11第1項）。

ウ　送達のＩＴ化

　　訴状等がオンライン提出された場合は、送達は、原則としてファイルに記録された送達すべき電磁的記録に記録されている事項を出力することにより作成した書面によってする（109条）。もっとも、送達を受けるべき者が、裁判所に対し、この送達すべき電磁的記録に記録されている事項につき閲覧又は記録（ダウンロード）できる措置をとるとともに、送達を受けるべき者に対し、当該措置がとられた旨のオンラインによる通知を発する方法による送達（システム送達）を受ける旨の届出をしている場合には、届け出られた連絡先に宛てて、システム送達することができる（109条の2第1項～第3項）。

　　そして、上記イにおいてオンライン提出を義務付けられた者には、109条の2第1項ただし書の届出義務を課しているため（132条の11第2項）、これらの者はシステム送達も義務付けられていることになる。

　　システム送達の効力は、上記の閲覧をした時、記録をした時、上記通知が発せられた日から1週間を経過した時の、いずれか早い時に生ずる（109条の3第1項）。また、申立て等に係る書面等のオンライン提出が義務付けられている者に対するシステム送達は、その者がシステム送達を受ける旨の届出をしていない場合でもすることができ、この場合は上記通知を発することを要しない（109条の4第1項）。

□令和4（2022）年の民事訴訟法改正では、それを知られることによって社会生活を営むのに著しい支障を生ずるおそれがある当事者・参加人の住所・氏名等の情報を他の当事者・参加人に秘匿したまま訴訟手続等を進めることができる制度が創設されたが（133条～133条の4）、本書の性格上割愛する。

　また、上記改正では、当事者の申出等により一定の事件につき手続開始から6か月以内に審理を終結し、そこから1か月以内に判決言渡しをする手続（法定審理期間訴訟手続）が創設されたが（381条の2～8）、知的財産権訴訟は専門性が高く、当該訴訟に精通した裁判所や代理人の工夫・協力により事実上培われてきた審理のスキームがあり、他の訴訟類型と比べ手続の進行も速いことなどから、上記改正前から規定のある計画審理（147条の2～3）すら利用されていない状況にあり、法定審理期間訴訟手続の利用についても疑問があることから割愛する。

> **解説　事例 2 − 1**
>
> 　手続の流れは次のとおりである。①訴状の提出→②担当部の決定（知的財産権事件に関する専門部がある裁判所においては、その部が担当する）→③訴状審査→④裁判所書記官が原告（代理人が付いているときは代理人）に連絡し、第 1 回口頭弁論期日が決定（被告の意見は聞かない）→⑤〔原告〕期日請書の提出（94 条 3 項ただし書）／〔被告〕ファイルに記録された電子呼出状及び訴状の送達→⑥被告から裁判所に答弁書提出（規 79 条 1 項）、原告には直送（規 83 条）→⑦第 1 回口頭弁論期日の開廷。

□裁判所書記官は送達前に原告との間で第 1 回口頭弁論期日の調整を行い、裁判長による期日指定の上、訴状及びファイルに記録された電子呼出状を被告に送達する（93 条〜94 条）。

4 訴え提起の効果

(1) 訴訟係属

　訴えが提起され、訴状が被告に送達されると訴訟係属（原告の被告に対する請求が裁判所において判決手続により審判されている状態）が生じる。そして、訴訟係属が生じると、その事件について訴訟参加（42 条、47 条、52 条）や訴訟告知（53 条）が可能となるほか、重複する訴えの提起の禁止（142 条）が適用されることになる。これらについては後述する。

□訴状が被告に送達された時点で訴訟係属を生じると解するのが通説である。

(2) 実体法上の効果

　ア　時効の完成猶予

　　裁判上の請求は時効の完成猶予事由とされているところ（民法 147 条 1 項 1 号）、これによる時効の完成猶予の効力は、訴えの提起又は訴えの変更申立書が裁判所に提出された時に生じる（民訴法 147 条）。

　イ　法律上の期間遵守

　　法律上の期間とは、出訴期間や除斥期間など、権利や法律的状態を保存するために訴えを提起しなければならないとされる一定の期間をいい（ex. 民法 426 条）、その遵守のために必要な裁判上の請求の効力も、アと同じ時に生じる（民訴法 147 条）。

第2節　訴訟要件

1 総説

(1) 意義

訴訟要件とは、本案判決（請求の当否について判断する判決）をするために必要とされる要件をいう。民事訴訟の目的は、私的紛争の公権的解決を図る点にあるところ、公権的紛争解決機関である裁判所が、証拠に基づいて事実を認定し、これに法を適用して請求の当否を判断するにふさわしい事件であるか否かを選別するために設けられているのが訴訟要件である。訴訟要件が欠ける訴えは不適法なものとして却下される（140条）のが原則である。

(2) 種類

訴訟要件の種類は多岐にわたるが、主なものを挙げると次のとおりである。

ア　裁判所に関するもの

　　a．請求及び当事者が我が国の裁判権に服すること

　　b．裁判所が管轄権を有すること

イ　当事者に関するもの

　　a．当事者が実在すること

　　b．当事者が当事者能力を有すること

　　c．当事者が当事者適格を有すること

　　d．訴えの提起及び訴状の送達が有効であること

ウ　訴訟物に関するもの

　　a．重複する訴えの提起の禁止に抵触しないこと（142条）

　　b．再訴の禁止（262条2項）に触れないこと

　　c．併合の訴え又は訴訟中の訴えについて、必要な要件を備えていること（38条、47条、136条、143条、146条等）

　　d．訴えの利益があること

(3) 訴訟要件の調査

＜訴訟要件の調査の開始と資料の収集（通説による整理）＞

	性　　質	調査の開始	資料の収集
訴訟要件	公益性が強く、本案と関連が薄いもの	職権調査事項	職権探知主義
	公益性があるが、本案と関連が濃いもの		弁論主義
	私益中心のもの	抗弁事項	

□管轄は裁判所の事務分担の問題であることから、管轄権のない裁判所に提起した訴えについては却下されず、管轄権のある裁判所に移送される（16条1項）。

□訴訟能力及び代理権の存在は個々の訴訟行為の有効要件であって訴訟要件ではない。もっとも、これらを欠く原告の訴えの提起や被告による訴状の受領は無効であるため、追認（34条2項）がなければ、有効な訴えの提起又は訴状の有効な送達がないとして、訴えは却下される。

ア　調査の開始

　民事訴訟における審理の開始については、当事者からの申立てが
あって初めて審理が開始される場合と、これがなくても裁判所が自
ら職権によってその審理を開始する場合がある。訴訟要件の調査に
ついても、裁判所が自ら職権により調査を開始する場合（職権調査
事項）と、被告の申立てがあって初めてその存在の調査が開始され
る場合（抗弁事項）があり、公益性のある訴訟要件については前者
が、私益中心のものについては後者がそれぞれ妥当する。

（理由）

　訴訟要件は、制度設営者である裁判所（公権的紛争解決機関）
の立場から要求されているものが多く、これらは公益的性質を有
することから、その存否につき疑いが生じたときには、裁判所は
自ら職権でその調査を開始すべきである。

　もっとも、仲裁契約や不起訴の合意の存在、あるいは、訴訟費
用の担保の提供（75条）等については、被告の利益を考慮して
訴訟要件とされたものであるから、被告の申立てがあって初めて
問題にすれば足りる。

イ　資料の収集

　訴訟資料の収集については、裁判所が職権によって収集する方
法（職権探知主義）と、当事者の提出した資料に委ねる方法（弁
論主義）がある。訴訟要件の場合、裁判権の有無・専属管轄の遵
守・当事者能力の有無などの公益性が強い一方で本案の審理との
関連性が薄いものについては職権探知主義が妥当し、任意管轄の
遵守・訴えの利益の有無などのように公益性はあるが本案の審理
との関連性が密接であるものや、不起訴の合意などのように私益
中心の訴訟要件については弁論主義が妥当する。

（理由）

①　訴訟要件のうち公益性が強いものについては裁判所が資料の
　収集に当たるべきであり、当事者の自主的な収集に委ねるべき
　ではない。

②　任意管轄・訴えの利益などは、公益的性質がさほど強度では
　なく、弁論主義が妥当する本案の審理との関連性も密接である
　ため、当事者の自主的な収集に委ねてよい。

③　不起訴の合意などのように私益中心の訴訟要件については、
　その性質上、当事者の自主的な収集に委ねてよい。

⑷　本案の結論が訴訟要件の存否の結論より先に出た場合の取扱い

ⅰ）　否定説（かつての通説）

□管轄についていえば、専
属管轄の遵守は裁判所が自
ら職権により調査を開始し
（職権調査事項）、かつ、訴
訟資料の収集も裁判所が職
権によって行う（職権探知
主義）。これに対し、任意
管轄の遵守は職権調査事項
であるが、訴訟資料の収集
は当事者に委ねられる（弁
論主義）。

本案判決が認容判決であるか棄却判決であるかを問わず許されないとする。

（理由）

訴訟要件とは、本案判決をするために必要とされる要件をいう以上、その存否が明らかになる前に本案判決を下すことは許されない。

ii　本案につき請求棄却判決を下せる場合を認める説（判例）

個々の訴訟要件が設けられた趣旨はそれぞれ異なるから、否定説のように一律に解するのは適切ではなく、個々の訴訟要件の制度趣旨に照らし、その訴訟要件の存否が判明するより先に、裁判所が請求棄却が妥当であるとの結論に達したときは、請求棄却判決を下すことができる場合を認めるべきである。

具体的には、被告の利益保護や無意味な訴訟の排除を目的とする訴訟要件（任意管轄、当事者能力、訴えの利益、当事者適格、一審判決後の訴え取下げに伴う再訴禁止、重複する訴えの提起の禁止、訴えの併合要件、抗弁事項等）については、裁判所は直ちに請求棄却判決を下すことができると解すべきである。

（理由）

これらの訴訟要件については、その存否が明らかでないからといってそのまま審理を続けたとすると、①仮に訴訟要件があると判断された場合には、結局、請求棄却判決が下されることになるから、被告はそれまで無駄な訴訟につき合わされたことになる。一方、②仮に訴訟要件がないと判断された場合には、その訴えは却下されるが、後で、請求棄却となる可能性の極めて高い再訴を、訴訟要件を備えた者に提起されるおそれがあり、この場合も被告は無駄な訴訟につき合わされることになる。

このように、被告の利益保護や無意味な訴訟の排除を目的とする訴訟要件については、その存否が明らかでないからといってそのまま審理を続けると、結果として訴訟要件があった場合、なかった場合のいずれも、かえって、当該訴訟要件を設けた趣旨に反することになってしまう。

2 訴えの利益

(1)　意義

訴えの利益とは、本案判決の必要性及び実効性を個々の請求内容について吟味するための訴訟要件をいい、この必要性及び実効性が認められる場合に訴えの利益があるとされる。訴えの利益は、当事者適格とともに請求の内容と密接に関連する点で、他の訴訟要件と

は異なる性質を持つ。すなわち、他の訴訟要件が請求内容に関わらない一般的な事項であるのに対し、これらの要件は、当該当事者間での本案判決が紛争解決の実効性を持つか否かをそれぞれの請求内容について個別に判断するものである。

(2) 各種の訴えに共通の訴えの利益

ア　請求が具体的な権利関係その他の法律関係の存否の主張であること

民事訴訟は、請求の当否を法律的に判断して、現存する具体的な紛争の解決を図ろうとするものであるから、その主張が法律的に当否を判断できる法律関係の存否に係るものでなければならない。

イ　法律上、起訴が禁止されていないこと

重複する訴えの提起の禁止（142条）、再訴の禁止（262条2項）等がある。これらに当たる場合は、特別な理由から起訴が禁止されるものであり、訴訟制度を利用する正当な利益を欠く場合といえる。

□もっとも、これらの場合には、個別の禁止規定があるため、訴えを不適法であるとして却下する場合には訴えの利益がないとの理由によらず、個別の規定によることになる。

ウ　当事者間に訴訟を利用しない旨の特約がないこと

特定の法律関係について、仲裁契約や不起訴の合意が存在するときは、当事者の意思を尊重して、裁判所は審判を差し控えるべきである。但し、これらは直接公益に関わるものではないことから、被告の抗弁を待って調査を開始する抗弁事項とされる。

エ　その他、特に起訴の障害となる事由のないこと

これには、例えば次のようなものがあるとされている。

a．訴訟費用額の確定（71条～73条）や破産債権の確定（破産法124条～）等については特別の規定が設けられており、その手続によらせるのが合理的であることから、通常の訴えを提起することは許されない。

b．既に勝訴の確定判決を得ている場合には、原則として同一請求について再度の訴えを提起する利益はない。

□もっとも、時効の完成猶予を受けるためなど特に必要がある場合には、例外的に訴えの利益が認められる。

c．特別の事情のもとで、訴えの提起自体が訴権の濫用又は信義則違反と認められる場合には、訴えの利益が欠ける。

(3) 給付の訴えの利益

ア　現在給付の訴えにおける訴えの利益

現在給付の訴えとは、弁済期の到来した給付請求権を主張する訴えをいう。

現在給付の訴えにおいては、原告が既に履行期（弁済期）が到来している給付請求権を主張していることの一事をもって、原則

として、給付判決を求める正当な利益があるとされる。

イ　将来給付の訴えにおける訴えの利益

　　ａ．将来給付の訴えの意義

　　　　将来給付の訴えとは、口頭弁論終結時までに履行すべき状態
　　　にない給付請求権を主張して、あらかじめ（つまり現在におい
　　　て）給付判決を受けることを求める訴えである。

　　　　135条は、将来給付の訴えが許されるのは、「あらかじめそ
　　　の請求をする必要がある場合に限」られるとするが、これは起
　　　訴要件ではなく、本案判決の要件すなわち訴訟要件を定めるも
　　　のである。

　　ｂ．将来給付の訴えの要件

　　　　将来の給付の訴えは、現在給付の訴えに比して紛争解決の実
　　　効性が乏しいため、訴えの利益（権利保護の利益）が特に要求
　　　される。そこで、法は、「あらかじめその請求をする必要があ
　　　る場合」に限り訴えの利益を認めている（135条）。そして、「あ
　　　らかじめその請求をする必要がある場合」の有無については、
　　　義務者の態度や当該給付義務の目的・性質等を考慮して、個別
　　　具体的に判断すべきものと解されている。

　　　　例えば、①義務者が既に給付義務の存在、期限又は条件を争っ
　　　ており、将来の履行期到来又は条件成就の時に任意に履行する
　　　ことが期待できない場合には、あらかじめ請求する必要性が認
　　　められる。また、②継続的給付において、現在履行期にある部
　　　分について不履行がある場合には、将来の分の履行も期待でき
　　　ないため、あらかじめ請求する必要性が認められる。

　　ｃ．請求権の適格性

　　　　上記ｂ．②のような場合であっても、将来給付の訴えを提起
　　　することのできる請求権としての適格性が否定される場合があ
　　　る。

　　　　この点、最高裁昭和56年12月16日大法廷判決（大阪国際
　　　空港公害差止等請求事件）は、「民訴法226条（注：現135条）
　　　はあらかじめ請求する必要があることを条件として将来の給付
　　　の訴えを許容しているが、同条は、およそ将来に生ずる可能性
　　　のある給付請求権のすべてについて前記の要件のもとに将来の
　　　給付の訴えを認めたものではなく、主として、いわゆる期限付
　　　請求権や条件付請求権のように、既に権利発生の基礎をなす事
　　　実上及び法律上の関係が存在し、ただ、これに基づく具体的な
　　　給付義務の成立が将来における一定の時期の到来や債権者にお

□②の例としては、土地の賃貸借契約において、賃借人が現在履行期にある賃料を支払っていない場合に、賃貸人が、これと合わせて、履行期が到来していない契約終了までの賃料や契約解除後に生じる賃料相当損害金を請求するケースが挙げられる。

いて立証を必要としないか又は容易に立証しうる別の一定の事実の発生にかかつているにすぎず、将来具体的な給付義務が成立したときに改めて訴訟により右請求権成立のすべての要件の存在を立証することを必要としないと考えられるようなものについて、例外として将来の給付の訴えによる請求を可能ならしめたにすぎないものと解される。このような規定の趣旨に照らすと、継続的不法行為に基づき将来発生すべき損害賠償請求権についても、例えば不動産の不法占有者に対して明渡義務の履行完了までの賃料相当額の損害金の支払を訴求する場合のように、右請求権の基礎となるべき事実関係及び法律関係が既に存在し、その継続が予測されるとともに、右請求権の成否及びその内容につき債務者に有利な影響を生ずるような将来における事情の変動としては、債務者による占有の廃止、新たな占有権原の取得等のあらかじめ明確に予測しうる事由に限られ、しかもこれについては請求異議の訴えによりその発生を証明してのみ執行を阻止しうるという負担を債務者に課しても格別不当とはいえない点において前記の期限付債権等と同視しうるような場合には、これにつき将来の給付の訴えを許しても格別支障があるとはいえない。しかし、たとえ同一態様の行為が将来も継続されることが予測される場合であつても、それが現在と同様に不法行為を構成するか否か及び賠償すべき損害の範囲いかん等が流動性をもつ今後の複雑な事実関係の展開とそれらに対する法的評価に左右されるなど、損害賠償請求権の成否及びその額をあらかじめ一義的に明確に認定することができず、具体的に請求権が成立したとされる時点においてはじめてこれを認定することができるとともに、その場合における権利の成立要件の具備については当然に債権者においてこれを立証すべく、事情の変動を専ら債務者の立証すべき新たな権利成立阻却事由の発生としてとらえてその負担を債務者に課するのは不当であると考えられるようなものについては、前記の不動産の継続的不法占有の場合とはとうてい同一に論ずることはできず、かかる将来の損害賠償請求権については、冒頭に説示したとおり、本来例外的にのみ認められる将来の給付の訴えにおける請求権としての適格を有するものとすることはできないと解するのが相当である。」と判示し、将来の損害賠償請求に係る部分につき訴えを却下した。

⑷　確認の訴えの利益（確認の利益）

事例　2−2

　甲は自己の保有するA特許権を無断で実施したB製品を製造販売する乙を被告として、A特許権に基づく差止請求権存在確認の訴えを提起しようと考えている。このような訴えには訴訟上いかなる問題があるか。

A特許権　　　　特許権に基づく差止請求権
　　　　　　　　存在確認請求？　　　　　　　B製品
（原告）甲　　──────────────→　乙（被告）

ア　確認の利益の有無が厳格に判断される理由

　　給付の訴えでは現に給付を受ける地位にありながら受けていない場合に、形成の訴えでは法定の形成要件を満たす場合に、原則として直ちに訴えの利益が認められる。これに対して、確認の訴えの場合には、①権利関係の変動が生じず、紛争解決方法として迂遠な場合があること、及び②確認の対象が論理的に無限定であることから、確認の利益の有無は厳格に判断される。

　　すなわち、①の点についていえば、給付の訴えは単に給付請求権の存在を観念的に確定するにとどまらず、被告が任意に履行しない場合に強制執行によって請求権の満足を図るための執行力の取得を目的とし、形成の訴えも同様に一定の法律関係の変動をもたらす形成力の取得を目的とするのに対して、確認の訴えは、一定の権利ないし法律関係を専ら既判力によって確定することにより紛争を解決し、派生する将来の紛争を防止することを目的とするものであり、権利の強制的実現の裏打ちがないことから、紛争解決方式として迂遠な場合が多い。また、②の点についていえば、給付の訴え、形成の訴えにおいては、給付請求権あるいは形成原因の存在が前提となるのに対し、確認の訴えにおいては、訴えの形式上制限がなく、確認の対象が論理的に限定されていないため、あらゆる事項の確認が求められるおそれがあるが、これが訴訟制度の効率的な運営や被告の利益を害することは明らかである。このような理由から、確認の訴えにおいては、個々の訴訟ごとに確認の利益の有無を厳格に判断することが要求される。

イ　判断基準

a．方法の選択の適否（確認訴訟によることの適否）

　　確認の訴えという訴訟形態をとることが紛争解決にとって有

効・適切か、という観点からの判断である。

　この点、給付の訴えや形成の訴えによることが可能な場合には、請求権や形成権の存在の確認を求める訴えに確認の利益は原則として認められない。勝訴により執行力や形成力を得られる各訴訟類型による方が、既判力を得られるにすぎない確認の訴えよりも有益であり、終局的な紛争の解決が可能となるからである。

　但し、既に給付判決を得た請求権につき時効の完成猶予を受ける必要がある場合には、請求権の存在の確認を求める訴えにも確認の利益が例外的に認められる。この場合、債権者としては給付判決により既に執行力を得ているため、時効の完成猶予を受ける手段（民法147条1項1号）として、このような確認の訴えを認める必要があるからである。

　また、基礎となる権利又は法律関係から派生する可能性のある他の紛争を予防するという確認訴訟の本来的機能が期待できる場合には、給付請求権（ex.所有権に基づく返還請求権）の基礎となる権利又は法律関係（ex.所有権）の確認を求める訴えにも確認の利益が例外的に認められ、所有権に基づく返還請求が可能であっても、これによらずに所有権確認訴訟を提起することが許される。

ｂ．確認対象選択の適否

　確認対象として選んだ訴訟物たる権利又は法律関係の存否の判断が、紛争解決にとって有効・適切か、という観点からの判断である。

(a)　事実関係の確認

　単なる事実関係についての確認の利益は原則として認められない。民事訴訟は被告に対する原告の主張の当否を法律的に判断することによって紛争を解決するものであり、その主張が法律的に当否の判断のできる具体的な権利関係の存否の主張でなければならないからである。

　もっとも、民事訴訟法は、その例外として証書真否確認の訴えを認めている（134条の2）。これは、判決によって法律関係を証する書面の成立の真否が確認されれば、そこに記載されている法律関係をめぐる紛争又はこの紛争から派生する紛争自体を解決し、そうでなくとも、これらの紛争解決に役立つ可能性が高いと考えられるからである。

□「法律関係を証する書面」（134条の2）とは、その内容によって直接に法律関係の存否が証明できるもの（ex.定款、遺言書、契約書）をいう。

(b)　過去の権利・法律関係についての確認の利益も、原則とし

て認められない。権利・法律関係は私的自治の原則により常に変動するものであり、過去の権利・法律関係を確認しても多くの場合迂遠であり、必ずしも現在の紛争を解決することには役立たないからである。現在の紛争を解決するには、現在の権利・法律関係の存否を問うのが直接的であり、効果的であるのが通常である。

但し、過去の基本的な法律関係を確定することが、現に存在する紛争の抜本的解決に役立つ場合には、過去の法律関係の確認の利益も認められる。このような過去の法律関係を確定することで、それを前提として多発することが予想される紛争を一挙に解決でき、確認訴訟本来の機能を全うすることができるからである（ex. 株主総会決議無効・不存在確認の訴え（会社法830条）、遺言無効確認の訴え（明文はないが判例により認められている））。

(c) 他人間の権利・法律関係の確認についても、原則として確認の利益は認められない。既判力の主観的範囲は、原則として「当事者」に限られるから（115条1項1号）、他人間の法律関係を確定しても、自己の権利・法律関係の紛争の解決には直接役立たないからである。

但し、他人間の法律関係の存否の確認も、それによって被告との関係で原告の法的地位の安定をもたらす場合には、確認の利益が認められる。例えば、転借人による所有者・賃借人間の賃貸借契約の確認請求の場合、転借人が自己の転借権を確認しても、その前提たる賃貸借契約が存在していなければ意味がないのであり、この場合、他人間の法律関係たる賃貸借契約の存在を確認することが、自己の法的地位の安定を図ることになるのである。

(d) 自己の権利の積極的確認が可能な場合は、相手方の権利の消極的確認の利益は原則として認められない。ある特定の権利が相手方に帰属していないことが確定されても、その権利が自己に帰属するか否かは依然として不明であり、自己の権利を積極的に確認する方が、より有効な紛争解決を図りうるのが通常であるからである。

c．即時確定の現実的必要性（紛争の成熟性）

当事者間の具体的事情を考慮して、紛争解決の必要があり、解決に値する紛争のみを取り上げるという観点からの判断である。

（a）　被告が原告の主張する権利・法律関係を争っている場合でなければ、確認の利益は原則として認められない。このような場合であって初めて、被告が原告の法的地位を不安定にしているものといえ、確認判決を下して紛争を解決する必要が認められるからである。

　　　但し、例えば、ある請求権につき時効の完成猶予を受ける必要がある場合には、相手方が特に争っていない場合であっても、確認の利益は認められてよい。この場合に、相手方の対応如何によって確認の利益の有無が左右されるとすれば、債権者に実体法上認められる、時効の完成猶予を受ける利益が著しく害されるからである。

（b）　確認判決によって救済されるべき原告の法的地位が現実的なものでなければ、確認の利益はないものと判断される。不安の的となる原告の法的地位が未だ現実的なものとはいえないなら、確認判決をしても有効・適切な紛争解決は期待できないからである。

　　　例えば、遺言者がその生存中に受遺者に対して遺言の無効確認を求める利益は認められない（判例）。この場合に原告が保護を求めている地位とは、遺言者が死亡したときに遺贈に基づく法律関係がないとすることについての原告の利益ないし地位であるが、このような地位はまだ将来のものであり、原告自身が新たな遺言をすることによって（原告のみの意思により自由に）変動させることができるため、そのような地位を現在保護に値すると考える必要はないからである。

□例えば、A特許権を保有する甲から通常実施権の許諾を受けた乙が、甲を被告として差止請求権不存在確認の訴えを起こしても、原則として即時確定の現実的必要性がなく確認の利益は認められない。もっとも、甲が乙の取引先に対し、乙が無権限でA特許発明を実施していると告知しているような場合には、これが認められよう。

解説　事例2−2

　甲の差止請求権存在確認請求については、仮にこれが認容されても執行力がないため、甲が乙のB製品の製造販売を強制的に中止させるためには改めて差止請求訴訟を提起し、差止を命じる給付判決を受けなければならない。このように、差止請求が可能であるのに差止請求権存在確認請求をすることは迂遠であり、差止請求権の存在が確認されれば甲乙間の紛争が抜本的に解決されるなどの特段の事情がない限り、甲の訴えは確認の利益を欠く（確認訴訟という方法の選択が適切でない）ものとして訴え却下判決を下される可能性が高いという問題がある。

(5) 形成の訴えの利益

形成の訴えは、実体法自身が、法律関係の変動を形成判決の確定にかからせる必要の有無を事件の類型毎に個別に検討し、その必要を認め、形成の訴えによる旨を法定した場合に限って許されるのが建前である。従って、所定の要件を備えた訴えであれば、原則として訴えの利益が認められる。

3 当事者適格

(1) 意義

当事者適格とは、特定の訴訟物につき当事者として訴訟追行し、本案判決を求めることのできる資格をいう。

民事訴訟は私的紛争を公権的に解決するための制度であるから、原告の請求に係る特定の訴訟物（権利又は法律関係）の存否について原告と被告との間に本案判決をしても紛争解決の実効性が図れない場合には、そのような請求を排除する必要がある。そこで、原告の請求に係る特定の訴訟物との関係で、本案判決をすべき当事者であるか否かを選別するため、「当事者適格」という訴訟要件が設けられた。

□訴訟物との関係が問題となる点で、民事訴訟の当事者となることができる一般的な資格である当事者能力とは異なる。

(2) 当事者適格の判断（正当な当事者）

ア　原則

当事者適格を有する者は、法律上の利害関係が対立する者である。すなわち、正当な原告とは請求認容判決によって保護されるべき法的利益が帰属すると主張する者をいい、正当な被告とは、その者を被告として請求認容判決を得た場合に、原告の主張する法的利益が保護されるという関係にある者をいう。なぜなら、これらの者が訴訟の結果につき最も強い利害関係をもち、紛争の実効的解決を期待できるからである。

イ　例外

a．第三者の訴訟担当

実体法上の利益の帰属主体（本人）に代わり、第三者に当事者適格が認められる場合がある（第三者の訴訟担当）。この点については後述する。

b．固有必要的共同訴訟

固有必要的共同訴訟では、利害関係人全員が訴え又は訴えられる必要があり、そのうちの一部だけでは正当な当事者とは認められない。この点についても後述する。

(3) 第三者の訴訟担当

ア　意義

第三者の訴訟担当とは、実体法上の利益帰属主体に代わり第三者に当事者適格が認められる場合をいい、これには①法定訴訟担当と②任意的訴訟担当がある。
　当事者適格を有する者（正当な当事者）は、原則として実体法上の利益の帰属主体である。しかし、例えば、第三者が当該利益について管理処分権を有する場合には、こうした第三者に判決を下さなければ紛争の実効的解決を図れない。そこで、例外的に、第三者に当事者適格を認めたのである。
　訴訟担当した第三者が受けた判決の効力は、紛争の実効的解決を図るため、実体法上の利益の帰属主体にも及ぶ（115条1項2号）。

イ　法定訴訟担当
　法定訴訟担当とは、法律の規定により当然に当事者適格を認められる第三者の訴訟担当をいう。
　法定訴訟担当には、①担当者のための法定訴訟担当と、②職務上の当事者がある。

　a．担当者のための法定訴訟担当
　　第三者が自己の権利の実現のために当該権利義務について管理処分権を与えられ、それに基づいて訴訟担当が許される場合である（ex. 破産管財人が破産財団に関する訴訟を追行する場合（破産法44条）、債権者が債務者の権利を代位行使（民法423条1項）して訴訟を追行する場合）。

【図解】

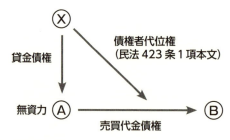

　b．職務上の当事者
　　当該権利義務の帰属主体による訴訟追行が不可能又は困難なときに、法律上その者の利益を保護すべき職務にある者が訴訟担当する場合である（ex. 認知請求事件につき本来の適格者死亡後に当事者とされる検察官（人事訴訟法12条3項））。

ウ　任意的訴訟担当
　a．意義
　　任意的訴訟担当とは、本来の権利義務の帰属主体による授権

□当該権利義務について担当者に実体法上の権能が与えられる場合は、当該財産に対する被担当者の管理処分権は制限されるものと解されているが、債権者代位権に関する民法423条の5は被担当者である債務者の管理処分権が制限されない旨を定めているため、債権者がこれを制限したいときは、仮差押え（民事保全法50条1項）や差押え（民事執行法145条1項）によることになる。

□【図解】の例において、AのBに対する売買代金債権が存在しない場合は、裁判所は請求棄却判決を下す一方、XのAに対する貸金債権が存在しない場合は、Xに当事者適格がないことになるため、裁判所は訴え却下判決を下す。

に基づいて行われる第三者の訴訟担当をいう。

　法が認めたものとして、選定当事者（30条）、手形の取立委任裏書（手形法18条1項）がある。

b．選定当事者

　(a)　意義

　　選定当事者とは、共同の利益を有する多数者（総員）の中から選ばれて、多数者に代わって当事者となる者をいう（30条）。

　　共同訴訟人（当事者）が多数であると、その1人に生じた中断事由によって審理の足並みが乱れたり、手続が複雑になったりする弊害がある。そこで、訴訟を単純化するため、選定当事者の制度が設けられた。

　(b)　要件（30条1項）

　　①　共同訴訟人となるべき者が多数いること

　　　多数人が社団となり、社団に管理人の定めがあれば当事者能力が認められるから（29条）、選定当事者制度は利用できない（30条1項）。

　　②　多数人が共同の利益を有すること

　　　「共同の利益」とは、多数人間に共同訴訟人となりうる関係があり（38条）、かつ各人の主要な攻撃防御方法が共通であれば足りる（判例）。例えば、公害訴訟の被害者、航空機事故の被害者などがこれに当たる。

　　③　多数人の中から選定当事者を選定すること

　(c)　地位・権限等

　　ⓐ　選定当事者は、当事者として当該訴訟について一切の訴訟行為ができる。

　　ⓑ　選定者は、訴訟係属後の選定により訴訟から脱退する（30条2項）。選定当事者による判決の効力は、選定者にも及ぶ（115条1項2号）。

c．明文規定のない任意的訴訟担当の可否

　(a)　可否

　　法は、弁護士代理の原則（54条）を定めるとともに、訴訟信託を禁止（信託法10条）していることから、明文規定のない任意的訴訟担当はこれらを潜脱するものとして認められないのではないかが問題となる。

　　この点、法が弁護士代理の原則や訴訟信託の禁止を定めた趣旨は、いわゆる事件屋等がほしいままにすることを防止し

□選定者はいつでも選定の取消し・変更ができる（30条4項）。選定当事者の一部が死亡等により資格喪失しても、残りの者で訴訟追行する（30条5項）。選定当事者の全員が死亡等により資格喪失したときは、訴訟は中断し、選定者全員又は新選定当事者が受継する（124条1項6号）。

□判例は、組合の業務執行組合員による訴訟担当について、弁護士代理の原則や

て、本人の保護を図る点にあることから、このような弊害を生じるおそれがなく、担当者による充実した訴訟追行が期待される場合には、明文の規定がなくても広く任意的訴訟担当を認めてよいと解するのが判例・通説である。

> 訴訟信託の禁止を定めた趣旨に照らし、このような制限を回避・潜脱するおそれがなく、かつ、これを認める合理的必要がある場合には許されるとして、これを認めている。

(b) 判断基準

受託者が、権利義務の主体との関係で、訴訟担当することにつき正当な業務上の必要がある場合に認められるとする正当業務説が多数説である。

4 重複する訴えの提起の禁止（142条）

事例 2-3

A特許権を保有する甲は、B製品を製造販売する乙を被告として、A特許権に基づくB製品の製造販売差止請求訴訟を提起した（以下の(1)と(2)は、それぞれ独立した問いである。）。

(1) 侵害論の審理が進むにつれ、裁判所の心証は非侵害ではないかと案じた甲は、この訴訟とは別に、乙を被告として、A特許権に基づくB製品の製造販売差止請求訴訟を提起した。甲の提起したこの後訴は、裁判所からどのように取り扱われるか。

(2) 侵害論の審理が進むにつれ、裁判所の心証は侵害であると確信した甲は、この訴訟とは別に、乙を被告として、B製品の製造販売によるA特許権の侵害に基づく損害賠償請求訴訟を提起した。甲の提起したこの後訴は、裁判所からどのように取り扱われるか。

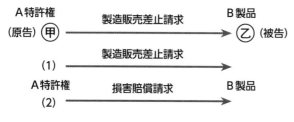

(1) 意義

重複する訴えの提起（二重起訴）の禁止とは、裁判所に既に訴訟係属が生じている場合には、当事者がこれと同一の事件について重ねて訴えを提起することが許されないことをいう。前訴の訴訟係属の発生を前提に後訴を禁止するものであり、訴訟係属の効果の一つである。

重複する訴えの提起の禁止の趣旨としては、次の3点が挙げられ

> □重複する訴えの提起の禁止と既判力の働く場面については誤解が生じがちであるが、訴訟係属中に当事者と訴訟物を同一にする訴えが提起された場合が重複する訴えの提起の禁止が働く場面であり、前訴判決が確定している状況で当事者と訴訟物を同一にする訴えが提起された場合が既判力が働く場面である。

る。

① 同一事件について重ねて裁判が行われることにより、矛盾した裁判がされ混乱を生じる恐れがある。

② 同一事件について重ねて審理するのは、時間、費用、労力が二重にかかって、訴訟制度として不経済かつ無益である。

③ 後訴被告は二重に応訴の負担を強いられ、迷惑である。

(2) **要件**

事件の同一性は、重複する訴えの提起の禁止の趣旨から、①当事者の同一性と②訴訟物の同一性の2つの面から判断される。

① 当事者の同一性

ア 当事者が同一であれば、原告と被告の立場が逆転していても同一性は認められる。

イ 同一の権利関係が訴訟物になっていても、当事者が別ならば事件の同一性は認められない。確定判決は特定の当事者間でのみ効力を有し、他の訴訟の当事者には効力を及ぼさないのが原則（115条1項1号）だからである。

ウ 形の上では当事者が別であっても、判決効が及ぶ関係で当事者と同視される者は、重複する訴えの提起の禁止との関係でも当事者と同視され、実質的に当事者の同一性が認められる。例えば、訴訟担当者と担当される利益帰属主体（115条1項2号）、当事者と当事者のために請求の目的物を所持する者（115条1項4号）などである。

② 訴訟物の同一性

ア 訴訟物たる権利又は法律関係が同一であれば、訴えの態様（請求の趣旨）は異なってもよい（ex.債務不存在確認請求と同一債権に関する給付請求）。訴訟物たる権利又は法律関係が同一であれば、審理の重複や判決の矛盾が生じうるからである。

イ 相殺の抗弁が主張された場合、反対債権についても既判力が生じる（114条2項）ことから、142条の適用ないし類推適用が問題となるが、この点は本書の性格上割愛する。

(3) **効果**

ア 重複する訴えの提起の禁止に抵触しないことは訴訟要件であることから、これに違反して提起された後訴は、不適法であるとして却下（140条）される。

イ 重複する訴えの提起であることを看過して、後訴につき本案判決がされた場合、この判決は違法であり、上訴による取消しが認められるが、前訴、後訴のいずれについても判決がされて確定し、

第2章

第2節 訴訟要件

59

その内容が抵触するときは、前訴と後訴という訴えの提起の前後
に関わらず、後に確定した判決が再審で取り消される（338条1
項10号）。

解説　事例2−3

(1)　甲の後訴は、当事者と訴訟物を同一とするものであるから、甲
は、裁判所に係属する事件について更に訴えを提起したこととな
り、重複する訴えの提起の禁止（142条）に触れる不適法なもの
となる。従って、甲の後訴は裁判所に却下される（140条）。なお、
重複する訴えの提起の禁止に抵触しないことは訴訟要件であるか
ら、「棄却」ではなく「却下」であることに注意を要する。

(2)　甲の後訴は、当事者を同一とするものであるが、訴訟物が異な
る（前訴は差止請求権であり、後訴は損害賠償請求権である。）
ため、重複する訴えの提起の禁止には抵触しない。よって、後訴
は裁判所に却下されることはなく、両訴は並行して審理されるこ
とになるが、裁判所の裁量により、弁論の併合（152条1項）が
行われる場合もある。

□弁論の制限・分離・併合
（152条1項）は裁判所の
裁量によるものであり、当
事者に申立権はないため、
併合審理を望むときは、そ
の旨の「上申」をすること
になる。

第3節　処分権主義

事例 2-4

　Aは、Bが販売した乙製品はAの保有する甲特許権を侵害するとして、Bを被告として、不法行為による損害賠償請求訴訟を提起したが（損害額の計算は特許法102条3項による。）、Bは、Aが損害及び加害者を知ってから4年が経過している旨を主張立証した。裁判所の心証が、乙製品は甲特許権を侵害するが、Bの上記主張には理由があるというものである場合、裁判所は判決により、Bに対し、実施料相当額を不当利得の返還としてAに支払うよう命じることができるか。

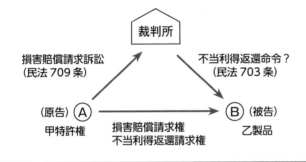

1 意義

　処分権主義とは、訴訟の開始・請求の特定・訴訟の終了を当事者の権能及び責任とする原則をいう。

　民事訴訟の対象は実体法上の権利であるところ、実体法上の権利については私的自治の原則の下、当事者の自由な処分に委ねられている。とすれば、実体法上の権利を処分する場である訴訟の場においても当事者の自由な処分を認めてよいはずである。そこで法は、処分権主義を採用した。

2 内容

(1) 訴訟の開始

　民事訴訟は、原則として、当事者（原告）の訴えがなければ開始されず、職権で開始されることはない（「訴えなければ裁判なし」の原則）。これは上訴（控訴・上告）や再審の訴えにも当てはまる。

　もっとも、訴訟費用の裁判と仮執行宣言の裁判は、当事者の申立てがなくても職権ですることができる（67条、259条）。

(2) 請求の特定

　当事者（原告）は、審判の対象となる請求（その内容となる訴訟

□このように訴えるか否かが当事者に任されているため、訴えない旨の合意も自由にできる（不起訴の合意、不控訴の合意など。詳しくは後述する。）。また、敗訴した当事者に生じる上訴権についても放棄できる（284条、313条）。

物たる権利又は法律関係）と審判の形式（給付、確認、形成の各訴え）を自ら特定することができ（134条2項2号）、裁判所は、当事者が申し立てていない事項につき判決することができない（246条）。すなわち、請求の特定は当事者の権能であるとともに責任である。

裁判所が申立事項を超えて判決できないことは上訴審でもあてはまる。第一審判決の変更は、当事者の不服申立ての限度でなければできない（不利益変更の禁止の原則、304条、313条）。

(3) 訴訟の終了

当事者（原告）は、一旦訴訟が開始されても、訴えを取り下げることができ（261条）、上訴人もその上訴の取下げができる（292条、313条）。また、当事者は、請求の放棄・認諾（266条）、訴訟上の和解（267条）により訴訟を終了させることもできる。これらの点については後述する。

□相手方が応訴した後の訴えの取下げについてはその同意が必要である（261条2項本文）。

3 申立事項と判決事項（246条）

(1) 246条の意義・機能

246条は、審判の対象となる請求の特定につき処分権主義を具体化するものであり、裁判所は、当事者の申し立てた事項（申立事項）につき判決をしなければならず、当事者が申し立てていない事項につき判決をしたり、当事者の申し立てた事項の範囲を逸脱して判決をすることは許されない。

そして、これにより246条は不意打ちを防止する機能を有する。すなわち、246条は、①原告に対しては、自ら特定した請求以外について判決を受け、これに拘束されることがないことを保障し、また、②被告に対しては、原告が特定した請求についてのみ防御を尽くせばよく、これ以外について判決を受け、これに拘束されることがないことを保障する機能を有するのである。

□246条違反の効果
246条違反の判決は無効ではなく、上訴により取り消すことができるだけである。控訴審で原審の判決事項が新たに申し立てられると、246条違反があっても、その瑕疵は治癒される。

(2) 判決事項が申立事項を超えるか否かの判断基準

判決事項が申立事項を超えるか否かは、訴訟物の同一性、審判の形式（給付、確認、形成の各訴え）、原告が権利義務ないし利益につき救済を求めた範囲を比較して判断される。

(3) 一部認容判決

申立事項と形式的には一致しない判決事項であっても、直ちに246条違反となるわけではない。原告が権利義務ないし利益につき救済を求めた範囲内であれば、その質的又は量的な一部について認容判決をすることは許される。このような判決を一部認容判決といい、判例・学説はこれを認めている。

（理由）
① 原告としては、全部認容か全部棄却かの二者択一を迫るものではなく、全部が無理であれば一部でも認容してほしいと考えているのが通常である。
② 被告としても、最悪の場合、全部認容判決を受けることを覚悟している以上、一部認容がされても不意打ちとはならず、被告の利益を不当に害することはない。

(4) 246条違反となるかが問題となる具体的場合

ア 訴訟物理論との関係

裁判所は、当事者が申し立てた訴訟物と異なる訴訟物について判決できない。従って、いかなる訴訟物理論をとるかにより、246条違反となるか否かは異なる。

□旧訴訟物理論（第1節2参照）によれば246条違反となる場合でも、新訴訟物理論（同）によれば246条違反とならない（但し、後述する弁論主義の第1テーゼに違反することになる）。

イ 判決形式・順序

裁判所は、当事者が申し立てた訴訟類型（給付・確認・形成訴訟）に拘束され、異なる形式の判決ができない。また、当事者の申し立てた請求の予備的併合に対して、主位的請求について審判せずに、予備的請求について判断することはできない。

ウ 申立事項と判決事項との量的相違・質的相違

【図解】

上記【図解】の例のとおり、AがBに対して特許権侵害を理由とする1億円の損害賠償請求訴訟を提起したところ、裁判所が5000万円の認容判決を下した場合は246条に違反しない（一部認容判決）。原告は1億円より量的に少ない範囲での認容判決をも求めているのが通常であるし、被告も1億円の範囲内での防御を尽くしており、5000万円の認容判決は不意打ちではないからである。これに対し、同じケースで1億円の請求に対して2億円の認容判決を下すことは申立事項を超える判決であり、原告の意思を超え、被告にとって不意打ちとなるため246条に違反する（1億円の限度で認容することになる）。なお、この場合に、裁判所が判決でBが販売する侵害品の販売差止めを命じることは246条に違反し、認められない。損害賠償請求と差止請求とは訴訟物が異なり、Aが申し立てた事項を質的に超えるからである。

□このような判決も原告の意思を超え、被告にとって不意打ちとなる。

4 請求の特定

(1) 原則

訴えの提起に際しては、原告は訴状に請求の趣旨・原因を記載して（134条2項2号）請求を特定しなければならない。そして、通常の金銭の支払を求める請求については、請求の特定として、具体的な金額の明示が要求されている。これは、処分権主義によればいかなる請求を立てるかについて原告の全くの自由ということになりそうであるが、そうすると被告としては原告の請求の最大限を知ることができず防御に困難を来たすことによるものである。

(2) 不法行為による損害賠償請求訴訟の場合

これに対し、不法行為による損害賠償請求については、請求金額を明示すべきなのかについて争いがある。これは不法行為による損害賠償請求訴訟においては、原告が請求できる賠償額を予測するのが困難であるという事情に基づく。

すなわち、我が国では、不法行為による損害賠償につき、金銭賠償主義を採用している（民法722条1項、417条）。従って、被害者が加害者から損害賠償を受けるためには、被害者の被った損害を金銭に評価するという作業が必要となる。

そして、この金銭的評価は、当事者間の認識が一致していればともかく、そうでなければ裁判所がその判断（評価）を行うことになるが、原告が予め裁判所の判断を予測することは困難なケースもありうる。

そこで、不法行為による損害賠償請求については、例外的に請求金額の明示を不要とする考え方も主張されているが、判例・通説は、この場合においても、通常の金銭支払請求訴訟の場合と同様に、具体的な金額の明示が必要であるとする説に立っている。

（理由）

被告は原告の請求の最大限がどれだけであるかを知ることによって防御の方法・程度を決定するのであり、このことは不法行為による損害賠償請求訴訟においても同様であるから、この場合も明示を要求すべきである。原告としても、裁判例等を参考に、一応の具体的な金額を算定することは不可能ではないはずである。

(3) 上限を示さない債務不存在確認訴訟と請求の特定

債務不存在確認訴訟においても、債務の金額について記載することが一般的である。すなわち、訴状に債務の上限（総額）を示し、その全部又は一部の不存在について確認を請求し、それらを訴状の「請求の趣旨」の部分に表示する。このような場合に請求が特定されているといえることには問題がない。

これに対して、訴状に債務の上限を表示しないで、単に一定額を

超えた部分の債務不存在の確認を求める申立てについては請求が特定されていないのではないかが問題となる。

この点、債務の上限のみならず、債務の金額が全く表示されていないような債務不存在確認であっても請求の特定が認められるとするのが判例・通説である。

（理由）

① 原告である債務者にとって、債務の具体的な金額を把握できない場合が多い。

② これに対して被告となる債権者は、通常、債務の総額を知っているか又は容易に知り得る立場にあるので、被告の防御対象は明らかである。

③ 請求の趣旨の中で示される具体的な債務発生事由によって請求は特定でき、裁判所としても審判の範囲を確定できる。

解説 事例 2 − 4

　Aが訴訟物として特定した不法行為による損害賠償請求権は消滅時効にかかっているから（民法724条1号）、被告が消滅時効の抗弁を提出すれば請求棄却判決となるはずであるが、法律構成を変更して訴訟物を不当利得返還請求権とすれば、本問では消滅時効は問題とならないため、請求認容判決となる可能性がある。

　しかし、本事例でAが申し立てているのは、あくまでも不法行為による損害賠償請求権についての判決であって、不当利得返還請求権についてではない。訴訟物は不法行為による損害賠償請求権である。そうすると、裁判所が勝手に、後者について判決をすることは、246条違反として許されないことになる。不当利得返還請求権について判決を望むのであれば、原告としては、訴えの変更（143条）により、不当利得返還請求を追加すべきである。

5 一部請求

事例 2 − 5

　A特許権を保有する甲は、乙のA特許権侵害行為により1億円の損害を被ったと認識している。そこで甲は乙を被告として、特許権侵害による損害賠償請求訴訟（前訴）を提起したが、請求額は3000万円とした。審理の結果、裁判所は甲の請求を全部認容する判決を下し、この判決は確定した。

その後、甲は乙を被告として、甲の認識する損害額の残額である7000万円の賠償を求める訴え（後訴）を提起した。
(1) 甲が、前訴において、その認識する損害額のうち一部のみを請求することには、どのようなメリットがあるか。
(2) 裁判所は、後訴についてどのような判決を下すか。なお、乙の侵害行為により甲が被った損害額については甲の認識どおり1億円であるものとする。

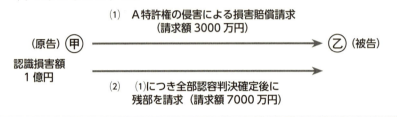

　一部請求とは、金銭債権のような数量的に可分な請求権につき、原告がその任意の一部を分割して訴訟上請求することをいう。この場合に、前訴判決が確定後、その残部を請求することができるかというのが、いわゆる一部請求（後の残部請求）の可否の問題である。この点、前訴において一部であることの明示がされた場合に限り、一部請求後の残部請求が認められるとする明示説が判例・通説である。

□講学上、「一部請求の可否」と称されることが多いが、「一部請求後の残部請求の可否」と称するのが正確である。

□明示説によれば、一部であることを明示して先に請求した部分が前訴の訴訟物となり、残部が後訴の訴訟物となる一方、明示がない場合は全部請求（前訴の訴訟物は債権全部）として扱われることになる。

【図解】

明示説 ┬ 一部であることの明示あり → 残部請求可
　　　 └ 一部であることの明示なし → 残部請求不可

（理由）
① 処分権主義により、訴訟物の特定は原告の権能である。
② 一部請求後の残部請求を無制限に認めると、論理的には際限なく訴訟物を分断することが可能となり、このような訴訟へ対応することは被告や裁判所にとって負担が大きい。
③ 前訴において一部であると明示することを残部請求の要件とすれば、被告は原告が前訴において一部であることを明示して請求してきた場合、債務不存在確認請求の反訴を提起することにより紛争を一回的に解決することが可能であり、②の負担を避けることができる。

解説　事例2-5

(1) 裁判所に納める印紙代の節約ができるというメリットがある。すなわち、本事例のような知的財産権侵害訴訟においては、まず

侵害論の審理が行われ、裁判所の心証が侵害であるときだけ損害論の審理に入るため（二段階審理方式）、勝訴の見込みが未だ判然としない侵害論の段階では損害賠償請求額を低く抑えておき、損害論に入ることが判明した段階で印紙の追納をして請求の拡張（訴えの変更、143条）をすることにより印紙代を節約できるのである。

(2)　甲が1億円の損害賠償請求権の一部であると明示して前訴を提起したときは、前訴の訴訟物は3000万円の損害賠償請求権となるから、後訴で残額7000万円を請求しても、前訴と後訴で訴訟物が別であり、後訴に前訴判決の既判力は及ばない（判例）。よって、裁判所は甲の後訴請求を全部認容し、乙に対しその支払を命じる判決を下すことになる。

　　これに対し、一部であることを明示せずに前訴を提起したときは、前訴の訴訟物は損害賠償請求権全体であり、前訴請求認容判決が確定すると、その額が3000万円であることも確定するから、既判力の双面性により、たとえ乙の侵害行為により甲が被った損害額が甲の認識どおり1億円であっても、甲が後訴で残額の存在を主張し、これに係る損害賠償請求をすることは許されない。よって、裁判所は後訴請求を棄却する判決を下すことになる。

□事例2-5とは異なり、前訴裁判所が特許権侵害に当たらないとして甲の請求を棄却する判決を下し、これが確定した後で、甲が残額7000万円の請求をした場合はどのように取り扱われるか。

　この点、明示説によれば、前訴において一部請求であることを明示していた場合、前訴の訴訟物は3000万円となるから、前訴判決の既判力が及ぶのはこの3000万円の損害賠償請求権の不存在についてだけであり（114条1項）、甲が後訴で残額7000万円の請求をしても前訴判決の既判力には触れない。

　しかし、非侵害を理由として一部請求を全部棄却する前訴判決が確定している以上、後訴で請求している残部があるはずはないから、残部請求も前訴と同様に斥けられるのが筋である。甲乙は前訴で当事者として特許権侵害の成否につき主張立証を尽くした上で上記確定判決を受けているにもかかわらず、甲が後訴で残部請求を行うのは信義則に反するものといえる。この点、特許権侵害の事案ではないが、一部請求棄却後の残部請求につき、特段の事情がない限り、訴訟上の信義則に反して許されず、訴えを不適法として却下すべきであるとした判例（最判H10.6.12）がある。

第2章　第3節　処分権主義

第3章

訴訟の審理

　本章では、審理の過程（第1節）、弁論主義（第2節）、証拠（第3節）を取り上げています。

　このうち、審理の過程では民事訴訟の審理の手続的ルールについて学び、弁論主義では審理の内容面について学びます。弁論主義は、処分権主義と同様に、私的自治の原則に由来するものであり、訴訟資料（事実及び証拠）の収集・提出を当事者の権能及び責任とする原則をいい、さらにそこから3つのテーゼが導かれます。弁論主義とその3つのテーゼは民事訴訟法の学習において最重要事項といえるものであり、本章において具体的事例とともに正確に押さえる必要があります。

　また、証拠では、証拠法の基本概念や証拠調べ手続の概要のほか、自由心証主義や証明責任といった民事訴訟法の基本概念中の基本概念といえる重要事項についても学びます。

第3章 訴訟の審理

第1節 審理の過程

1 口頭弁論の意義と審理における訴訟主体の役割

【図解】標準的な法廷の見取り図

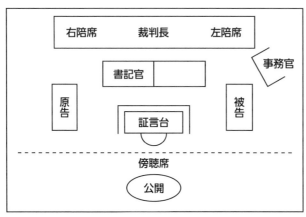

(1) 口頭弁論の意義

民事訴訟における審理は、口頭弁論の方式で行われる。

ここに、口頭弁論とは、受訴裁判所の面前で、当事者双方の関与の下に、口頭で弁論及び証拠調べを行って裁判資料を収集し、これに基づき裁判をする審理手続ないし審理方式をいう。私的紛争の公権的解決という民事訴訟制度の目的を達成するには、訴訟の審理方式としての口頭弁論を充実したものとする必要がある。そこで民事訴訟法は、口頭弁論の手続につき様々な規定を設けている。

公開主義（憲法82条、82頁側注参照）に基づき、口頭弁論は、公開の法廷において行うのが原則的形態であるが、裁判所は、相当と認めるときは、当事者の意見を聴いて、裁判所及び当事者双方が映像と音声の送受信により相手の状態を相互に認識しながら通話をすることができる方法（ウェブ会議）によって、口頭弁論の期日における手続を行うことができる（87条の2第1項）。この場合、期日に出頭しないで手続に関与した当事者は、その期日に出頭したものとみなされる（同条3項）。

(2) 審理における訴訟主体の役割

ア　総説

民事訴訟は私的紛争の公権的解決を目的とする制度であり、審理の対象となる私的紛争の内容となる実体法上の権利は、私的自治の原則の下、当事者の自由な処分に委ねられており、訴訟の場

□口頭弁論期日とは、当事者双方が対立した形で、口頭で弁論及び証拠調べなどを行って裁判資料を収集し、それに基づき裁判をする審理のための期日であり、証拠調べ期日、判決言渡期日も口頭弁論期日に含まれる。

□公開主義に基づき、口頭弁論は電話会議によって行うことが許されない点に注意を要する。一方、公開を前提としない、審尋・弁論準備手続・和解等は、裁判所及び当事者双方が音声の送受信により同時に通話できる方法（電話会議。ウェブ会議もこの要件を充たす。）によって手続を行うことができる。

においても同様に扱われる（処分権主義）。そして、権利自体が当事者の自由な処分に委ねられる以上、その基礎となる事実や証拠についても同様に扱うべきであることから、これらの収集及び提出もまた当事者に委ねられる（弁論主義）。

このように、審理の内容面に関しては当事者が主導する一方、民事訴訟が公権的紛争解決制度であることから、手続の進行面については制度設営者である裁判所が主導することになる（職権進行主義）。

イ　職権進行主義

　a．意義

　　　職権進行主義とは、訴訟手続の進行の主導権を裁判所に委ねる原則をいう。

　　　口頭弁論の進行については、立法例として当事者に主導権を委ねる当事者進行主義と、裁判所に主導権を委ねる職権進行主義がありうるが、前者によれば訴訟の進行が素人任せとなり、又は利害の対立により訴訟遅延等の弊害が著しいため、手続の専門家であり公正中立な裁判所に進行を委ねることにより審理の促進を図るのが妥当である。そこで我が国の民事訴訟法は職権進行主義を採用している。

　b．裁判所の権限

　　　現行法が口頭弁論の進行に関し職権進行主義を採用していることから、裁判所（裁判長）には種々の権限が認められている。例えば、口頭弁論の進行それ自体に関するものとしては、期日の指定・変更（93条）や期間の伸縮（96条）などが裁判所（裁判長）に委ねられており、また口頭弁論の整理に関しては、裁判長に訴訟指揮権が与えられ（148条）、裁判所による弁論の制限・分離・併合も認められている（152条）。

　c．当事者の権限

　　　当事者にも、この職権進行主義を補充する権限が認められている。後述する異議権もその1つであるが、他にも申立権と呼ばれるものがある。条文が「申立てにより」という形で当事者の権限を認めている場合である（ex.157条1項）。この場合、裁判所は申立てに対し応答（判断）する義務を負う。

ウ　弁論の制限・分離・併合

　a．弁論の制限（152条1項）

　　　弁論の制限とは、裁判所が、①数個の請求のうちのあるものに、②ある請求の当否の判断の前提事項のうちのあるものに、

□弁論の再開
　弁論の再開とは、裁判所が終局判決前に口頭弁論の終結を取り消し、弁論を再開続行する措置をいう（153条）。

又は③ある請求に関する訴訟要件のうちのあるものに限定して弁論及び証拠調べをすることを命じる措置をいう。

b．弁論の分離（152条1項）

弁論の分離とは、裁判所が、数個の請求についての併合審理をやめ、ある請求の弁論及び証拠調べを別個独立の手続で行う旨を命じる措置をいう。

c．弁論の併合（152条1項、2項）

弁論の併合とは、裁判機関としての裁判所が、同一の官署としての裁判所に別々に係属している請求を、同一の手続内で審判することを命じる措置をいう。

なお、裁判所は、当事者を異にする事件について口頭弁論の併合を命じた場合において、その前に尋問をした証人について、尋問の機会がなかった当事者が尋問の申出をしたときは、その尋問をしなければならない（152条2項）。

□「裁判所」の語は多義的であるが、主要なものとしては、裁判官その他の裁判所職員が配置された「官署としての裁判所」（ex.4条1項）と、事件の審理・裁判を行う一人又は数人の裁判官によって構成される「裁判機関としての裁判所」（ex.87条、243条）が挙げられる。

エ　当事者の訴訟行為

　　a．請求レベル

　　b．法律上の主張レベル

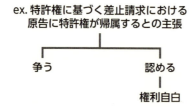

　　c．事実上の主張レベル

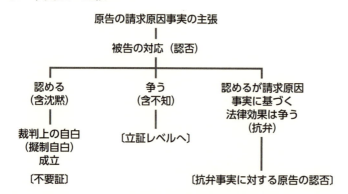

□訴訟行為とは、訴訟法上の法律効果の発生を目的とする行為をいう。

□序章4(1)aで示した手続の流れとは別の角度からの整理である点に留意されたい。ここでは民事訴訟における権利判断の構造との関係で、序章4(2)の「請求」レベルに関し行われる当事者の訴訟行為として、被告の棄却又は却下の申立てや、当事者の意思による訴訟の終了事由があることを示しているのであり、原告の請求に対し、これらが選択的に行われるということではない。

□ここでは法律上の主張に対する応答としての「争う」ではなく、「認めない」という意味（これには「否認」と「不知」の2つがある。）の総称として記載している点に注意を要する。

ｄ．立証レベル

　　　証拠の申出

オ　訴訟行為の瑕疵

　ａ．意義

　　訴訟行為の瑕疵とは、訴訟行為が訴訟法規に違反してされた場合をいう。

　ｂ．取扱い

　　訴訟行為に瑕疵がある場合、適正手続の観点から、原則としてその訴訟行為は無効となる。そして、それ以後にされる訴訟行為は、従前の訴訟行為を前提に積み重ねられていくものであるから、裁判所がこれに気付かずに手続を進めた場合、以後の訴訟行為も無効となるとも思われる。しかし、それでは手続の安定を著しく害することとなる。そこで、一定の場合に訴訟行為の瑕疵の治癒を認める必要が生じるのである。

　ｃ．積極的に瑕疵を除去する手段

　⒜　追認（34条2項、59条）

　　　追認とは、過去の瑕疵を遡及的に有効にすることをいう。

　⒝　補正（34条1項、59条）

　　　補正とは、過去の瑕疵を追認により遡及的に有効にするとともに、将来に向けて訴訟行為を有効にすることができるように形を改めることをいう。

　ｄ．消極的に瑕疵を主張できなくする手段

　⒜　異議権（責問権）の放棄・喪失（90条）

　　　異議権とは、裁判所又は当事者の訴訟行為が民事訴訟法の規定に違反する場合に、異議を述べてその無効を主張する訴訟上の権能をいう。異議権を認める旨の明文の規定は存しないものの、その放棄・喪失を定める90条は異議権の存在を前提としている。

　　　異議権は、職権進行主義の下、手続の進行に関して当事者に留保された権能の1つであるが、一旦進行した手続を後で覆すことは手続の安定を害し、訴訟経済にも反するため、異議権の放棄・喪失が認められているのである。

　　　もっとも、異議権の放棄・喪失は私益的な規定（ex.訴えの提起や変更、訴訟参加や訴訟告知、期日の呼出し、証拠調べの各方式や送達、証拠調べにおける宣誓）に訴訟手続が違背する場合に限り認められ、公益的な規定(ex.裁判官の除斥、専属管轄、不変期間の遵守、判決言渡し及び確定、上訴・再

□「認めるが請求原因事実に基づく法律効果は争う」という表現はあまり一般的なものとはいえないが、理解の便宜のためあえて用いている。

審に関する規定）に違背する場合には認められない。

(b) 判決の確定

判決が確定すると、個々の訴訟行為に瑕疵があっても、その瑕疵を主張できるのは、これが再審事由（338 条）に該当する場合に限定される。

2 争点整理と口頭弁論の諸原則

(1) 争点整理と口頭弁論の準備

ア　争点整理の必要性

民事訴訟は当事者間の私的紛争を公権的に解決することを目的とする手続であるが、紛争の解決はできる限り迅速に行われる必要がある。訴訟遅延が著しいと、民事訴訟の紛争解決手段としての意味が弱まってしまうからである。そして、紛争の迅速な解決を図るためには弁論の促進を図ることが必要であり、それには当事者がいかなる点において対立しているのかを明らかにすること、すなわち争点の整理が不可欠となる。

イ　口頭弁論準備の必要性

民事訴訟において当事者が具体的に主張・立証を戦わせるのは口頭弁論の場においてであるが、その準備が不十分なままで口頭弁論が開かれると、当事者は互いの主張を迅速かつ正確に理解しえず、また裁判所としても争点が何かつかみにくいため、迅速かつ充実した審理ができなくなってしまう。

そこで、法は争点を整理し迅速かつ充実した審理を行うべく、口頭弁論の準備のための制度を設けている。

ウ　口頭弁論準備のための具体的制度

a．準備書面

(a) 意義

準備書面とは、当事者が口頭弁論において陳述しようとする事項を記載して裁判所へ提出する書面をいう。

効率的な口頭弁論を実現するためには、当事者双方及び裁判所が次の期日に行われる訴訟行為の内容を事前に知って、その対応を考えておく必要がある。すなわち、口頭弁論期日において当事者が突然に攻撃防御方法を提出したのでは、相手方の対応の仕方も定まらず無駄な期日を繰り返すおそれがあるため、当事者が弁論に先立って、あらかじめその主張を知らせておくことが、効率的な口頭弁論を実現するために必要となるのである。

そこで、法は、「口頭弁論は、書面で準備しなければなら

□当事者照会
1．意義

　当事者は、訴訟の係属中、相手方当事者に対して、主張又は立証を準備するために必要な事項について、相当の期間内に書面で回答するよう、書面で照会することができる（163 条）。これを当事者照会という。

　当事者が主張・立証を十分に準備するためには、事件についての十分な情報を確保しておく必要がある。しかし、自己の主張・立証を準備するために必要な情報がすべて自己の支配領域内にあるとは限らない。そこで、相手方の支配領域にある情報に関しても、主張・

ない」（161条1項）として、準備書面の提出・交換を要求している。

(b) 記載事項

準備書面には、「攻撃又は防御の方法」及び「相手方の請求及び攻撃又は防御の方法に対する陳述」を記載しなければならない（161条2項1号・2号）。争点を明確にする趣旨である。

(c) 効果

準備書面制度の趣旨を実現し、制度の実効性を確保するため、準備書面の提出・記載には以下の各効果が結び付けられている。

ⓐ 相手方が在廷していない口頭弁論においては、原則として準備書面に記載した事実を主張することができないが、以下のいずれかに該当する準備書面に記載した事実は主張することができる（161条3項）。

① 相手方に送達された準備書面（同項1号）

② 相手方からその準備書面を受領した旨を記載した書面が提出された場合における当該準備書面（同項2号）

③ 相手方が91条の2第1項の規定により準備書面の閲覧をし、又は同条第2項の規定により準備書面の複写をした場合における当該準備書面（同項3号）

ⓑ 最初の口頭弁論期日に欠席した場合でも、裁判所は準備書面の内容を陳述したものとみなすことができる（158条）。

ⓒ 相手方が本案について準備書面を提出していた場合には、相手方の同意がなければ訴えを取り下げることができない（261条2項本文）。

(d) 提出期間

裁判長は、答弁書若しくは特定の事項に関する主張を記載した準備書面の提出又は特定の事項に関する証拠の申出をすべき期間を定めることができ（162条1項）、その期間の経過後に準備書面の提出又は証拠の申出をする当事者は、裁判所に対し、その期間を遵守することができなかった理由を説明しなければならない（同条2項）。理由の説明がされず、又は合理的でないなど、当事者が説明義務を果たさなかったときは、これが故意・重過失の認定の基礎となり、攻撃防御方法が却下される可能性がある（157条1項）。

立証の準備に必要な範囲で獲得できるようするために設けられたのが当事者照会制度である。なお、この制度は文書提出命令等と並ぶ証拠収集手段の拡充の一つとしての側面も有している。

2. 実効性

照会を受けた当事者には照会に応じる義務があるというべきであるが、照会に応じなかった当事者に対する制裁は規定されていない。しかし、照会に応じなかったことが、弁論の全趣旨として不利益に考慮されることはありうるとされている。

3. 弁護士会照会制度

当事者照会制度と同様の制度として、従来から採用されてきた制度として、弁護士会照会制度もある（弁護士法23条の2、いわゆる23条照会）。これは所属弁護士からの申請に基づき、弁護士会が官公庁や公私の団体に対し報告を求める制度である。

□提訴前照会並びに証拠収集処分、及びこれらの前提となる提訴予告通知（132条の2〜9）については、あまり利用されていないのが現状であり、本書の性格上割愛する。

第3章 第1節 審理の過程

75

ｂ．準備的口頭弁論

　(a)　意義

　　　準備的口頭弁論とは、口頭弁論を本格的審理の段階とその
　　準備を行う争点・証拠の審理の段階とに区分した場合におけ
　　る後者の段階の口頭弁論をいう。

　　　この準備的口頭弁論については、旧法（大正15（1926）
　　年制定、昭和4（1929）年施行のもの。以下同じ。なお、現
　　行民事訴訟法は平成8（1996）年制定、同10（1998）年施行）
　　の下でも規則によって採用されていたが（旧規則26条）、そ
　　の内容や開始・終了について明確な規定が存しなかったため、
　　実務上はほとんど利用されていなかった。しかし、口頭弁論
　　期日における争点・証拠の整理手続の必要性も否定できない
　　ことから、現行法は準備的口頭弁論について、規則上の手続
　　から法律上の手続に格上げするとともに規定を整備した。

　(b)　準備的口頭弁論の開始

　　　準備的口頭弁論は、裁判所が争点及び証拠の整理を行うた
　　め必要があると認めるときに、裁判所の決定により開始され
　　る（164条）。すなわち、準備的口頭弁論を行うか否かは裁
　　判所の裁量に委ねられている。

　(c)　準備的口頭弁論の手続

　　　準備的口頭弁論も口頭弁論の一種である以上、その手続も
　　通常の口頭弁論と変わらない。

　　ⓐ　準備的口頭弁論は公開の法廷で行われる。この点が非公
　　　開を原則とする弁論準備手続や書面による準備手続と異な
　　　る準備的口頭弁論の大きな特徴の一つである。

　　ⓑ　準備的口頭弁論では、必要に応じて、証拠調べを行うこ
　　　とができるほか、中間判決をすることもできる。なお、こ
　　　こで証拠調べの対象となるのは、弁論準備手続の場合とは
　　　異なり書証には限られない。

　　ⓒ　準備的口頭弁論の主宰者は受訴裁判所とされている（164
　　　条）。

　　ⓓ　釈明権・準備書面

　　　　準備的口頭弁論には、釈明権・釈明処分（149条、151条）
　　　や準備書面（161条、162条）に関する規定の適用も認め
　　　られる。そして、裁判所による釈明権・釈明処分の適切な
　　　行使や準備書面の提出の励行によって、準備的口頭弁論の
　　　実効性を確保することができることになる。

□争点整理のための手続選択の一般的基準

　3種類ある手続のうちどれによるかは、裁判所が個々の事案ごとに妥当と考えるものを選択し、職権で決する（職権進行主義）。これらの選択は、個別的事件の特性に応じて決定されることになるが、一般的基準としては、次のようなものがある。

1. 準備的口頭弁論

　準備的口頭弁論は公開の法廷で行われる。そこで、事件の性質上、社会的関心が高く、争点整理自体について一般人の傍聴を認めることが合理的な場合が適するといえる（ex. 公害事件）。また、争点整理の過程で人証調べを介在させる必要がある事案では、この手続を選択する必要がある。

2. 弁論準備手続

　弁論準備手続は、傍聴の可能性はあるものの（169条2項）、一般公開を要しない。争点整理の目的からすれば、当事者及び裁判所が事実及び証拠につき緊密に意見を交換しながら争点整理を進めることが望ましいことから、この手続が原則的な争点整理方式といってよい。この手続によることが特に適切な事件としては、名誉・プライバシー・営業の秘密等に関わるため、当事者が公開の場での争点整理を望まない事件が挙げられる。

3. 書面による準備手続

　書面による準備手続は、令和4（2022）年の民事訴訟法改正により当事者双方が裁判所に出頭せず電話会議又はウェブ会議によって弁論準備手続に関与できるようになった結果、このような関与さえ困難な場合に用いられるものと考えられる。

(d) 準備的口頭弁論の終了

ⓐ 準備的口頭弁論の終了

準備的口頭弁論は、裁判所の決定により終了する。

ⓑ 終了原因

① 争点と証拠の整理が完了したとき。

② 当事者が期日に出頭せず、又は162条1項の規定により定められた期間内に準備書面の提出若しくは証拠の申出をしないとき（166条）。

ⓒ 争点の確認

準備的口頭弁論を終了するにあたっては、裁判所と当事者との間で争点の確認をすることを要する（165条1項）。また、裁判長は、相当と認めるときには、当事者に命じて、争点と証拠の整理の結果を要約した書面を提出させることもできる（165条2項）。

ⓓ 準備的口頭弁論終了後の攻撃防御方法の提出

準備的口頭弁論終了後も、自由に攻撃防御方法を提出できるということになると、準備的口頭弁論の手続内で誠実に攻撃防御方法の提出を行ってきた相手方当事者との関係で訴訟上の信義則（2条）に反する結果となる。もっとも、旧法の準備手続のように失権効（旧255条）を認めると、失権効を恐れるあまり、仮定的な主張が多数提出され、かえって争点が整理されず、訴訟遅延を招来することにもなりかねない。

そこで、現行法は、準備的口頭弁論・弁論準備手続の終結後に新たに攻撃防御方法を提出した当事者は、相手方当事者の求めがあるときは（詰問権）、終結前に提出できなかった理由を説明しなければならない（説明義務、167条、174条）とした。

この説明義務の違反について特別の制裁規定はないが、これらの手続が終結した後の攻撃防御方法の提出は時機に後れた攻撃防御方法の提出であるといえるから、理由の説明がされず、又は合理的でないなど、当事者が説明義務を果たさなかったときは、これが故意・重過失の認定の基礎となり、攻撃防御方法が却下される可能性がある（157条1項）。

c. 弁論準備手続

(a) 意義

弁論準備手続とは、受訴裁判所（例外的に受命裁判官）が主宰して、口頭弁論期日外の期日に行われる争点・証拠の整理のための手続をいう。

旧法下においては、争点・証拠の整理のための特別な手続として、準備手続が規定されていた（旧249条〜）。しかし、この準備手続においては、失権効の規定（旧255条1項本文）があったことにより、仮定的な主張など無用な攻撃防御方法の提出がされることも多く、また、準備手続裁判官に証拠調べの権限が認められていないなどの問題があったことから、実務上ほとんど利用されていなかった。そこで、争点・証拠の整理のための実務上の工夫として弁論兼和解という方法が用いられていたが、明確な法律上の根拠がない、交互面接の方式での運用に手続の公正上問題がある、といった批判が加えられていた。

そこで、現行法は、これらの批判を考慮に入れたうえで、新たに弁論準備手続を設けた。

(b) 弁論準備手続の開始

弁論準備手続も、争点及び証拠の整理を行うため必要があると認められるときに、裁判所の決定により開始される（168条）。

但し、弁論準備手続においてすることができる訴訟行為には限定があり、当事者の意思も考慮する必要があることから、弁論準備手続に付する決定の際には、当事者の意見を聴く必要がある（168条）。

弁論準備手続の主宰者は、受訴裁判所又はその合議体の構成員である受命裁判官である（171条）。

(c) 弁論準備手続の実施

弁論準備手続の実施については、旧法の準備手続と比べて、非公開の原則が緩められ、当事者の立会権が保障されるなど、口頭弁論に近づいたものとなっている。

ⓐ 非公開の原則

明文の規定はないものの、弁論準備手続は原則として非公開で行われることとされている。但し、例外的に一定の者の傍聴が認められている。

① 裁判所は、相当と認める者については、その傍聴を許すことができる（169条2項本文）。

② 当事者が申し出た者については、手続に支障がない限

□進行協議期日

1. 意義

民事訴訟規則における制度として、進行協議期日がある。この進行協議期日とは、裁判所と当事者が口頭弁論における証拠調べと争点との関係の確認その他訴訟の進行に関し必要な事項についての協議を行う期日をいう（規95条1項）。これは口頭弁論期日における審理を充実させるための制度であり、口頭弁論準備のための制度の一つである。もっとも、争点・証拠の整理は、この進行協議期日の目的には含まれず、そのため進行協議期日は争点整理手続と切り離され、規則で定められることとされたものである。

2. 手続

(1) 協議すべき事項

協議すべき事項は、証拠調べと争点との関係の確認その他訴訟の進行に関し必要な事項であり、争点及び証拠の整理は進行協議期日で協議すべき事項には含まれていない。但し、訴えの取下げや請求の放棄・認諾は、進行協議期日においてもすることができるとされている（規95条2項。訴訟上の和解はできない）。

(2) 電話会議又はウェブ会議

電話会議又はウェブ会議によって進行協議期日を実施することも可能である（規96条1項）。

(3) 期日の実施

進行協議期日は、裁判所内ではもちろん裁判所外でも行うことができるとされ（規97条）、また、受命裁判官に行わせることもできるとされている（規98条）。

り傍聴を許さなければならない（同項ただし書）。

ⓑ　立会権の保障

弁論準備手続は、当事者双方が立ち会うことができる期日に行われる(169条1項)。これは従来の弁論兼和解といった手続が事実上交互面接方式により運用されていたことに対し、手続の公正上問題があると批判されていたことを受けたものである。

但し、当事者の一方又は双方が出頭していない場合でも、裁判所は、相当と認めるときは、当事者の意見を聴いて、裁判所及び当事者双方が音声の送受信により同時に通話できる方法（電話会議又はウェブ会議）によって手続を行うことができる（170条3項）。この場合、期日に出頭しないで手続に関与した当事者は、その期日に出頭したものとみなされる（同条4項）。

ⓒ　期日においてすることができる行為

旧法の準備手続の制度の下では、準備手続裁判官には証拠調べや裁判を行う権限が認められず、そのことが準備手続が活用されない一因となっていた。そこで、現行法は、裁判所（又は受命裁判官）がすることができる訴訟行為の範囲を拡充している。以下、主なものを挙げる。

①　準備書面の提出

裁判所は、当事者に準備書面を提出させることができる（170条1項）

②　口頭弁論の期日外にできる裁判

受訴裁判所は、証拠の申出に関する裁判その他の口頭弁論の期日外にできる裁判をすることができる（170条2項）。

③　文書、電磁的記録の証拠調べ

受訴裁判所は、文書、電磁的記録に記録された情報の内容に係る証拠調べも行うことができるものとされている（170条2項）。

④　調査嘱託の結果等の提示

調査嘱託の結果（186条1項）、証人の書面尋問における書面等（205条1項～2項）、鑑定人の意見が記載された書面等（215条1項～2項）、及び鑑定嘱託の結果（218条1項）を証拠とするには、裁判所は、当事者に対し、これらを提示しなければならない（186条2項、

□証拠の申出に関する裁判の例としては証拠（人証）調べをし、又はその申出を却下する決定が、その他の期日外にできる裁判の例としては補助参加や訴えの変更の許否の裁判、訴訟引受決定などが挙げられる。

□調査嘱託・鑑定嘱託
裁判所は、必要な調査を官庁若しくは公署、外国の官庁若しくは公署又は学校、商工会議所、取引所その他の団体に嘱託することができる（調査嘱託、186条1項）。

205条3項、215条4項、218条3項）が、この提示は弁論準備手続期日においてもすることができる（170条2項）。

⑤　受命裁判官が手続を主宰する場合

受命裁判官が弁論準備手続を主宰する場合、②の裁判をすることができない（171条2項括弧書）が、調査嘱託、鑑定嘱託、文書を提出してする書証の申出（219条）、電磁的記録を提出してする証拠調べの申出（231条の2）、文書及び電磁的記録の送付嘱託（226条、231条の3）についての裁判はすることができる（171条3項）。

ⓓ　口頭弁論の規定の準用

弁論準備手続については、口頭弁論に関する規定の一部が準用されている（170条5項）。

(d)　弁論準備手続の終結

ⓐ　裁判所の決定

争点の整理が完了すると、裁判所の決定により弁論準備手続は終結する。

また、当事者の不出頭等による終結については、準備的口頭弁論の規定が準用されている（170条5項、166条）。

ⓑ　争点・証拠の確認

裁判所と当事者による争点の確認、及び要約書面の提出について、準備的口頭弁論の規定が準用されている（170条5項）。

すなわち、弁論準備手続を終結するに当たっては、裁判所と当事者との間で争点の確認をすることを要する（170条5項、165条1項）。また、裁判長は、相当と認めるときは、当事者に命じて、争点と証拠の整理の結果を要約した書面（要約書面）を提出させることもできる（170条5項、165条2項）。

ⓒ　口頭弁論における弁論準備手続の結果の陳述

弁論準備手続は口頭弁論とは別の手続であるから、当事者は、弁論準備手続の終結後に開かれた口頭弁論において、弁論準備手続の結果を陳述しなければならない（口頭弁論への上程、173条）。

ⓓ　弁論準備手続終結後の攻撃防御方法の提出

旧法の準備手続においては、失権効が規定されていた（旧255条1項本文）ため、無用な攻撃防御方法が提出される

また、裁判所は、必要があると認めるときは、官庁若しくは公署、外国の官庁若しくは公署又は相当の設備を有する法人に鑑定を嘱託することができる（鑑定嘱託、218条1項）。

□裁判所は、相当と認めるときは、申立てにより又は職権で弁論準備手続に付する裁判を取り消すことができる。ただし、当事者双方の申立てがあるときは取り消さなければならない（172条）。

ことも多く、かえって訴訟遅延が生じるという不都合が生じていた。そこで、現行法は失権効を否定し、準備的口頭弁論の場合と同様に詰問権・説明義務を認めるにとどめた（174 条、167 条）。

d．書面による準備手続

(a)　意義

書面による準備手続とは、当事者の出頭なく、準備書面の提出等により行われる争点・証拠の整理をする手続である（175 条）。

この手続は、元々は、当事者が遠隔地に居住しているような場合に、期日の度に毎回出頭しなければならないとしたのでは、時間と費用の面で当事者にとって大きな負担となる一方、事件によっては、当事者の出頭がなくても、準備書面の交換等により争点・証拠の整理が可能なものもあることから、当事者が遠隔地に居住しているときその他裁判所が相当と認める事情があるときに、当事者双方の出頭なく、争点・証拠の整理を行えるようにするのが目的であったが、令和 4（2022）年の民事訴訟法改正により、当事者双方が裁判所に出頭せず電話会議又はウェブ会議によって弁論準備手続に関与できるようになったため、今後は、このような関与さえ困難な場合に用いられるものと考えられる。

(b)　書面による準備手続の開始

裁判所は、相当と認めるときは、当事者の意見を聴いて、事件を書面による準備手続に付することができる（175 条）。

書面による準備手続の主宰者は、受訴裁判所又はその合議体の構成員である受命裁判官である（176 条の 2）。

(c)　書面による準備手続の実施

書面による準備手続では、期日を開くことなく、準備書面や書証となるべき文書の写しの提出等によって争点・証拠の整理を進めていくことになる。そして、この手続が円滑に進められるようにするために、いくつかの規定が設けられている。

ⓐ　準備書面の提出期間

裁判長（又は受命裁判官）は、準備書面の提出期間を定めなければならない（176 条 1 項、162 条 1 項）。但し、162 条 1 項の場合と異なり、この場合における提出期間の決定は必要的である。

□令和 4（2022）年改正前は、弁論準備手続を行えるのは当事者の一方がその期日に出頭した場合に限られていた（改正前の 170 条 3 項ただし書）ため、令和 2（2020）年に始まった新型コロナウイルスの流行により当事者双方が出頭できない場合の弥縫策として書面による準備手続が用いられていたが、本文のとおり改正により問題は解消された。

ⓑ 電話会議又はウェブ会議

　裁判所は、必要があると認めるときは、裁判所及び当事者双方が音声の送受信により同時に通話できる方法（電話会議又はウェブ会議）によって、争点・証拠の整理に関する事項その他口頭弁論の準備のため必要な事項について当事者双方と協議することができる（176条2項前段）。

ⓒ 口頭弁論の規定の準用

　書面による準備手続については、口頭弁論に関する規定の一部が準用されている（176条3項）。

(d) 書面による準備手続の終結

ⓐ 終了原因

　裁判所は、争点・証拠の整理が完了したと判断すれば、書面による準備手続を終結する。

ⓑ 争点・証拠の確認

　裁判所は、書面による準備手続を終結するに当たり、要約書面の提出をさせることができる（176条3項、165条2項）。また、書面による準備手続の終結後に開かれた口頭弁論期日において、その後の証拠調べによって証明すべき事実を当事者との間で確認する（177条）。

ⓒ 当事者の詰問権・説明義務

　書面による準備手続においても、手続終結後に新たな攻撃防御方法を提出しようとする当事者には、相手方の求めがある場合、説明義務が課される（178条）。

(2) 口頭弁論の諸原則

ア　必要的口頭弁論の原則（87条1項本文）

　a．定義

　　必要的口頭弁論の原則とは、①判決をするについては必ず口頭弁論を開かなければならないという原則及び②口頭弁論で陳述され、又はそこに顕出されたものだけが訴訟資料となるという原則をいう。

　b．趣旨

　　判決の対象は主として権利という重要なものであることから、判決を下すには、その前提として慎重な審理が要請される。そして慎重な審理を実現するには公開法廷で当事者双方が対席して直接に口頭により弁論、証拠調べを行うのが妥当である。そこで法は必要的口頭弁論の原則を採用した。

　c．口頭弁論を経ない裁判が適法とされる場合

□裁判所は、相当と認めるときは、職権で書面による準備手続に付する裁判を取り消すことができる（120条）。

□口頭弁論に関しては、本文中に述べるもののほか、以下の原則がある。

1. 公開主義（憲法82条）

　訴訟の審理過程及び裁判を国民一般が傍聴できる状態で行う原則をいう。審理の経過や裁判の結果を公衆の監視にさらすことによって、裁判の公正をはかる一方、司法に対する国民の信頼を得ようとするものである。口頭弁論は、公開の法廷で当事者双方の口頭による弁論をもって行われる訴訟の審理方式であり、公開

裁判とは、裁判機関がその判断又は意思を法定の形式で表示する手続上の行為をいう。そして裁判は、当事者の申立てのうち重要な事項に対する判決と、派生的・付随的事項に対する決定・命令に分けられ、さらに決定・命令は判断主体の点で裁判所の下す決定と裁判官の下す命令とに分類される。そこで以下、判決、決定、命令に分けて説明する。

(a) 判決の場合

ⓐ 判決手続では、必要的口頭弁論の原則がとられる。必要的口頭弁論の原則の内容は、前述のとおり、①判決をするについては必ず口頭弁論を開かなければならない、②口頭弁論で陳述され、又はそこに顕出されたものだけが訴訟資料となる、というものであるが、ここで問題となるのは、このうち①の例外についてである。

ⓑ ①の原則は、判決での判断事項の重要性から、当事者に適正な手続保障を与えようというものであるが、その一方で、民事訴訟においては手続の迅速や訴訟経済の要請も存在する。そこで、当事者の手続保障を害さないと考えられる一定の場合には、手続の迅速や訴訟経済の要請を踏まえ、例外を認めることとした。

(i) 訴えが不適法でその不備を補正できない場合

訴訟要件を欠く不適法な訴えの場合、裁判所は補正を命ずべきであるが、明らかに補正の余地がない場合には、裁判所は訴えを却下できる。この場合、訴訟要件の多くは裁判所の職権調査事項であり、補正が不可能な場合には口頭弁論を開いて補正の機会を与えても無意味であることから、法はこのような場合に裁判所は口頭弁論を経ないで訴え却下判決をすることができる旨を規定している（140条。なお、不適法な控訴の却下につき290条）。

(ii) 上告棄却の場合

上告審は、法律審であり、事後審であるから、口頭主義によらず書面審理のみで結論に達し、判断を下すことができる場合がある。そこで、上告裁判所は、上告状、上告理由書、答弁書その他の書類により、上告を理由がないと認めるときは、口頭弁論を経ないで、判決で、上告を棄却することができる（319条）。

(iii) 訴訟費用の担保不提供の場合

担保供与決定を受け、担保を供与すべき義務を負った

主義の要請に沿うものといえる。

2. 双方審尋主義

訴訟の審理において対立当事者双方に、それぞれの主張を述べる機会を平等に与える原則をいう。訴訟手続の中断・中止（124条～）はこの原則の現れである。双方審尋主義は裁判を受ける権利（憲法32条）と法の下の平等（憲法14条）の訴訟上の発現といえる。

3. 口頭主義（87条1項前段）

弁論及び証拠調べを口頭で行い、口頭で陳述されたものだけが訴訟資料となるとの原則をいう。口頭による審理は、書面による審理に比べ、例えば主張に不明確な点があればその場で質問し、回答させることができるなど、臨機応変な審理が可能であり、事案の真相をつかみやすいという長所がある。もっとも、訴訟となった事件の内容は複雑であることが多いことから、書面による補完がされている（134条、161条1項など）。

□上告却下の場合は決定によりすることができる（317条1項）。

原告が、決定によって定められた期間内に担保を供与しないときは、裁判所は口頭弁論を経ないで訴え却下判決を下すことができる（78条本文）。担保供与の有無の審理は簡単であり書面のみで審理できるからである。

(iv) 判決変更の場合

裁判所は、判決に法令違反があることを発見したときは、その言渡し後1週間以内に限り変更の判決をすることができ（256条1項本文）、この判決は口頭弁論を経ないで行う（同条2項）。これは、法令違反は事実の誤認に比べて判決自体から認識しやすく、また、口頭弁論を開く必要がある場合は、一度判決がされている以上、上級審で行う方が妥当であることによるものである。

(b) 決定の場合

ⓐ 決定で完結すべき事件については、裁判所は口頭弁論をすべきか否かを定めることができる（任意的口頭弁論、87条1項ただし書）。

このような取扱いが認められるのは、決定で完結すべき事件の審判対象が訴訟手続上の派生的・付随的事項であり、当事者に厳格な手続保障を与える必要性が比較的低いため、手続の効率性、迅速性を優先させても不当でないからである。

ⓑ 審尋

裁判所は、口頭弁論を開かない場合でも、当事者に対する手続保障の観点から、当事者を審尋することができる（87条2項）。ここに審尋とは、当事者その他の利害関係人に、無方式で裁判所に意見を陳述する機会を与える手続をいい、当事者・申立人の言い分を聞くという口頭弁論に代わる審尋と、当事者や参考人に証人としての供述をさせる証拠調べとしての審尋とがある。口頭弁論に代わる審尋には、裁判所が裁判をする前提として、必ずしなければならない必要的審尋（ex.50条2項、199条1項、223条2項、民事保全法23条4項本文）と、任意的審尋（ex.87条2項、335条）がある。審尋は、期日を定めて当事者を呼び出す必要もないし、手続を公開しなくてもよく、また、当事者の一方だけにその機会を与えてもよい点で口頭弁論とは異なる。

(c) 命令の場合

□裁判所は、相当と認めるときは、当事者の意見を聴いて、電話会議又はウェブ会議によって審尋の期日における手続を行うことができる（87条の2第2項）。この場合、期日に出頭しないで手続に関与した当事者は、その期日に出頭したものとみなされる（同条3項）。

命令については、明文規定はないが、その審判対象は決定と同じく訴訟手続上の派生的・付随的事項であるため、決定と同様に、口頭弁論を開くことは必要的ではないとするのが通説である（87条1項ただし書類推適用）。

イ　直接主義（249条1項）

a．定義

直接主義とは、弁論の聴取や証拠調べを、判決をする裁判官が自ら行う原則をいう。これの反対概念が、他の者の審理の結果の報告に基づいて裁判をする間接主義であるが、民事訴訟法は直接主義を採用している（249条1項）。

b．趣旨

民事訴訟は、私的紛争の公権的解決を目的とする手続であるが、より適切な紛争解決をはかるには、判決をする裁判官が陳述の趣旨をよく理解し、その真偽を正しく識別して事案の真相を把握することが必要である。この点について最も適当なのは、判決をする裁判官が、当事者の陳述や証拠方法を直接に見聞し、そこから自由かつ新鮮な印象を得られる直接主義である。そこで法は、直接主義を採用したのである。

c．効果

直接主義の原則に違反してされた判決は、手続に法令違背があったことになるから、絶対的上告理由（312条2項1号）となり、判決確定後は再審事由（338条1項1号）となる。

d．弁論における直接主義とその限界

(a)　総説

このように、法は直接主義を採用しているが、これに従い判決をする裁判官が、自ら弁論の聴取や証拠調べを行うのを全ての面で貫こうとすると、複雑で長期にわたる訴訟手続においては、かえって時間や労力、経費が無駄となるなどの不都合が生じる場合がある。

そこで、一定の場合については、直接主義を厳格に貫かず、判決をする裁判官以外の者に弁論の聴取や証拠調べを行わせる必要が生じることになる。

(b)　弁論の更新

ⓐ　意義

弁論の更新とは、裁判官の交替の場合に、裁判官の面前で当事者に従前の口頭弁論の結果を陳述させる手続をいう。法は、「裁判官が代わった場合には、当事者は、従前

□このような不都合は定期的に行われる裁判所の人事異動により受訴裁判所の構成が変更された場合において特に深刻である。

□裁判官が交替したにもかかわらず、弁論の更新をせずに判決がされた場合の取扱いについては、絶対的上告理由・再審事由となると

の口頭弁論の結果を陳述しなければならない。」として（249条2項）、この手続を採用している。

「従前の口頭弁論の結果」の陳述は、改めて弁論をし直すのではなく、現在までに訴訟がどのように進行してきたかの「結果」の陳述である。

 ⓑ 趣旨

口頭弁論期日が1回で終わらない以上、審理の途中で裁判官が死亡したり、異動や長期出張などにより交代したりする場合が生じることは避けられない。この場合、直接主義を貫くと、訴訟を全部最初からやり直さなければならないということになる。しかし、それでは著しく訴訟経済に反することになってしまい妥当ではないことから、弁論の更新が認められたものである。

e．証拠調べにおける直接主義とその限界

 (a) 総説

直接主義を採用した249条1項の「基本となる口頭弁論」には証拠調べも含まれるため、判決をする裁判官以外の者が証拠調べをすることは、原則として許されないが、証拠調べについても、弁論の聴取の場合と同様に、直接主義を貫くと訴訟経済上不都合が生じることから、一定の場合には、判決をする裁判官以外の者が証拠調べをすることを認める必要が生じる。

もっとも、弁論は当事者が事実を主張する場面であり、審判の対象と範囲を確定するものである。そこで裁判官は当事者双方が主張する事実を認識するのであり、両当事者の事実主張が一致する場合以外は、事実の存否ないし真偽に関する心証は形成されない。一方、証拠調べは、主張された事実の存否について心証形成を行うため必要な材料を得る手続である。このため、弁論と証拠調べを比べると証拠調べの方がより強く直接主義の要請が働くことから、このような要請を考慮して規定が設けられている。

 (b) 弁論の更新

証拠調べについても弁論の更新（249条2項）が認められるが、前述した証拠調べの重要性に鑑みれば、弁論の更新だけでは証拠調べに関する直接審理は不十分である。とりわけ証人尋問については、証言の要領（要約）が調書に記載されているにとどまることが多いばかりでなく、たとえ調書が尋

するのが判例・通説である。

（理由）

弁論の更新手続は従前の弁論の報告であり、これにより新裁判官は従前と一体のものとしての口頭弁論に関与することになる。従って弁論の更新をしないままに新たな裁判官が判決をすれば、それは判決の基本たる口頭弁論に関与した裁判官が判決をしたことにならないのであり、「法律に従って判決裁判所を構成しなかったこと。」（312条2項1号、338条1項1号）に該当する。

問に現れたやりとりを逐語的に再現していたとしても、証言の際の証人の供述態度などの証言の信憑性にとって重要な事項については、尋問の場にいなかった新裁判官は知ることができない。そこで、当事者から申出があった場合には、以前に他の裁判官が取り調べた証人につき再び尋問をしなければならない（249条3項）。

(c)　法廷内で証拠調べができない場合

　　証拠方法によっては、法廷で証拠調べをすることができない場合があり、この場合には判決をする裁判官以外の者に証拠調べを行わせることがある。以下、外国において行う証拠調べの場合と国内において裁判所外で行う証拠調べの場合に分けて説明する。

ⓐ　外国において行う証拠調べ

　　外国において行う証拠調べは、その国の管轄官庁又はその国に駐在する日本の大使、公使もしくは領事にこれを嘱託してなさなければならない（184条1項）。

　　これは、証拠方法（特に証人又は尋問すべき当事者）が外国にある場合には、日本の裁判所が外国で証拠調べをすることは困難であることから、本条所定の者にその取調べを嘱託し、その結果に我が国の証拠調べとしての効力を認めようとするものである。証拠調べは一種の裁判権の行使であるから、日本の裁判所は外国で当然に証拠調べをすることはできない。また、外国在住の証人・鑑定人又は当事者を日本に呼び出し、あるいはこれらの者にその所持する文書の提出を命じたとしても、その者が任意に応じない限り目的を達成し得ず、仮に応じたとしても訴訟上の請求と比較して不相当な費用や時間を要し、それが甚大となるおそれがある。そこで、直接主義の例外としてこの規定が設けられたものである。

ⓑ　国内において裁判所外で行う証拠調べ

　　裁判所は、相当と認めるときは、裁判所外において証拠調べをすることができるが、この場合には合議体の構成員に命じ、又は地方裁判所もしくは簡易裁判所に嘱託して証拠調べをさせることができる（185条1項）。

　　これは、証拠調べは直接主義の要請にもとづいて受訴裁判所がその法廷で行うという原則を緩和して、相当性のある場合につき例外を認めるものである。例えば現場検証や

□この場合、裁判所（受命裁判官・受託裁判官を含む）は、相当と認めるときは、当事者の意見を聴いて、ウェブ会議によって証拠調べを行うことができる（185条3項）。

出頭不能の証人に対する尋問のように、証拠調べの性質等に鑑み、裁判所外で証拠調べをするのが相当といえるときは、例外的に、受訴裁判所は裁判所外で合議体の構成員たる裁判官（受命裁判官）に命じ、又は他の裁判所に嘱託して、その裁判所の裁判官（受託裁判官）に証拠調べをさせることができるとしたものである。

　もっとも、受命裁判官・受託裁判官に証拠調べを嘱託することができるとしても、とりわけ証人尋問については、証言内容だけでなく、証言態度なども心証形成にとって重要な意味を持つ。そこで法は、受命裁判官・受託裁判官に裁判所外で証人尋問をさせることができる場合を一定の場合に限定している（195条1号～4号）。

ウ　適時提出主義（156条）

事例 3-1

　X特許権を保有するAは、Y製品を製造販売するBを被告として、X特許権に基づくY製品の製造販売差止請求訴訟を提起した。

　この訴訟においてBは、本件特許には無効理由αがあるため特許法104条の3第1項の適用によりAの権利行使は許されない旨主張したが、Aの請求を認容する判決が下されたため、Bは控訴し、第一審の判断の誤りを主張するとともに、以下のとおり主張し、この主張に関する証拠を提出した。

　「本件特許には無効理由αの他にも無効理由βがあるため、いずれにせよ特許法104条の3第1項の適用によりAの権利行使は許されない。」

　Aとしては、このようなBの主張・立証に対して訴訟法上どのように対抗すればよいか。なお、無効理由βに関する引用例は容易に検索が可能なものであり、また、控訴審の審理は、無効理由βの審理をしなければ直ちに弁論を終結できる段階にある。

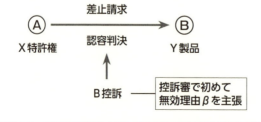

a．意義

　適時提出主義とは、攻撃防御方法は訴訟の進行状況に応じた

□攻撃防御方法とは、当事者が本案の申立てを基礎づけるためにする事実上・法律上の陳述及び証拠の申出をいい、このうち原告が提出するものを攻撃方法、被告が提出するものを防御方法という。

適切な時期に提出しなければならないとする原則をいう。

b．趣旨

　旧法においては、当事者は口頭弁論の終結に至るまで、いつでも随時に攻撃防御方法を提出できるという随時提出主義が採用されていた（旧137条）。この随時提出主義は、法定序列主義、証拠分離主義、同時提出主義の弊害を防止し、無用の攻撃防御方法の提出を避け、時宜に応じた主張・立証によって迅速に真実の発見を期待したものである。

　しかし、随時提出主義の下では、原則として口頭弁論終結時まで訴訟資料を提出できるため、適切な時期に訴訟資料が提出されない結果、訴訟の進行が緊張感を欠き、また当事者の駆け引きや訴訟引き延ばし策として濫用されるという弊害があった。また、弁論と証拠調べの区別が明確でなく、当事者双方が自己に有利な主張を五月雨式に展開し、多数の争点の軽重や関連性が十分に考慮されないまま、徒に証拠調べが行われる場合もあった。そこで現行法は、このような随時提出主義に伴う弊害を防止するため、争点整理手続を整備し、争点を明確化した上で一気に証拠調べ（人証調べ）を行う争点中心型の訴訟構造を目指すと同時に、適時提出主義を採用することにより審理の迅速化を図ろうとしたものである。

c．内容

　適時提出主義における適時とは、単に時間的な遅速のみならず、攻撃防御をめぐる訴訟上の信義則（2条）をも考慮して判断され、具体的な事件の内容、提出された攻撃方法、それに対する予想された防御方法、それを準備するために要する時間等、訴訟の進行状況に応じて、個別的・具体的かつ客観的に定まるものである。

d．適時提出主義の実効性を確保する制度

(a) 時機に後れた攻撃防御方法の却下（157条1項）

【図解】

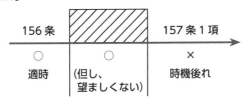

ⓐ　意義（適時提出主義との関係）

　適時を経過した後に提出された攻撃防御方法はどのよう

□本文に挙げたもののほか、審理の計画が定められている場合の攻撃防御方法の却下（157条の2）も適時提出主義の実効性を確保する制度といえる。

□釈明に応じない攻撃防御方法の却下

　攻撃又は防御の方法でその趣旨が明瞭でないものについて当事者が必要な釈明をせず、又は釈明をすべき期日に出頭しないときも、裁判所は、申立てにより又は職権で、却下の決定をすることができる（157条2項）。

に扱われるか。この点、法は適時に提出しなかった場合に特別の失権効を規定せず、説明義務（162条2項、167条、174条、178条、301条2項）のような緩やかな制裁しか課していない。このため適時提出主義を定める156条は、訓示的に適時の提出を義務づけたものと解されている。従って、単に適時に提出しなかっただけで直ちに時機に後れたものとされるわけではない。156条は当事者に理想的な攻撃防御方法の提出を訓示的に義務づけたものであるのに対し、157条1項は攻撃防御方法を却下する場合についての規定であるため、適切な時機から相当程度後れて提出した攻撃防御方法が、時機に後れた攻撃防御方法として却下されることとなる。

　もっとも、時機に後れたといえない場合であっても、合理的な理由なく攻撃防御方法を適時に提出しなければ、弁論の全趣旨（247条）で不利に評価されることは考えられる。

ⓑ　要件

①　時機に後れたものであること

　　時機に後れたとは、実際に提出された時よりも前に提出する機会があったことをいい、時機に後れたか否かは、当該訴訟の具体的な進行状況に応じて、その提出時期よりも早く提出すべきことを期待できる客観的な事情があったか否かにより判断される。

　　そして、この判断は第一審・控訴審を通じて行われるが、第一審において争点整理手続が行われた場合、攻撃防御方法提出の機会は十分に与えられていたはずであるため、その手続中に提出されなかった攻撃防御方法は時機に後れたものとされる可能性が高い。

②　時機に後れたことが当事者の故意又は重大な過失に基づくこと

　　重過失の有無は、本人の法律知識の程度や既に提出している攻撃防御方法との関係等も考慮されなければならない。

③　当該攻撃防御方法を審理すると訴訟の完結が遅延する場合であること

　　新しい攻撃防御方法を審理すると訴訟の完結が遅れる一方、これを審理しなければ直ちに弁論を終結できる段

□この点、「一太郎」事件に関する知財高裁平成17年9月30日判決は、「攻撃防御方法の提出が時機に後れたものとして民事訴訟法157条により却下すべきであるか否かは、当該訴訟の具体的な進行状況に応じて、その提出時期よりも早く提出すべきことを期待できる客観的な事情があったか否かにより判断すべきものである」と述べている。

階にあることが必要であるとされる。

　ⓒ　効果

　　却下の手続は、相手方の申立て又は職権により、口頭弁論で審理して決定で裁判するか、終局判決の理由中で判断する。

　　却下の決定については、独立して抗告することはできず、終局判決とともに上級審の判断をうける（283条本文）。

(b)　準備書面等の提出期間（162条）

　　裁判長は、答弁書若しくは特定の事項に関する主張を記載した準備書面の提出又は特定の事項に関する証拠の申出をすべき期間を定めることができる（162条）。

(c)　説明義務

　　準備的口頭弁論終了後、弁論準備手続終結後、書面による準備手続終結後に攻撃防御方法を提出した当事者は、相手方の求めがあるときは、相手方に対し、手続終了前に提出できなかった理由を説明しなければならない（167条、174条、178条）。これは、争点整理のための手続が終了した後にも攻撃防御方法の提出を自由に認めると、争点整理手続をした意味が損なわれ、また、相手方の信頼を裏切ることとなることから、説明義務という制裁を課すことにより、争点整理手続の実効性を確保しようとしたものである。また、準備書面の提出又は証拠の申出の期間の不遵守に関する説明義務（162条2項）や控訴審で定められた訴訟行為をすべき期間の不遵守に関する説明義務（301条2項）は、期間の遵守を促すことにより審理の充実・促進を図る趣旨であり、適時提出主義の実効性を確保する制度としての側面を有するものといえる。

(d)　集中証拠調べ（182条）

　　かつては、争点及び証拠の整理と証人及び当事者本人の尋問が並行して行われる、いわゆる五月雨式審理がされ、訴訟遅延の原因となっていた。現行法は、争点整理手続を設けて証拠調べの対象である立証すべき事実を明確にした上で、証人尋問、当事者尋問をできる限り集中的に実施することとしている（182条）。

(e)　控訴審における攻撃防御方法の提出等の期間（301条）

　　301条1項は、控訴審において裁判長が当事者の意見を聴いて攻撃防御方法の提出等をすべき期間を定めることができる旨を規定する。そして、期間経過後に1項所定の訴訟行為

□157条1項の要件を具備すれば、裁判所は必ず却下しなければならないか否かについて争いがある。同項には「できる」とあることから、裁量によって却下しなくてもよいとする説もあるが、通説は、同項が訴訟遅延防止という公益を図るための規定であることから却下は必要的であると解している。

□この制裁は一見緩やかなようであるが、争点整理手続後にその整理の結果に反する攻撃防御方法の提出をすることは、原則として時機に後れた攻撃防御方法の提出となり、説明義務が尽くされないときは、相手方は説明義務違反を故意・重過失を基礎づける資料として、攻撃防御方法の却下の申立て（157条1項）をすることが考えられるため、相応の意味があるといえる。

□「一太郎」事件に関する知財高裁平成17年9月30日判決は、控訴人が控訴審でした新たな無効理由の追加的な主張・立証について、「原審においては、第1回口頭弁論期日が開かれてから第3回口頭弁論期日において口頭弁論が終結されるまで2か月余り、訴えの提起から起算しても4か月足らずの期間である。このように、原審の審理は極めて短期間に迅速に行われたものであって、控訴人の当審における新たな構成要件充足性及び

をする当事者は、期間内にできなかった理由を説明しなければならない（同条2項）。

解説　事例3-1

Aとしては、Bが控訴審で新たにした主張・立証は時機に後れて提出した攻撃防御方法であり、訴訟の完結を遅延させるものであるとして、その却下を求めることが考えられる（157条1項）。

無効理由βに関する引用例は容易に検索が可能なものであることから、これに関する主張・立証は実際の提出時よりも前に提出する機会があったといえ、また、Bに重過失も認められる。さらに、控訴審の審理は無効理由βの審理をしなければ直ちに弁論を終結できる段階にあるから、当該攻撃防御方法を審理することにより訴訟の完結が遅延する場合に当たるからである。

なお、Bによる無効理由βの主張が審理を徒に引き延ばすために提出されたものと認められる事情がある場合は、審理を不当に遅延させることを目的として提出されたものとして、Aは、特許法104条の3第2項による却下を求めることも可能である。

③ 当事者の欠席

事例 3-2

甲は乙を被告として、乙が販売したY製品が甲の保有するX特許権を侵害するとして、これにより甲が被った損害の賠償を求める訴えを提起した。

(1) 甲の代理人が第1回口頭弁論期日に出席したところ、乙は答弁書を提出せずに欠席した。この場合、裁判所はいかなる措置を取りうるか。

(2) 甲の代理人が第1回口頭弁論期日に出席したところ、乙は請求の趣旨については棄却を求め、請求の原因については追って認否する旨の答弁書を提出して欠席した。この場合、裁判所はいかなる措置を取りうるか。

```
X特許権      損害賠償請求訴訟    Y製品
(原告) 甲 ─────────────→ 乙 (被告)

(1) 答弁書を提出せず欠席
(2) 請求棄却を求め、請求の原因に
    ついては追って認否する旨の答弁
    書を提出して欠席
```

本件特許の無効理由についての主張・立証は、若干の補充部分を除けば、基本的に、当審の第1回口頭弁論期日において控訴理由書の陳述と共に行われたものであり、当審の審理の当初において提出されたものである。」とした上で、「本件特許の無効理由に関する部分は、新たに追加された文献に基づくものではあるが、これらはいずれも外国において頒布された英語の文献であり、しかも、本件訴えの提起より15年近くも前の本件特許出願時より前に頒布されたものであるから、このような公知文献を調査検索するためにそれなりの時間を要することはやむを得ないことというべきである。」と述べ、控訴人が控訴審でした新たな無効理由の追加的な主張・立証が時機に後れたものであるとまではいえないとし、また、審理を不当に遅延させることを目的として提出されたものとは認め難いから、特許法104条の3第2項により職権で却下すべきものということもできないとした。なお、同判決は、控訴人が控訴審で新たに提出した構成要件充足性についての追加的な主張・立証についても、原審において既に控訴人が主張していた構成要件充足性に関する主張を若干角度を変えて補充するものにすぎないとして、時機に後れたものであるとまではいえないとした。

事例 3-3

　甲は乙を被告として、乙の販売するY製品につき、甲の保有するX特許権に基づき販売差止請求訴訟を提起した。付記弁理士Aは、弁護士Bと共に乙の訴訟代理人となった。

　第1回口頭弁論期日に甲は欠席し、訴状は陳述擬制となった。一方、期日に出席したAとBは請求の棄却を求め、被告の主張として、Y製品がX特許発明の技術的範囲に属しない旨を記載した答弁書を陳述し、裁判官からの質問に応じ、本件特許権には無効理由があり権利行使は許されないこと（特許法104条の3第1項）についても今後主張する予定である旨を述べた。なお、AとBは、期日前に、答弁書の正本を裁判所に提出するとともに副本を甲に直送し、甲からは受領書が提出されている。

　その後、AとBは、期日間に、無効理由の存在による権利行使制限に関する具体的主張を記載した準備書面の正本を裁判所に提出するとともに副本を甲に直送し、甲から受領書が提出された上で、第2回口頭弁論期日に出席したが、甲は再び欠席した。この場合のAとBの対応としては、どのようなものが考えられるか。

(1) 欠席対策の必要性

　当事者の一方が口頭弁論や弁論準備手続の期日に欠席した場合に、安易に期日を延期することは、①出席した当事者が期日に向けて行った準備や出席自体に要した時間・労力・費用等を無駄にするばかりでなく、②手続の迅速及び訴訟経済の見地からも妥当でない。また、双方当事者が欠席した場合についても、②の点は同様に当てはまる。そこで、当事者が期日に欠席した場合への対策を講じる必要があり、法は様々な規定を設けている。

(2) 最初にすべき口頭弁論期日における一方当事者の欠席

ア　陳述擬制（158条）

□期日の延期とは、期日を開いたが、その期日において予定されていた事項に入らずに終了し、次回期日を指定する場合をいい、一定の訴訟行為がされたが弁論を終結せず次回期日を指定する、期日の続行とは異なる。なお、期日が開かれる前に期日指定を取り消し、新たな期日を指定することを期日の変更という。

最初にすべき口頭弁論期日において一方当事者が欠席した場合には、欠席者が提出した訴状、答弁書、準備書面に記載した事項を陳述したものと擬制し、これと相手方の弁論をつきあわせて審理を行う（158条）。

これは、①原告が欠席した場合、訴訟の主題が提示されず、審理を開始できないため、審理を開始させるべく訴状の陳述を擬制する必要があること、②原告に陳述擬制を認める以上、被告欠席の場合にも、公平上、答弁書（被告が最初に提出する準備書面）その他の準備書面の陳述を擬制する必要があることによるものである。

イ　擬制自白（159条3項本文、1項本文）

前述のとおり、出席者は、相手方が在廷しない口頭弁論においても、161条3項1号～3号に該当する準備書面に記載した事実を主張することができる（75頁参照）。出席者がこの主張をしたのに対し、例えば被告が答弁書を提出しないで欠席するなど欠席者が争っていないときは、その事実を自白したものとみなされる（159条3項本文、1項本文）。

ウ　いわゆる欠席判決

最初にすべき口頭弁論期日で裁判をするのに熟したときは、裁判所は弁論を終結して終局判決をする（243条1項）。被告が適式の呼出し（94条）を受けながら最初にすべき口頭弁論期日に欠席し、答弁書その他の準備書面も提出しないため、擬制自白が成立し、原告の請求どおりの判決が下される場合を実務上、欠席判決という。

なお、最初にすべき口頭弁論期日で裁判をするのに熟しないときは、裁判所は続行期日を指定する。

(3) 続行期日における一方当事者の欠席

ア　陳述擬制の不適用

続行期日において当事者の一方が欠席した場合、事前に準備書面の提出があっても陳述は擬制されない。これを認めると口頭主義は全く形骸化してしまうからである。

イ　審理の現状に基づく判決

裁判所は、欠席者の従前の弁論と出席者の弁論とをつき合わせ、審理の現状及び当事者の訴訟追行の状況からして相当と認めるときは、出席した当事者からの申出に基づき、終局判決をすることができる（244条ただし書）。ここで、双方の欠席の場合（同条本文）と異なり、一方当事者の欠席の場合に出席当事者の申出を

□陳述擬制に関する158条は控訴審についても準用される（297条）。

□擬制自白については120頁参照。なお、欠席による擬制自白は、その当事者が公示送達による呼出しを受けたものであるときは成立しない（159条3項ただし書）。

□例えば甲が乙を被告として貸金返還請求訴訟を提起したところ、乙が第1回口頭弁論期日に出席せず、答弁書その他の準備書面も提出しない場合、乙が請求原因事実を自白したものとみなされる。そして被告である乙が何らの抗弁も主張しておらず、裁判をするのに熟したといえるため、裁判所は弁論を終結し、甲の請求どおりの判決を下すことになる（いわゆる欠席判決）。

もっとも、知的財産権侵害訴訟においては、擬制自白が成立したとしても、なお被告製品が原告特許発明の技術的範囲に属するか否か、原告商標と被告標章が類似するか否か等、裁判所による法的評価が必要であることから、理論上は、このような評価の結果として、原告の請求を棄却する判決が下される可能性がある。

要するのは、裁判所の判断で判決をした場合に、出席当事者に不利な判決が下るのは、欠席対策のための制度である審理現状判決制度の趣旨に反するからである。

(4) 双方当事者の欠席

ア　双方当事者が口頭弁論又は弁論準備手続の期日に欠席した場合には、弁論を実施することはできないし（158条は、「原告又は被告」としているから適用されない。）、さりとて裁判に熟さない状態の場合には弁論を終結することはできないから、その期日は終了するほかない。

このような双方当事者の欠席対策として、法はいずれかの当事者がその後1か月以内に改めて期日指定の申立てをして、弁論続行の意思を示さない限り、双方に訴訟を維持する熱意がないものとして、訴えの取下げを擬制している（263条前段）。

また、当事者双方が連続して2回口頭弁論又は弁論準備手続の期日に欠席した場合にも、訴えの取下げを擬制している（同条後段）。

イ　裁判所は、欠席者の従前の弁論と出席者の弁論とをつき合わせ、審理の現状及び当事者の訴訟追行の状況からして相当と認めるときは、終局判決をすることができる（244条本文）。

(5) 特別の期日における欠席

ア　判決言渡期日

判決の言渡しは、当事者が在廷しない場合においてもすることができる（251条2項）。これは、判決言渡期日においては、裁判所が判決書（主文）を朗読するだけであり、当事者の行う訴訟行為はないことによるものである。

イ　証拠調べ期日

証拠調べは、当事者が期日に出頭しない場合においてもすることができる（183条）。

証拠調べをする場合には、裁判所は当事者に対し、期日の呼出しをしなければならない（94条）。これは、当事者の証拠調べについての利益（特に、証人尋問を行う主体は当事者である。）を保護する必要があることによるものである。

しかし、一般的には、証拠調べの主体は裁判所であるから、当事者に対しては期日の呼出しにより立会の機会を与えればよく、たとえ当事者が欠席しても、裁判所は証拠調べができるし、むしろ可能な範囲でしなければならない。183条はこのような趣旨から設けられた規定である。

□簡易裁判所の取り扱う事件については、経済的利益が少ないことなどに鑑み、158条の陳述擬制が続行期日にも準用されている（277条）。

□アで述べる「欠席」は、正確には「口頭弁論若しくは弁論準備手続の期日に出頭せず、又は弁論若しくは弁論準備手続における申述をしないで退廷若しくは退席をした場合」である（263条）。

□244条が適用されるのは「口頭弁論期日」における双方又は一方の当事者の欠席もしくは弁論をしないで退廷した場合であり、263条と異なり、弁論準備手続期日の欠席等は含まれない。

> **解説** 事例3－2

(1) 裁判所は、乙が甲主張の請求原因事実を自白したものとみなした上（159条3項本文、1項本文）、Ｙ製品がＸ特許発明の技術的範囲に属するか否か（法律上の主張）を検討し、属すると判断したときは、甲の請求のとおりの判決を言い渡す（いわゆる欠席判決）。

(2) 乙は請求の趣旨について棄却を求め、請求の原因について追って認否する旨の答弁書を提出して欠席していることから、陳述擬制が認められる（158条）。この場合、(1)と異なり、裁判所は次回期日の指定をすべきである。請求の原因について擬制自白は成立しない。答弁書の記載内容に鑑み、事実を争ったものと認めることができるからである（159条1項ただし書）。

> **解説** 事例3－3

　ＡＢとしては、既に主張・立証が十分であり、勝訴は間違いないと判断すれば、審理の現状に基づく判決の申出を行うことが考えられる（244条）。ここで、一方当事者の欠席の場合に出席当事者の申出を要するのは、裁判所の判断で判決をした場合に、出席当事者に不利な判決が下るのは、欠席対策のための制度である審理現状判決制度の趣旨に反するからである。

　また、ＡＢとしては、弁論をしないで退廷することも考えられる（263条）。この場合、甲が1か月以内に期日指定の申立てをしないとき（同条前段）や、これをしても次回期日に欠席した場合（同条後段）には訴えの取下げが擬制され、当面の紛争は終息するからである。

4 訴訟手続の中断・受継

(1) 訴訟手続の中断

ア　定義

　訴訟手続の中断とは、訴訟の係属中に、一方の当事者側の訴訟追行者が交替すべき事由が生じた場合に、その当事者の手続関与の機会と準備の余裕を保障するため、新追行者が訴訟に関与できるようになるまで、手続の進行を中断することをいう。

イ　中断事由（124条1項）

　当事者の死亡(1号)、当事者である法人の合併による消滅(2号)等がこれに当たる。

ウ　中断を生じない場合

　　訴訟手続の中断事由がある場合でも、当該当事者に訴訟代理人がついている場合には、訴訟手続は中断しない（124条2項）。これは、訴訟代理人がついていれば、この者がそれまで訴訟手続に関与していたものである以上、訴訟手続を中断させて新追行者の手続関与の機会と準備の余裕を与える必要はないことによるものである。

□この場合、訴訟代理権は消滅しない（58条）。

(2) 訴訟手続の受継

　　訴訟手続の受継とは、訴訟追行者又はその相手方がする、中断した手続の続行の申立てをいう（124条1項、126条）。

5 専門委員と知的財産に関する事件における裁判所調査官

(1) 専門委員制度

ア　意義

　　専門的知見を要する事件の審理を迅速かつ適切に行うためには、証拠調べとしての鑑定を行う他に、これよりも早い段階、具体的には、争点整理手続において専門家の意見を聴くことが必要となる場合もある。そこで、法は、専門的な知見を要する事件への対応の強化のため、争点整理若しくは進行協議、証拠調べ又は和解の各手続において、専門家である専門委員の関与を求め、当事者が提出した主張の内容等について説明を聴くことができることとする専門委員制度を設けている（92条の2～7）。

イ　専門委員の関与

　　専門委員が手続に関与できる場合は以下のとおりである。

a．争点・証拠の整理又は訴訟手続の進行協議の手続への関与（92条の2第1項）

b．証拠調べの手続への関与（92条の2第2項）

c．和解手続への関与（92条の2第3項）

　　このうちaとbについては当事者の意見を聴くことが、cについては当事者の同意を得ることが、専門委員を手続に関与させるにあたり必要とされている。また、bのうち専門委員が証人等に対し直接発問するについても当事者の同意を得ることが必要である（92条の2第2項後段）。

ウ　専門委員の説明方法

a．専門委員の説明は、裁判長が書面により又は口頭弁論若しくは弁論準備手続の期日において口頭でさせなければならない（92条の2第1項後段、なお、電話会議の利用について92条の3）。

□裁判官に関する除斥・忌避・回避の規定の趣旨は、専門委員や知的財産に関する事件における裁判所調査官についても同様に妥当することから、これらの規定は専門委員（92条の6、規34条の9）及び知的財産に関する事件における裁判所調査官（92条の9、規34条の11）について準用されている。

□知的財産に関する事件については、裁判所調査官が常勤の裁判所職員として裁判所の補助に当たるため、専門委員が選任されるのは、より専門性の高い事件である場合が多い。

□技術説明会

　特許権侵害訴訟等において、裁判所に技術内容を理解してもらうため、当事者双方が技術的事項に関する各自の主張を口頭で具体的に説明・敷衍する手続をいう。この手続には専門委員が関与する場合も多い。なお、技術説明会は弁論準備手続期日において行われるのが普通である。

ｂ．審理の充実を図るためには裁判所と専門委員の期日外アクセスも認める必要があるが、その一方、当事者間の公平及び手続の透明性の要請も無視できない。そこで規則によりこれらの要請も踏まえて期日外アクセスに関する規定が設けられている（規34条の3、6）。

(2) 知的財産に関する事件における裁判所調査官の手続関与制度

ア 意義

裁判所調査官は、裁判官の命を受けて、事件（地方裁判所においては知的財産又は租税に関する事件に限る。）の審理及び裁判に関して必要な調査等をつかさどる裁判所の補助機関（常勤の裁判所職員）である（裁判所法57条2項）。

知的財産に関する事件の審理を迅速かつ適切に行うためには専門的知見を有する専門家の補助が必要である。このような要請に対応するべく、法は前述の専門委員制度を設けているほか、常勤の裁判所職員である裁判所調査官に一定の事務を行わせることとしている（92条の8～9）。

イ 調査官の事務

調査官が裁判長の命を受けて行う事務は以下のとおりである。個別の事件について指定される専門委員の場合とは異なり、調査官は常勤の裁判所職員であり、中立性が制度的に保障されていることから、調査官がこれらの事務を行うについて当事者の意見を聴いたり、その同意を得たりすることは要件とされていない。

ａ．①口頭弁論又は審尋の期日、②争点又は証拠の整理を行うための手続、③文書の提出義務又は検証の目的の提示義務の有無を判断するための手続、④争点又は証拠の整理に係る事項その他訴訟手続の進行に関し必要な事項についての協議を行うための手続において、訴訟関係を明瞭にするため、事実上及び法律上の事項に関し、当事者に対して問いを発し、又は立証を促すこと（92条の8第1号）。

ｂ．証拠調べの期日において、証人、当事者本人又は鑑定人に対し直接に問いを発すること（92条の8第2号）。

ｃ．和解を試みる期日において、専門的な知見に基づく説明をすること（92条の8第3号）。

ｄ．裁判官に対し、事件につき意見を述べること（92条の8第4号）。

6 訴訟記録

(1) 意義

訴訟記録とは、裁判所及び当事者の共通の資料として利用される

□意見を述べるにあたり、本文(1)ウで述べた専門委員の説明方法のような制約はない。これも調査官が常勤の裁判所職員であり、中立性が制度的に保障されていることによるものである。

ために受訴裁判所に保管されているものの総称をいい、これには訴状、答弁書、準備書面、書証写し、期日調書、判決書等が含まれる。

民事訴訟法は、訴訟記録の範囲について明文の規定を設けておらず、裁判所による解釈と運用に委ねられている。このため、裁判所に提出された書面であっても、事件に関して裁判所及び当事者の共通の資料として利用されるものでないと判断されたものは、訴訟記録の範囲に含まれない。

⑵ 訴訟記録の電子化

従来、訴訟記録は紙媒体により構成されてきたが、令和4（2022）年の民事訴訟法改正により、インターネットを利用した申立て等（42頁参照）を認めたのと併せて、訴訟記録を電子化し、原則として、裁判所の使用するサーバのファイルに記録された電磁的記録により訴訟記録を構成することとした。この電子化により、当事者等がその閲覧等をする際の利便性の向上（紙媒体の場合は裁判所に出向いて閲覧等をしなければならないが、電子化によりインターネットを用いて裁判所のサーバにアクセスして閲覧等をすることが可能となる。⑷参照）や紙媒体で保管する場合と比べた管理コストの低減が図られることになる。

⑶ 電磁的訴訟記録と非電磁的訴訟記録

ア 電磁的訴訟記録

このように、訴訟記録は、原則として、裁判所の使用するサーバのファイルに記録された電磁的記録により構成され、訴訟記録中当該ファイルに以下の①～③のとおり記録された事項に係る部分（電磁的記録）を電磁的訴訟記録と総称する（91条の2第1項）。

① 当事者等が当該ファイルに記録した事項は、原則として、そのまま当該ファイルに記録される（申立て等につき132条の10第1項）。

② 当事者等が裁判所に対して書面等（42頁参照）又は電磁的記録を記録した記録媒体を提出した場合、原則として、裁判所書記官はそれらに記載又は記録された事項を当該ファイルに記録しなければならない（申立て等に係る書面等につき132条の12第1項、他の書面及び記録媒体につき132条の13）。

③ 裁判所（裁判官）又は裁判所書記官は、裁判書や調書等を電磁的記録により作成して当該ファイルに記録しなければならない（電子判決書につき252条、口頭弁論期日調書につき160条）。

イ 非電磁的訴訟記録

訴訟記録中電磁的訴訟記録を除いた部分を非電磁的訴訟記録と

□ 132条の13の書面等又は電磁的記録を記録した記録媒体は、民事訴訟に関する手続において民事訴訟法その他の法令の規定に基づき裁判所に提出されるものに限定されている。

いう（91条1項）。

　①書面等又は電磁的記録を記録した記録媒体の中には、ファイルに記録することが困難な事情があるものが含まれている場合（ex. 通常のスキャナによる読込みが難しい、訴状に添付された大きな図面や書証の写しとして書籍1冊が提出された場合）が考えられ、この場合は上記ア②の義務は免除される（132条の12第1項ただし書、132条の13ただし書）。また、②当事者に対しても秘匿すべき情報や、営業秘密の中でも特に秘匿する必要のある情報については、当該ファイルに記録せず、書面等又は電磁的記録を記録した記録媒体のまま保管することができる（132条の12第1項各号、132条の13各号）。さらに、③電磁的訴訟記録中営業秘密が記録された部分につき、その内容を書面に出力し、又はこれを他の記録媒体に記録するとともに、当該部分を電磁的訴訟記録から消去する措置が講じられた場合（92条9項）、当該出力書面又は記録媒体が訴訟記録となる。

　これらの結果、訴訟記録の電子化の下でも、非電磁的訴訟記録が生じることになる。

(4) 閲覧等

　沿革に鑑み、ここでは非電磁的訴訟記録、電磁的訴訟記録の順で述べる。

　ア　非電磁的訴訟記録

　　(ア)　当事者は、その紛争主体たる地位に鑑み、自分の事件の非電磁的訴訟記録につき、①閲覧を請求できる（91条1項）ほか、②謄写又はその正本、謄本若しくは抄本の交付（録音テープ又はビデオテープ等については複製）を請求できる（同条3項、4項）。

　　(イ)　裁判公開の原則（憲法82条）の帰結として、何人も、非電磁的訴訟記録の閲覧を請求できる（91条1項）。

　　　　一方、①公開を禁止した口頭弁論に係る非電磁的訴訟記録の閲覧、②和解調書等の閲覧、③非電磁的訴訟記録の謄写又はその正本、謄本若しくは抄本の交付、④非電磁的訴訟記録中の録音テープ又はビデオテープ等の複製を請求するときは、利害関係を疎明しなければならない（91条2項〜4項）。

　イ　電磁的訴訟記録

　　(ア)　当事者は、自分の事件の電磁的訴訟記録につき、①裁判所設置端末で閲覧することを請求できる（91条の2第1項）ほか、②インターネットを用いて裁判所外の端末（自己のパソコン等）

□非電磁的訴訟記録の閲覧、謄写及び複製、電磁的訴訟記録の閲覧及び複写の請求は、各訴訟記録の保存又は裁判所の執務に支障があるときはすることができない（91条5項、91条の2第4項）。

□②には264条の和解条項案に係る部分、265条1項の規定による和解条項の定めに係る部分、267条1項に規定する和解（口頭弁論期日において成立したものを除く。）に係る部分が含まれる（91条2項後段）。

に複写（ダウンロード）することを請求できる（同条2項。なお、その前提として閲覧もできる。）。また、③電磁的訴訟記録に記録されている事項の全部若しくは一部を記載した書面又は記録した電磁的記録であって、裁判所書記官が、当該書面又は電磁的記録の内容が電磁的訴訟記録に記録されている事項と同一であることを証明した書面の交付又は電磁的記録の提供を請求できる（同条3項）。③はア（ア）②に対応するものである。

㈣　何人も、電磁的訴訟記録を裁判所設置端末で閲覧することを請求できる（91条の2第1項）。

　　　一方、①公開を禁止した口頭弁論に係る電磁的訴訟記録の裁判所設置端末での閲覧、②和解調書等の裁判所設置端末での閲覧、③上記（ア）②、④上記（ア）③を請求するときは、利害関係を疎明しなければならない（91条の2第2項～4項、91条2項）。

⑸　秘密保護のための閲覧等の制限

　　訴訟記録中に当事者の私生活についての重大な秘密や不正競争防止法2条6項に規定する営業秘密が記載されている場合、訴訟記録の閲覧等を通じて秘密が漏洩することになると、それをおそれて当事者は十分な訴訟活動ができなくなることが懸念される。そこで、訴訟記録公開の原則の例外として、裁判所は、92条1項各号所定の秘密を保有する当事者の申立てにより、閲覧等の請求ができる者を当事者に限定することができることとして、秘密保護と訴訟追行の充実の調整を図っている（92条1項柱書）。閲覧等制限を求める当事者は書面でかつ秘密記載部分を特定して申し立てることを要し（規34条1項）、92条1項各号の事由を疎明しなければならない。なお、当事者は、自らが提出する文書その他の物件について閲覧等制限の申立てをするときは、当該文書等の提出の際にその申立てもしなければならない（規34条2項）。

□訴訟記録の閲覧等制限は、第三者が営業秘密を知ることを防ぐ手段として有効である。これに対し、秘密保持命令（特許法105条の4）は、当事者等（当事者（法人の場合はその代表者）又は当事者の代理人（訴訟代理人及び補佐人を除く。）、使用人その他の従業者（特許法105条3項））、訴訟代理人、又は補佐人に対し、一定の要件の下で営業秘密を当該訴訟の追行の目的以外の目的で使用し、又は当該営業秘密に係る秘密保持命令を受けた者以外の者に開示してはならない旨を命じ、もって営業秘密の保護を図ろうとするものである。なお、実務上は、これらの制度のほか、秘密保持契約による営業秘密の保護も図られている。

第2節　弁論主義

1 意義

弁論主義とは、訴訟資料（事実及び証拠）の収集・提出を当事者の権能及び責任とする原則をいう。

知的財産権に関する事件を含む民事訴訟の審理において、裁判所は、私法上の法律関係（権利義務又は法律上の地位）の存否を判断する前提として事実認定を行うが、その際に用いられる原則が弁論主義であり、この原則が用いられる点で、民事訴訟の審理は、職権審理主義（特許法152条、153条1項）が用いられる、特許庁における審判の審理とは大きく異なる。以下、本節では弁論主義とこれに関連する項目について取り上げる。

2 根拠

民事訴訟の対象は実体法上の権利であるところ、実体法上の権利については私的自治の原則の下、当事者の自由な処分に委ねられている。とすれば、実体法上の権利を処分する場である訴訟の場においても、当事者の自由な処分を認めてよいはずであり（処分権主義）、権利そのものの自由な処分を認める以上、権利を基礎づける事実や証拠についても、その収集・提出を当事者に委ねてよいはずである。そこで法は、弁論主義を採用したものと解される（本質説）。

3 内容

① 第1テーゼ

裁判所は、当事者の主張しない事実を判決の基礎として認定してはならない。

② 第2テーゼ

裁判所は、当事者間に争いのない事実については、そのまま判決の基礎として認定しなければならない。

③ 第3テーゼ

裁判所は、当事者の申し出ない証拠を職権で取り調べてはならない。

4 第1テーゼ

事例 3－4

商標権者Xは、Yを被告として、商標権侵害に基づく損害賠償請求訴訟を提起し、商標法38条1項に基づく損害額に関し、「Yは侵害品を1万3000個販売した。」と主張した。裁判所は、提出された証拠から、侵害品の販売数量は1万5000個であるとの心証に達し

□職権探知主義

職権探知主義とは、判決の基礎となる事実の確定に必要な資料の収集と提出を当事者のみならず裁判所の職責ともする原則をいい、弁論主義の対立概念である。公益性の強い無効審判手続（特許法150条1項）、行政訴訟（行政事件訴訟法24条）では弁論主義の後退ないし職権探知主義の採用が見られる。

□弁論主義の根拠については本質説（定説といってよい）のほかにも、弁論主義は当事者間の利己心を利用して効率的に真実を発見し、かつ、自己責任を問いうるように合目的的技術的見地から認められた1つの手段であるとする説（手段説）などがある。

□審判手続（職権審理主義（特許法152条、153条1項））との違い

審判手続においては申し立てていない請求の趣旨についての審理はできないが（特許法153条3項）、申し立てていない理由について審理することは認められている（特許法153条1項、但し、その場合は当事者及び参加人に通知して意見を述べる機会を与える必要がある（特許法153条2項））。また、自白に拘束力はなく（特許法151条で民訴法179条準用にあたり「当事者が自白した事実」が除外されている）、職権証拠調べも認められている(特許法150条1項)。なお、上記特許法の規定においては請求の趣旨、理由についてともに「申し立て」という用語が使われているが、民事訴訟においては請求の趣旨を基礎づける理由（請求原因）については「主張」が用いられる。この点

たが、Xは上記主張を変更しないまま、口頭弁論は終結した。この場合、裁判所は判決で、侵害品の販売数量が1万5000個であると認定することができるか。

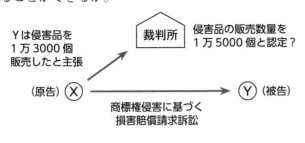

(1) 主要事実・間接事実・補助事実の意義

　ア　主要事実とは、法規が定める法律効果の発生要件に該当する事実をいう。
　イ　間接事実とは、主要事実の存否を推認するのに役立つ事実をいう。
　ウ　補助事実とは、証拠の信用性に影響を与える事実をいう。
（理由）
　民事訴訟の対象は私法上の法律関係（権利義務又は法律上の地位）であるところ、これは観念的なものであって直接その存否を判断することはできないため、その判断は、権利等の発生・変更・消滅などの法律効果を定める法規の構成要件に該当する事実の存否を判定することによって行われる。とすれば、主要事実とは、法規が定める法律効果の発生要件に該当する事実と捉えるべきである。

【図解】

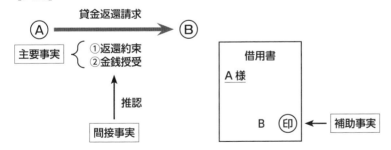

(2) 第1テーゼの対象となる事実

主要事実に限定され、間接事実・補助事実は対象とならないとするのが通説である。
（理由）
　①　主要事実は訴訟の勝敗に直結する可能性のある重要な事実であり、弁論主義を採用する以上、これを弁論主義の対象とする必要

□を知らないと処分権主義と弁論主義の違いが分からなくなるので注意が必要である。

□主要事実と要件事実の関係については争いがあるが、本書では、その性格上、これらを同義とする実務の立場を前提に記述している。また、主要事実と間接事実の区別基準についても争いがあるが、同様に、実務の立場である法規基準説（区別基準を法規の構造に求める説）を前提に記述している。

□【図解】の例で、「AがBに金銭を貸し渡したと主張する日以降に、金回りが悪かったはずのBが急に豪遊を始めた（又はAがBに貸し渡したと主張する額の範囲内で第三者に対し債務の弁済をした）事実」は②の存在を推認するのに役立ち、「AがBと国内で会い金銭を貸し渡したと主張する日にBは国外にいた事実」は、①②の不存在を推認するのに役立つものといえる。もっとも、資金調達のルートは様々であるから、前者の事実だけで②の存在を推認するのは一般的には困難といえよう。
　また、「借用書にBが自署し実印が押印されている事実」は借用書の信用性を高めるが、「Bの氏名が印字され、どこでも買える三文判が押印されている事実」は借用書の信用性を低下させるものといえる。

がある。

② 　間接事実・補助事実は主要事実の存否の認定との関係で、証拠と同様の機能を有するものであり、証拠の評価は裁判官が自由に行える（自由心証主義、247条）。間接事実・補助事実につき弁論主義を適用することは、このような自由心証主義の趣旨を没却するおそれがある。

(3)　主張責任

ア　意義

主張責任とは、当事者は自己に有利な主要事実の存在についてはこれを主張しないと、その事実はないものとして扱われ、不利な裁判を受けることになるという不利益をいう。

これは、弁論主義の第1テーゼを当事者の責任という観点からみたものであり、従って、主張責任の対象は主要事実に限定され、間接事実・補助事実は対象とならない。

イ　分配

主張責任の分配は、原則として証明責任の分配に従う。

（理由）

証明責任の分配基準に関する法律要件分類説（通説）によれば、当該法規の適用によって利益を受ける者がその主要事実の証明責任を負うところ、弁論主義の下では、この者は、まず、証明の対象となる主要事実を主張しておかなければならない。

□法律要件分類説の詳細については証明責任の項参照。

解説　事例3−4

認定できない。裁判所は、当事者が主張しない事実（主要事実＝法規が定める法律効果の発生要件に該当する事実）を判決の基礎として認定してはならないところ（弁論主義の第1テーゼ）、販売数量は損害賠償請求権の発生要件の一つである損害額の計算の一部となるものであるから主要事実である。よって、裁判所が判決で、侵害品の販売数量が1万5000個であるとの事実を認定することは、当事者の主張する1万3000個を超える部分につき、上記テーゼに反することになるからである。

本事例は、「証拠資料をもって訴訟資料に代替することはできない」という原則（訴訟資料と証拠資料の峻別）の理解を確認するものである。

□例えば、特許権侵害差止請求訴訟において、裁判所が、被告が主張しないサポート要件違反の無効理由を認定し、請求棄却判決をした場合、事例3−4と同様に弁論主義違反となる。原告特許にサポート要件違反があり無効審判により無効にされるべきものと認められることは、差止請求権の行使を阻止するという法律効果の発生要件に該当する主要事実だからである。

□主要事実は、両当事者のいずれかから口頭弁論において主張された事実でなければ訴訟資料として判決の

(4)　不特定概念・一般条項における主要事実

弁論主義の第1テーゼの適用される事実について前述のように解

するとしても、例えば、「過失」（民法709条）のような抽象度の高い不特定概念においては、何が弁論主義の適用される主要事実であるかがさらに問題となる。

ⅰ）不特定概念ないし一般条項の規範的要件事実それ自体が主要事実であり、これらに該当する具体的事実は間接事実である。従って、当事者が「過失がある」、「公序良俗に反する」、「権利の濫用である」と言いさえすれば、裁判所は当事者の主張を待たずに、個々の具体的事実を判決の基礎として認定できるとする説（かつての通説）

（批判）

① 主要事実は訴訟の運営上、その後の訴訟手続について道標を設定する役割をもたらしているものであるが、「過失がある」、「公序良俗に反する」、「権利の濫用である」とするだけで足りるとすることは、主要事実の訴訟運営上の機能を失わせる。

② 個々の具体的事実を間接事実として、その主張に裁判所は拘束されないとする結果、当事者は不意打ちを受け、特に、被告は十分に防御を尽くせないおそれがある。例えば、交通事故による損害賠償請求訴訟において、当事者が「脇見運転」を過失として争っているにもかかわらず、裁判所は「速度の出しすぎ」を捉えて過失と認定することができることになるが、それでは被告にとってアンフェアな不意打ちとなってしまう。

ⅱ）公序良俗・権利濫用・過失という価値判断概念（規範的構成要件）のレベルで主要事実を捉えず、それらを構成する個々の具体的事実を主要事実と考える説（現在の通説）

（理由）

民事訴訟においては事実のみが証明の対象となり、権利や価値判断の結論は直接証明の対象たりえないから、主要事実は事実でなければならず、「過失がある」「公序良俗に反する」とか「権利の濫用である」という価値判断の結論は事実ではないから、主要事実とはなりえない。規範的構成要件を構成する下位の事実（評価根拠事実）、その要件の不存在を導く他の事実（評価障害事実）を主要事実と捉えるべきである。

5 第2テーゼ（裁判上の自白）

(1) 意義

裁判上の自白とは、口頭弁論又は弁論準備手続における、相手方主張の自己に不利益な事実を認める旨の当事者の弁論としての陳述をいう。

基礎とすることができず、証拠調べからその主要事実の存在につき裁判所が心証を形成しても、それは証拠資料であって訴訟資料たり得ないから、それに基づいて裁判をすることはできない（訴訟資料と証拠資料の峻別）。

□弁論主義は、事実・証拠の収集・提出についての裁判所と当事者の役割分担の問題であるから、主張責任を負う者が提出した事実であると相手方が主張した事実であるとを問わず、双方当事者のいずれかが主張した事実である限り、裁判所はこれを裁判の基礎とすることができると解されている（主張共通の原則）。

□この説によれば、例えば商標権侵害訴訟において被告が不使用商標を行使している事実だけをもって権利濫用であると主張しているのに、裁判所が商標権の取得経緯が不当である事実を認定し、これをもって権利濫用であるとすることは弁論主義の第1テーゼに違反することになる。

□裁判上の自白は口頭弁論又は弁論準備手続における陳述としてされるものであり、これ以外の場でされた

このように、裁判上の自白の要件として、「自己に不利益な」事実に関する陳述であることが要求されているが、ここにいう「自己に不利益」とは、相手方が証明責任を負っていることであるとする証明責任説が通説である。

(理由)

いかなる事実について自白が成立するかは、不要な証拠調べを排除するためにも、また自白の撤回として扱うかを判定するためにも、その基準は明確であることが望ましい。そして、証明責任の分配こそがその役割を果たすものである。

(2) 自白の拘束力

事例 3-5

商標権者Xは、Yを被告として、商標権侵害に基づく損害賠償請求訴訟を提起し、商標法38条1項に基づく損害額に関し、「Yは侵害品を1万3000個販売した。」と主張した。Yは、第1回口頭弁論期日において、訴状記載の請求原因のうち、商標権侵害の事実と侵害品の販売数量を認める、と陳述した。

(1) 裁判所は、Yが先使用の事実を立証するための証拠として提出した会社の内部資料において、侵害品の販売数量が1万個であることが明確に書かれていることを発見したが、そのまま口頭弁論を終結した。この場合、裁判所は判決で、侵害品の販売数量が1万個であると認定することができるか。

(2) Yは、侵害品の販売数量を認める旨の陳述を撤回することができるか。

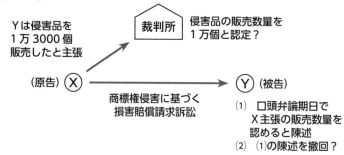

ア　裁判所拘束力

裁判所は、裁判上自白された事実に反する事実を認定することはできず、自白された事実をそのまま判決の基礎として認定しなければならない（弁論主義の第2テーゼ）。

イ　当事者拘束力

自白 (ex. 貸金返還を求める通知に対し債務の存在を認める回答をした場合) は、そのことが間接事実となるにとどまる（債務を認める回答をしたことは返還約束と金銭授受という貸金返還請求の主要事実の存在を推認させる）。

□裁判上の自白に関する「自己に不利益」の意義に関する証明責任説によれば、自己が証明責任を負う事実を否定する陳述（例えば、要物契約の成立を主張しながら、物の引渡しのなかったことを陳述する場合）は自白ではなく、その主張者において相手方がこれを援用した後でも自由に撤回できることになる。これに対し、その事実に基づく判決が、自白当事者にとって全部又は一部敗訴を結果とする場合であれば、自己が証明責任を負う事実でも「自己に不利益」な事実に当たるとする説（敗訴可能性説）によれば、上記のケースでは裁判上の自白が成立し、撤回は原則として禁じられることになる。

ａ．原則

当事者は、一旦した自白を撤回できない。

（理由）

裁判上自白された事実は裁判所によりそのまま判決の基礎として認定されるため（弁論主義の第２テーゼ）、相手方は、これを信頼し、証拠資料を散逸してしまう可能性がある。無条件に自白の撤回を認めると、相手方の上記信頼は裏切られ、不利益を被ることになる。このため、信義則の観点から、自白の撤回は原則として禁止すべきである。

ｂ．例外（判例）

(a)　相手方の同意がある場合

（理由）

相手方の訴訟上の不利益を考慮する必要がない。

(b)　刑事上罰すべき他人の行為により自白した場合

（理由）

この場合は適正手続の要請から再審事由（338条1項5号）に当たるため、自白をさせた者が相手方である場合はもちろんのこと、これが第三者である場合でも、自白を撤回することは信義則に反しない。

(c)　自白が真実に反し、かつ、錯誤に基づくものであることが証明された場合

（理由）

このような場合に自白の撤回を認めても信義則に反するとはいえない。

解説　事例３−５

(1)　認定できない。裁判所は、当事者に争いのない事実（裁判上の自白が成立した主要事実）は、そのまま判決の基礎として認定しなければならないところ（弁論主義の第２テーゼ）、販売数量は主要事実である（【事例３−４の解説】参照）。そしてＹは、このような相手方主張の自己に不利益な主要事実を争わない旨を口頭弁論期日において陳述しているため、裁判上の自白が成立し、裁判所はこれに拘束されるからである。

(2)　原則として撤回できない。本事例においては裁判上の自白が成立しているため、(1)の解説で述べたとおり、裁判所は自白された事実につき、そのまま判決の基礎として認定しなければならない

□本文では裁判上の自白（不利益陳述）の撤回について述べているが、弁論主義の下では、攻撃防御方法の撤回は原則として自由であり、自己に有利な主張を撤回することに制限はない。例えば、訴訟において被告が複数の抗弁を提出したが、これらのうちの一つを、争点を絞るべく撤回することも許される（なお、証拠申出の撤回につき【事例３−９】参照）。

□刑事上罰すべき行為により自白をさせた者は相手方に限定されず、第三者も含まれる。

（裁判所拘束力）。そして、裁判所拘束力が生じることから、信義則上、当事者間にも拘束力が生じ、自白の撤回は原則として許されない。

但し、①相手方の同意がある場合、②刑事上罰すべき他人の行為により自白がされたとき、③自白が真実に反し、かつ、錯誤に基づくものであることが証明されたときには、自白を撤回しても信義則に反するとはいえないことから、例外的に撤回が認められる。

(3) 対象となる事実

事例 3-6

P特許権を保有するX株式会社は、S製品を製造販売するY株式会社を被告として、P特許権に基づき、S製品の製造販売差止めを請求する訴訟を提起した。

この訴訟において、Y社が、X社からP特許権につき通常実施権の許諾を受けたと主張し、通常実施権許諾契約書（以下、「許諾契約書」という。）を証拠提出したところ、X社は、許諾契約書が真正に成立したものであることを争わない旨の陳述をしたが、裁判所は、証拠調べの結果から、許諾契約書が真正に成立したものであるとは認められないとの心証を形成するに至った。

この場合、裁判所は、許諾契約書の成立の真正を否定して判決を下すことができるか。

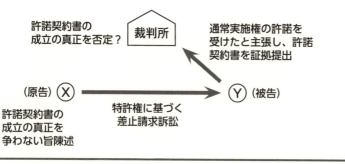

ア　間接事実・補助事実の自白

裁判上の自白の対象となる事実は主要事実に限られ、間接事実や補助事実の自白については、裁判所に対する拘束力、当事者に対する拘束力ともに認められない（従って、撤回することも自由である）とするのが通説である。もっとも、自白を撤回した者の態度が、弁論の全趣旨（247条）として不利益に扱われることも

□その理由は弁論主義の第1テーゼの対象となる事実について述べたところ（4(2)）と同様である。

あるため、間接事実・補助事実といえども、相手方の主張を認めるについては慎重に行うことが望まれる。

イ　書証（文書）の成立の真正に関する自白

このように、間接事実・補助事実の自白には拘束力が認められないが、補助事実の一つである書証の成立の真正について例外を認めるべきか否かが問題となる。

i）　拘束力肯定説

書証の成立の真正に関する事実については裁判所拘束力及び当事者拘束力を認める。

（理由）

①　補助事実の中でも、書証の成立の真正に関する自白は主要事実の自白と同程度に重要である。

②　借用証書への署名を認めてしまえば、主要事実たる返還約束を認めたに等しい。従って、主要事実に準じて取り扱うべきである。

ii）　拘束力否定説（判例・通説）

原則どおり裁判所拘束力・当事者拘束力を認めない。

（理由）

文書の成立の真正（文書の形式的証拠力）は、文書の実質的証拠力の前提となるものであり、実質的証拠力の評価は、完全に裁判官の自由心証に委ねられているのであるから、形式的証拠力の有無の判断も、実質的証拠力の評価の一過程としてむしろ全面的に裁判官の自由心証に服するとする方が論理的である。

□書証の成立の真正とは、挙証者が主張する特定人の意思に基づいて文書が作成されたものと認められることをいう（第3節2(2)エ参照）。

解説　事例3−6

できる。裁判上の自白が成立すると、弁論主義の第2テーゼにより、裁判所は対象事実をそのまま判決の基礎として認定しなければならないが、この対象事実は主要事実（法規が定める法律効果の発生要件に該当する事実）に限定され、間接事実（主要事実の存否を推認するのに役立つ事実）と補助事実（証拠の信用性に影響を与える事実）は対象とならないところ、文書の成立の真正は証拠の信用性に影響を与える事実であることから補助事実に当たり、裁判上の自白の対象とならないからである。

(4) 権利自白

解説　事例3-7

　P特許権を保有するX株式会社は、S製品を製造販売するY株式会社を被告として、P特許権に基づき、S製品の製造販売差止めを請求する訴訟を提起した。

　この訴訟において、Y社は、第1回口頭弁論期日において、S製品（構成abcからなる）がP特許発明（構成要件ABCからなる）の各構成要件を充足し、その技術的範囲に属するとのX社の主張を認めると陳述した。

　ところが、Y社は、第2回口頭弁論期日において、「原告が主張するS製品の構成（製品の構成の特定）は争わないが、S製品の構成bがP特許発明の構成要件Bを充足することは争う。」と主張するに至った。Y社による、このような主張の変更は認められるか。

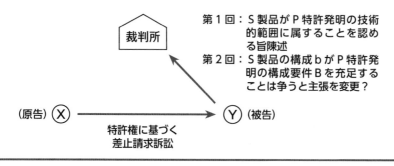

　権利自白とは、訴訟物たる権利又は法律関係の前提となる権利又は法律関係を認める旨の陳述をいう。

　例えば、所有権侵害に基づく損害賠償請求において、所有権が原告にあることを認める被告の陳述がこれに当たる。権利自白が対裁判所・対当事者拘束力のある裁判上の自白に当たるかについては諸説がある。

ⅰ）　全面否定説

　　権利自白がされても裁判所は拘束されず、当事者はいつでも撤回できるとする。

　（理由）

　　法の解釈・適用は裁判所の権能かつ職責とされるのであり、当事者の態度には左右されるべきではない。

ⅱ）　相対的否定説（通説）

　　権利自白が裁判所の審判権を終局的に排除することを否定する。すなわち、権利自白がされると、相手方は一応その権利主張

□特許権侵害訴訟の例でいえば、①被告製品の構成の特定、②特許請求の範囲の解釈、③被告製品が原告特許発明の技術的範囲に属することを被告が認めた場合、①は主要事実の自白となり、②及び③は権利自白に類するものとなると考えられる（②につき東京高判H13.6.28（H12（ネ）3843）、①・③につき知財高判H21.1.27（H19（ネ）10075）参照）。

を理由づける必要はなくなるが、当事者は権利自白に反する内容の事実主張を妨げられず、裁判所もその事実主張を正当と認定する限り、権利自白に反する法律効果を認めることができるとする。また、この説は、売買や賃貸借等の常識的な法律概念を用いて陳述した場合には、多くは具体的事実の表現と認められ、このようなときは事実自白となるものと考えるべきであるとする。この説によれば、権利自白がされても、事実自白とみることができる部分を除いて裁判所は拘束されず、当事者はいつでも撤回できることになる。

（理由）

① ⅰ）説の理由。

② 常識的な法律概念については、権利自白の主張とこれを基礎づける事実の主張の区別は困難な場合も少なくないし、この場合に事実自白として処理しても、当事者に不当な不利益を与えるものではない。

ⅲ）制限的肯定説

　　自白した法律関係の内容を理解し、しかもその法律関係の存否を争わない意思が明らかである場合にのみ権利自白を認める。この説は、権利自白が成立する場合を絞り、その上で、事実自白と同様の拘束力（裁判所拘束力・当事者拘束力）を認める説といえる。

（理由）

① 事実自白との均衡上、当事者の権利又は法律関係の存否を争わない意思が明らかである場合には、その意思を尊重すべきである。

② 無制限に自白の成立を認める拘束力を付与すると、自白者の利益が不当に害されるから、自白者が法律関係の内容を十分に理解している場合に限るべきである。

ⅳ）全面肯定説

　　権利自白にも事実自白と全く同様の効力を認める。

（理由）

　　訴訟物自体について請求の認諾が認められている以上、権利自白にも自白の拘束力を認めるのが妥当である。

□従って、ⅲ）説では、常識的な法律概念か否かという自白の対象面のほか、自白者が代理人弁護士か本人かと言う主体面も、自白の拘束力が認められるか否かの基準となる。

> **解説** **事例３－７**

　　認められる。裁判上の自白が成立すると、弁論主義の第２テーゼにより、裁判所は対象事実をそのまま判決の基礎として認定しなけ

ればならず、また、信義則により、自白した当事者は原則としてこれを撤回することができないが、Y社の陳述の変更は、S製品の構成bの構成要件Bに対する当てはめを争うにすぎないものであり、これは規範的な評価を内容とする法律判断であるから、Y社が、このような当てはめについてX社の主張と一致する陳述をしたとしても、それは権利自白に類するものであり、Y社に対し、前述した、事実についての自白と同様の拘束力が及ぶものではないからである。

6 釈明権

(1) 意義

釈明権とは、事件の内容となる事実関係や法律関係を明らかにするため、当事者に対し事実上や法律上の事項について問いを発し、又は立証を促す裁判所の権能をいう（149条1項、2項）。

弁論主義の下では、当事者は自己に有利な主張・立証を自らの判断において行うべきこととなるが、このように当事者を形式的に平等に扱うことを貫くと、当事者間における実質的な平等を損なうこととなり、ひいては裁判所は不親切であるとの印象を国民に与え、裁判に対する国民の信頼を損ないかねない。そこで、法は弁論主義を補完し、当事者間の実質的平等をはかるものとして、裁判所の釈明権を定めた。

(2) 釈明権の範囲

釈明権は、本来、当事者の不十分な能力を補充し、不平等を是正するために認められた権能であるが、それが行きすぎるとかえって事案の真相を曲げ、不平等な結果となる危険性がある。そこで、釈明権の範囲が問題となる。

ア　消極的釈明と積極的釈明

ａ．消極的釈明

消極的釈明とは、当事者が不明瞭な申立てや主張を行っている場合に、これを問いただす釈明をいう。

消極的釈明の場合については、むしろ裁判所が積極的に釈明権を行使すべき場合であり、その行使は当然に許容されるとされている。

ｂ．積極的釈明

(a)　意義

積極的釈明とは、当事者が適切な申立てや主張を行っていない場合に、その申立てや主張を促す釈明をいう。

□法律問題に対する釈明

釈明権は、「法律上の事項」についても認められており（149条1項）、法律問題に関しても釈明は行われる。

この点、民事訴訟においては、請求のレベルについては処分権主義が、事実上の主張のレベルについては弁論主義がそれぞれ妥当し、当事者に主導権が与えられる反面、法律上の主張のレベルについては、「法の解釈・適用は裁判所の権能かつ職責」との原則が妥当する。そして、釈明権は、弁論主義の補完・修正のために認められることからすれば、法律問題に関する釈明まで認める必要はないとも思われる。

しかし、訴訟が法律上の争いである以上、事実上の主張と法律上の主張を明確に分離することが困難であったり、当事者の誤解により無益な争点が生じることもある。また、裁判所の採る法律構成を当事者に示すことは、当事者に十分に納得させ、適切な紛争解決に資する。従って、法律問題に関しても釈明が認められるものと解される。

もっとも、積極的釈明の過度の行使は、当事者間の不公平をもたらすおそれがあることから、法律問題に

釈明権の範囲について、かつてはこれを消極的釈明の限度に限定する説もあった。しかし、今日では、積極的釈明についても、それが事案の解明に必要であるとされる以上、弁論主義を補充・修正するという釈明権の趣旨から許されるべきであるとする点で、学説・判例はほぼ一致しているといえる。

(b)　限界

　　このように積極的釈明が認められるとしても、釈明権はあくまで裁判所が後見的に関与するものにすぎず、弁論主義が採用されている以上、事案の解明の主役は当事者である。また、積極的釈明は、消極的釈明と異なり、訴訟の勝敗に影響を及ぼす可能性が大きく、不利な判決を受け、あるいは受けるおそれの生じた一方当事者からすると、不公平感が大きく、釈明権の行使によりかえって裁判に対する国民の信頼を損なうおそれがある。そこで、裁判所による釈明権の行使がいかなる限度で許されるのか、その限界が問題となる。

ⅰ)　限界肯定説（通説）

　　積極的釈明の不当行使は違法であるとする。

（理由）

　　積極的釈明は、消極的釈明とは異なり、新たな主張・立証を当事者に示唆するものであり、その行きすぎた行使は相手方当事者に不公平感を与えやすい。

ⅱ)　限界否定説

　　釈明権の濫用は、当・不当の問題を生じるのみで、それ自体は違法でないとする。

（理由）

　　釈明権が弁論主義を修正するものとして認められたものである以上、裁判所としては、あらゆる法律上・事実上の議論が出尽くすように配慮することが要求される。

（批判）

　　釈明権を付与した趣旨は弁論主義の形式的適用により生じる不都合を是正する点にあるが、このような不都合が生じていない場合にまで釈明権行使を認めるのは、釈明権付与の趣旨を逸脱したものとなる。

(c)　釈明権濫用の効果

ⅰ)　釈明権の濫用自体は違法だが、それに基づく当事者の申立て・主張や判決は適法であるとする説（通説）

ついての積極的釈明は、①訴訟の経過や既に明らかになった訴訟資料、証拠資料からみて、別個の法律構成に基づく事実関係が主張されれば、紛争の抜本的な解決が期待できるのに、②原告の誤解や不注意でそのような主張をしないときにのみ許されると解するのが一般的であり、このような観点から訴えの変更を示唆する釈明権の行使を適法であるとした判例もある（最判S45.6.11）。

第3章

第2節　弁論主義

（理由）

釈明権が濫用された場合に、それに基づく申立てや主張、あるいは判決を違法とすると、裁判所の釈明を信頼して行動した当事者の利益を著しく害する。

ii) 釈明権の濫用は上告理由となるとする説

（理由）

釈明権が不当行使された場合には、相手方にも防御の機会を与える必要があり、そのためには上告を認める必要がある。

（批判）

上告を認め、事件の差し戻しを認めても、再度同一の主張・立証が繰り返されるだけであり、無駄である。

イ　釈明義務

149条1項は、「当事者に対して問いを発し、又は立証を促すことができる」と規定しており、釈明権はもっぱら裁判所の権能として規定されているようにも思われる。そこで、裁判所の釈明義務を認めることができるのかが問題となるが、肯定するのが通説である。

（理由）

釈明権は、単に裁判所の便宜的見地から認められたものではなく、当事者ひいては国民の裁判所に対する信頼を維持しようとする見地から認められたものであり、その行使は公益上の要請であるともいえる。

(3) 釈明義務違反の効果

釈明義務違反があるときは、当事者はこれを理由に上訴することができ、上告審が原審において釈明義務違反があったことを認めれば、法令違反として原判決を破棄する理由となる（高等裁判所が上告裁判所である場合につき312条3項、325条1項。最高裁判所が上告裁判所である場合につき318条1項（上告受理申立理由）、325条2項）。

釈明権の不行使が、いかなる場合に釈明義務違反として上告理由になるかについて、学説上、抽象的な基準としては、極めて顕著な審理の粗雑と認められる場合や、具体的事案に照らして釈明権不行使のまま裁判したことが公平を欠き、訴訟制度の理念に反し違法（不当とは区別されるところの）と評価されるような場合などが挙げられている。

しかし、このような抽象的な基準だけでは、必ずしも十分なもの

□上訴審が控訴審であれば、その審理の過程で当事者に釈明権を行使すれば足りるため大きな問題は生じないが、上訴審が上告審である場合には、上告審は法律審であり当事者が新たな事実主張や立証を行えないことから問題が大きい。

□法的観点指摘義務

裁判所は、事実に関する釈明だけでなく、法的観点を指摘する義務（法的観点指摘義務）をも負うであろうか。

この点、法の解釈・適用は裁判所の権能かつ職責であるから、法律構成につい

とはいえず、より具体的な基準が必要となる。そして、ここでも消極的釈明と積極的釈明の分類が有用な基準となる。

　ア　消極的釈明

　　消極的釈明については、それが裁判所の権能であると同時に裁判所の義務でもあり、その不行使が上告理由や上告受理申立理由となりうる点については、学説上ほぼ一致している。

　（理由）

　　当事者の申立てや主張は、裁判所の裁判その他の行為の基礎となるべきものであるが、当事者の申立てや主張の趣旨が明瞭・明確でなければ、裁判所はどのような行為をすべきか、あるいは、どのような判決をすべきか明らかとはならない。

　イ　積極的釈明

　　積極的釈明については、それが反対当事者の信頼を失わせ、当事者間の公平に反しやすいという問題があることから、その不行使が常に釈明義務違反として上告理由や上告受理申立理由となるとは限らないとするのが一般的である。

　　積極的釈明をしなかったことが上告理由や上告受理申立理由となるかについては、訴訟における具体的な経過等に応じた利益衡量により、これを決するほかないが、その際に考慮されるべきファクターとして、学説上、①釈明権の行使により判決の結論（勝敗）が逆転する蓋然性があるか、②当事者の法的構成に不備があるか、③釈明権行使がなくても当事者が適切な主張をすることが期待できたか、④釈明権行使が当事者間の公平に反することはないか、などが挙げられている。

7 訴訟契約（訴訟上の合意）

(1) 意義

　訴訟契約とは、当事者あるいは当事者となるべき者が、特定の訴訟につき影響を及ぼす一定の効果の発生を目的としてする合意である。訴訟上の合意ともいう。

　このうち、管轄の合意（11条）、担保提供方法に関する合意（76条ただし書）、期日変更の合意（93条3項ただし書）、飛躍上告の合意（281条1項ただし書）等については明文で認められ、合意の要件・効果等が法定されているため特に問題は生じない。

(2) 明文のない訴訟契約の適法性

　これに対して、明文の規定のない訴訟契約としては、不起訴契約、訴え又は上訴の取下げ契約、証拠契約（これには証拠制限契約、自白契約、仲裁鑑定契約、さらには証明責任を定める契約が含まれ

て当事者に議論の機会を与える必要はないとして、法的観点指摘義務は否定されるべきとも思われる。

　しかし、弁論主義の下では、訴訟資料たる事実の収集は、当事者の責任かつ機能とされるが、訴訟における事実というのは無目的・無統制に収集され、弁論に上程されるのではなく、実体法たる法的観点に支えられて収集・上程されるものである。また、裁判所は、当事者の気付いていない法的観点で裁判しようとするときには、その法的観点を当事者に向かって開示し、当事者と裁判所との間で法的観点・法律構成についても十分に議論を尽くし、当事者にその法的観点に沿った事実の収集・上程の機会を与えないと、当事者に対する不意打ちとなってしまう。

　そこで、裁判所に対して法的観点指摘義務を認めるべきであるとする説が有力であり、当事者が主張していない信義則違反という新たな法的構成（基礎となる事実は主張していた）に基づいて判断した原審につき釈明権行使を怠った違法があるとした判例（最判H22.10.14）もある。

る。）、及び不執行契約等が挙げられる。

このような明文のない訴訟契約について、それが適法と認められるか、認められるとしていかなる基準・範囲で認められるかが問題となる。

i）　不適法説（かつての通説）

一般に、法律に定めのない訴訟契約は不適法であり、訴訟法上も私法上も、その効力は認められない。

（理由）

法律に定めのない訴訟契約は、いわゆる任意訴訟禁止の原則に抵触する。すなわち、裁判所に係属する多様な事件を定型的・集団的に処理するためには、訴訟手続の内容を画一的に法定しておく必要があり、当事者の合意で任意に変更することは許されない。

ii）　適法説（現在の判例・通説）

法律に定めのない訴訟契約も、処分権主義・弁論主義の妥当する範囲において許容されるが、合意をするときに、その合意の法的効果がどのようなものであるか、それによって受ける不利益がどの程度であるか、などを明確に予想できることが必要である。

（理由）

①　処分権主義・弁論主義の妥当する範囲においては、当事者は、訴訟追行上ある行為をするかしないかの自由が認められている。すなわち、当事者が訴えを提起するか否か、訴えを取下げるか否か、自白をするか否か、などについては、原則としてその自由意思に委ねられている。従って、これに関する当事者間の契約を否認すべき根拠はない。

②　このような範囲であっても、無限定に訴訟契約を許容することは、当事者の自由な訴訟追行を事前に拘束し、一方当事者に予想できない不利益を負わせる危険がある。

(3)　法的性質と効力

訴訟契約の効力としては、それが私法上の効果を生ずるにすぎないのか、直接訴訟上の効果を生ずるのかが争われている。これは、訴訟契約の法的性質をどう捉えるかという問題である。

i）　（旧）私法契約説

訴訟契約によって、当事者の一方に私法上の請求権が生じ、相手方がこれを履行しないときは、別訴でこれを主張し、強制執行によってこれを実現することができ、損害賠償請求もできるとする。この説によれば、例えば原告と被告の間で訴え取下げについて契約を締結したとしても、これはあくまで原告が訴えを取下げ

□任意訴訟禁止の原則とは、法定された訴訟手続について当事者の意思による変更を原則として認めないことをいう。多数の訴訟を迅速かつ効率的に処理するためには、訴訟手続の内容が予め法定されていることが必要であり、また、担当裁判官や当事者によって手続の進め方が異なるのでは、民事訴訟制度の指導原理である公平・適正の理念にも反することから、この原則を正面から定めた条文はないが、一般に承認されている。

□訴訟契約の締結に必要とされる能力については、これを行為能力と解する説と訴訟能力と解する説が対立している。

ることを被告に対して約束する私法上の義務が生ずるにすぎず、この契約から直ちに訴え取下げの効果が生ずるわけではないことになる。

（批判）

　当事者が任意に履行しない場合に、その契約の本来の目的を達成するためには、別訴の提起を要するとするのであって、甚だ迂遠であり、実際上は不可能を強いることになる。

ⅱ）（発展的）私法契約説（判例）

　訴訟契約により、まず私法上の作為・不作為義務が生じ、例えば不起訴契約や訴え取下げ契約が締結されているのに訴えが提起され、又は訴えの取下げがされないときは、相手方はその契約の存在を抗弁として主張し、裁判所がこれを認めれば、訴えの利益がないことを理由として、訴えが却下されるとする。

（理由）

　訴訟上の合意は、実体法上の作為・不作為義務の発生を目的とする私法上の契約であるから、合意の効果として訴えを不適法とすることはできないが、間接的に訴訟上の効果を生じさせるべきである。

ⅲ）訴訟契約説

　契約の対象たる事項が訴訟法上のものである限り、実体法上の請求権の成立を介在させずに、直接訴訟法上の効果が発生するとする。この説によれば、例えば不起訴契約に違反して訴えが提起された場合、被告は合意の訴訟法上の効果を主張して訴え却下を求めることができる。また、訴え取下げ契約に違反して訴えが取り下げられない場合は、裁判所は手続の明確化のため、訴え取下げ契約により当該訴訟が終了した旨の訴訟終了宣言の判決をすべきであるとする。

(4)　証拠契約

ア　意義

　証拠契約とは、特定の訴訟物についての訴訟の基礎となる事実の確定方法に関する当事者間の合意である。

　証拠契約として適法性が認められるものとしては、①証拠制限契約（特定の証拠方法のみ提出を約束し、他の証拠方法の提出を禁止する合意）、②自白契約（一定の事実を認め争わない旨の合意）、③仲裁鑑定契約（事実の確定を第三者の判定に委ねる合意）、④証明責任を定める合意等がある。

イ　効力

□ⅰ）〜ⅲ）のいずれの説に立っても、訴え取下げ契約に違反して訴えが取り下げられない場合、被告が裁判所にその契約書を証拠として提出しても、これにより直ちに訴訟を終了させることはできない。

第3章

第2節　弁論主義

117

ａ．証拠契約は、事実や証拠の提出権限を当事者に委ねる弁論主
義の妥当する領域では一般に適法と解されている。但し、証拠
の証拠力を制限する契約や一定の事実から、他の事実を推定す
ることを約する事実推定契約は、弁論主義の枠を越えて、自由
心証主義（247 条）を制約するものであり許されない。

ｂ．証拠制限契約は、弁論主義の下で許されるものであるから、
制限に違反する証拠申出がされたときは、裁判所は相手方が証
拠制限契約の存在を抗弁として主張するのを待って、証拠申出
を却下すべきことになる。なお、裁判所がすでに取り調べた証
拠を、後にそれを用いないことにする合意は、裁判官が形成し
た心証を抹殺することになるから、自由心証主義に反し許され
ないと解されている。

ｃ．自白契約についても、弁論主義の下では許されるが、このこ
とは相手方の同意があれば自白の撤回が認められていることか
らしても当然といえる。自白契約の存在が訴訟上主張されると、
自白が成立したのと同様の効果、つまり当該事実について、証
拠による認定が不要となるという効果が生じ、当事者が合意に
反して証拠を申し出たときは、証拠申出を却下すべきことにな
る。なお、間接事実の自白を認めない通説・判例の立場では、
間接事実に関する自白契約は許されないことになる。

第3節　証　拠

1 証拠法の基本概念

(1) 証拠の意義

証拠とは、事実認定の基礎となる資料をいう。訴訟の審理において、裁判所は、私法上の法律関係（権利義務又は法律上の地位）の存否を判断する前提として事実認定を行うが、前節で述べた裁判上の自白が成立しない場合には、証拠に基づいてこれを行うことになるため、証拠は極めて重要である。

(2) 証拠に関する概念

証拠に関する概念としては、以下のものが挙げられる。

ア　証拠方法

証拠そのものをいう。証拠方法には人証（証拠調べの対象が人である場合。証人、当事者本人、鑑定人がこれに当たる）と物証（証拠調べの対象が物である場合。文書、検証物がこれに当たる）がある。

イ　証拠資料

証拠調べから得られた情報をいう。

ウ　証拠原因

証拠資料の中で、裁判官の心証形成の資料となったものをいう。

エ　証拠能力・証拠適格

証拠方法が証拠調べにおいて採用される資格をいう。

オ　証拠力・証明力

証拠が事実を証明する程度をいう。

(3) 証明の対象

ア　原則

私法上の法律関係は観念的なものであって、その存否を直接判断することができないため、その存否の判断は経験則に従って事実を認定し、認定された事実を法規にあてはめるという過程を通じて行われることから、事実・法規・経験則が裁判をするために必要な事項となる。そして、これらの存在や内容が明らかでないときは、裁判所の判断の公正を担保するため、証拠による証明が必要となる。

イ　不要証事項

a．事実

事実は原則として証明を要するが、証明を要しない事実（不要証事実）もある。不要証事実としては、(a)顕著な事実、(b)裁

□(b)と(c)を併せて「当事者間に争いのない事実」という。

判上の自白が成立した事実、及び(c)擬制自白が成立した事実を
挙げることができるが、これらが不要証とされる根拠は一様で
はないため、以下、それぞれの意義と不要証とされる理由につ
き説明する。

(a) 顕著な事実

    ⓐ 意義

        裁判所に顕著な事実は証明を要しない（179 条）。

        顕著な事実には、公知の事実と職務上顕著な事実とがあ
る。公知の事実とは、世間一般の人々に知れわたっている
事実（ex. 歴史的な災害や大事件の発生）をいい、職務上
顕著な事実とは、裁判官がその職務の遂行上知り得た事実
（ex. その裁判官が自分で下した判決内容、口頭弁論におい
て裁判官の面前で権利抗弁の主張がされた事実）をいい、
職務を離れて知り得た事実（私知）はこれに当たらない。

    ⓑ 不要証とされる理由

        証明が必要とされるのは、裁判所の判断の公正を担保す
るためであるから、この点が担保されている場合には証明
は不要といえるところ、顕著な事実は、これをそのまま判
決の基礎としても、裁判所の判断の公正さが疑われないほ
ど客観性に明らかな事実だからである。

(b) 裁判上の自白が成立した事実

    裁判上の自白の意義については前述のとおりであるが、こ
れがされると相手方当事者は自白された事実について証明が
不要となる（179 条）。裁判上の自白が不要証とされるのは、
争いのないところには裁判所は介入しないという弁論主義の
第 2 テーゼによるものである。

(c) 擬制自白が成立した事実

    当事者が、口頭弁論又は弁論準備手続において、相手方の
主張した事実を争うことを明らかにしない場合には、原則と
して、この事実を自白したものとみなされる（擬制自白。
159 条 1 項本文、170 条 5 項）。

    なお、前述のとおり、当事者が欠席した場合にも、出頭し
た相手方の準備書面の記載によって予告されている事実につ
いては、擬制自白が成立する（161 条 3 項、159 条 3 項本文、
1 項）。争う機会があったにもかかわらず争わなかったとい
う点で、出席して争わなかった場合と同視できるからである。

    不要証とされる根拠は裁判上の自白と同様である。

□審判手続においても審判
官に顕著な事実は証明を要
しない（特許法 151 条前
段）。

□権利抗弁とは、権利者に
よる権利行使の意思表示が
必要とされる抗弁をいう
（ex. 同時履行の抗弁（民
法 533 条））。

□但し、弁論の全趣旨によ
り、その事実を争ったもの
と認めるべきときは、この
限りでない（159 条 1 項
ただし書）。

□擬制自白が成立すると、
裁判上の自白と同一の効力
を持つため不要証となる
が、擬制自白の成否は、事
実審の口頭弁論終結時の状
態を基準として判断される
ことに注意を要する。すな

b．法規

　　裁判所は、法的三段論法の大前提となる法規の存在及び解釈については、職務上これを知る責任があり、当事者の主張立証の有無にかかわらず、これを解釈・適用する権限を有している。従って、法規は証明の対象とならず不要証事項である。

　　但し、外国法、地方の条例・慣習法等については、その適用を欲する者は、その法規の存在・内容を証明しなければならない場合がある。裁判所がこれらの法規を知っているとは限らず、これを知らなければ解釈・適用することもできないからである。

c．経験則

(a)　意義

　　経験則とは、自然法則、日常生活上の法則等およそ経験から帰納される知識・法則をいう。経験則には、専門的・学術的知識・法則（ex. 道路が雨で一定程度濡れていて、自動車が時速Ｘキロで走っていれば、急ブレーキをかけても、Ｙメートルはスリップすること）から、日常的知識（ex. 雨が降っていれば、道路が滑りやすくなること）まで様々なものが含まれるが、一般常識に属する経験則については、これをそのまま判決の基礎としても、裁判所の判断の公正さが疑われないほど客観的に明らかな事柄であるため、証明の必要がないと解されている。

(b)　専門的経験則の取扱い

　　一方、専門的知識に属する経験則（平均的な裁判官に知っていることを期待できないような高度に専門的な経験則）については証明が必要であると解されている。

2 証拠の収集と証拠調べ手続

(1)　証拠調べ手続の概要

　ア　証拠の申出

事例　3-8

　　商標権者Ｘは、Ｙを被告として、商標権侵害に基づく損害賠償請求訴訟（甲訴訟）を提起し、商標法 38 条 1 項に基づく損害額に関し、「Ｙは侵害品を 1 万 3000 個販売した。」と主張した。裁判所は、提出された証拠から、侵害品の販売数量は 1 万個であるとの心証に達したが、裁判長が担当する別の訴訟（乙訴訟）において提出された証拠から、侵害品の販売数量は 1 万 3000 個であることが判明した。その後、甲訴訟の口頭弁論は当事者による新たな立証がされること

わち、擬制自白の成否は、事実審の口頭弁論終結時に、一体としての口頭弁論を振り返って、当事者の陳述その他の態度を考慮して判断されるため、その時点までに当事者が争えば、不要証効も消滅する。

なく終結した。この場合、裁判所は判決で、侵害品の販売数量が1万3000個であると認定することができるか。

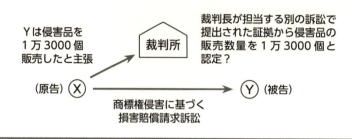

　　a．証拠の申出とは、当事者が裁判所に対し、特定の証拠の取調べを要求することをいう。
　　b．民事訴訟法は、訴訟資料の収集・提出を当事者の権能・責任とする弁論主義を採用しており、弁論主義の下では、証拠調べは、当事者の申出があった証拠方法について開始されるのが原則である（弁論主義の第3テーゼ、職権証拠調べの禁止）。
　　c．証拠の申出は、証明すべき特定の事実、特定の証拠方法、両者の関係（立証の趣旨）を具体的に表示して行う（180条1項等）。これは裁判所の審理の対象を明らかにし、相手方の防御権を保障するためである。
　イ　証拠の採否
　　a．適法な証拠の申出がされた場合であっても、これを採用して取り調べるか否かは裁判所の裁量に委ねられている（181条1項）。民事訴訟においては自由心証主義が採用されており（247条）、証拠申出の採否についても、原則として、裁判所の裁量に委ねられるからである。
　　b．証拠決定
　　　当事者の証拠の申出に対し、裁判所はその採否を決定しなければならない。裁判所の証拠決定には、証拠調べ決定と証拠却下決定がある。
　ウ　証拠の取調べ
　　a．職権進行主義
　　　裁判所によって採用された証拠については証拠調べ手続を行うが、その手続は裁判所が主宰する。民事訴訟では、手続の進行については職権進行主義が適用され、裁判長が訴訟指揮権をもつため（148条1項）、証拠調べの手続の進行も裁判所に委ねられているのである。
　　b．集中証拠調べ

□弁論主義の第3テーゼの例外として、当事者尋問（207条1項）、調査の嘱託（186条）、鑑定の嘱託（218条）、検証の際の鑑定（233条）、訴訟係属中の証拠保全（237条）などは、職権ですることができる。

□唯一の証拠方法の法理
　本文で述べたとおり、当事者の申し出た証拠を取り調べるか否かは、裁判所の裁量に委ねられる。
　しかし、弁論主義の下、当事者には証拠申出権能が認められているのであり、裁判所の証拠採否の自由を無制限に認めると、この当事者の証拠申出権能を害し、双方審尋主義の理念に反するおそれがある。特に、当事者の提出した証拠方法が当該争点に関する唯一の証拠方法である場合に、裁判所が不必要であるとして証拠申出を却下することは、当事者の証拠申出権能を害し、双方審尋主義の理

現行法は、審理の充実と促進を図るため、争点・証拠整理手続において争点と証拠を出し尽くした上で、証拠調べ（証人尋問・当事者尋問）は、できる限り、争点・証拠整理手続終了後の期日に集中して行わなければならないとする（182条）。この点、旧法においては口頭弁論と証拠調べ手続に明確な区別を設けず、口頭弁論期日に必要に応じて証拠調べができるものとしていたため、審理の混乱・遅延を招く弊害が生じていた。そこで、現行法は審理の充実と促進を図るため、集中証拠調べを定めている。

c．直接主義の要請

この点については、第3章第1節2(2)イを参照。

d．当事者の立会権

この点については、第3章第1節3(5)イを参照。

> **解説** **事例3−8**
>
> 認定できない。裁判所は、当事者の申し出ない証拠を職権で取り調べてはならないところ（弁論主義の第3テーゼ）、裁判長が担当する別の訴訟において提出された証拠に基づき侵害品の販売数量が1万3000個であると認定することは、上記原則により禁じられた職権証拠調べに当たるからである。

(2) 各種の証拠方法と取調べ手続

人証には証人、当事者本人、鑑定人があり、これらを取り調べる手続として、証人尋問、当事者尋問、鑑定がある。また、物証には文書、電磁的記録に記録された情報、検証物があり、これらを取り調べる手続として、書証、電磁的記録に記録された情報の内容に係る証拠調べ、検証がある。

ア　証人尋問

a．意義

証人尋問は、証人に口頭で質問し、証人が経験した事実を供述（証言）させて行われる証拠調べである。

証人とは、過去に知った事実を裁判所で報告するよう命じられた第三者をいう。特別の学識経験により知り得た事実を陳述する鑑定証人（217条）も含まれる。当事者と法定代理人以外の第三者は、すべて証人能力をもつ。

b．証人義務

わが国の裁判権に服する者には、すべて証人義務がある（190

念に反するおそれが大きい。

そこで、このような場合には、裁判所はその証拠方法を必ず取り調べなければならず、証拠申出を却下することは原則として違法であるとするのが判例である（但し、判例は、訴訟の経過等に照らし、実質的に双方審尋主義の理念に反しない場合には唯一の証拠方法であっても証拠申出を却下している）。

条）。具体的な義務としては出頭義務（192条〜194条）、宣誓義務（201条5項）、供述義務（200条）が挙げられる。

　例外として、公務員・国務大臣・国会議員が、職務上の秘密につき尋問される場合は、監督官庁の承認が必要である。もっとも、承認は原則として拒否できない（191条）。

　なお、証人義務があっても、証言により証人やその親族が刑事訴追・有罪判決を受けるおそれがある事項やこれらの者の名誉を害すべき事項、監督官庁の承認のない場合の公務員の守秘義務事項、医師・弁護士・弁理士等が職務上知り得た他人の秘密、技術又は職業の秘密については証言拒絶権が与えられる（196条、197条）。

　c．手続

　証人尋問は、当事者の申出による。裁判所は、これを採用した場合、証人を期日に呼び出す（94条）。証人が出頭すると、裁判所は、人定質問（人違いでないことの確認）をし、宣誓をさせた上（201条）、交互尋問の方法にて尋問を行う。その際、主尋問・反対尋問・補充尋問の順で尋問する（202条）。なお、裁判所は、一定の場合に、ウェブ会議により証人尋問を行ったり（204条）、尋問に代わる書面の提出をさせ、又は当該書面の内容をファイルに記録させ、若しくはその記録媒体の提出をさせたりすることができる（205条）。

イ　当事者尋問

　a．意義

　当事者（本人）尋問は、当事者本人に口頭で質問し、当事者本人に供述させて行われる証拠調べである。

　b．緩和された補充性

　旧法下では、当事者は訴訟物たる権利又は法律関係につき最も密接な利害関係を有するため、その陳述の証拠価値は低いと考えられ、裁判所が他の証拠方法により心証が得られない場合に限り、当事者尋問が許されるとされていた（当事者尋問の補充性）が、その一方で、当事者は事案の真相を最もよく把握している重要な証拠方法でもある。そこで現行法は当事者尋問の補充性を緩和し、証人及び当事者尋問を行うときは、原則としてまず証人尋問を行うが、裁判所が適当と認めるときは、当事者の意見を聴いて当事者尋問を先に行うことができる旨を定め（207条2項）、当事者尋問の補充性を尋問の順序の原則形としてのみ維持した。

□197条1項3号は、技術又は職業の秘密に関する事項について尋問を受ける場合には、証人は証言を拒むことができることを定めている。

□証人尋問・当事者尋問における質問の制限について規114条〜115条、規127条参照。

□法定代理人に対する尋問も、本人の身代わり的要素が強いことから当事者尋問の手続による（211条本文）。

ｃ．手続

　当事者尋問は、当事者の申立て又は職権による（207条1項）。出頭を命じられた当事者は、出頭・宣誓・供述義務を負い、正当な理由なく応じないときは、裁判所は、尋問事項に関する相手方の主張を真実と認めることができる（208条）。尋問手続は、証人尋問に準じる（210条）。

ウ　鑑定

ａ．意義

　鑑定は、特別の学識経験ある第三者（鑑定人）に、専門知識・意見（鑑定意見）を報告させる証拠調べである。鑑定人は鑑定に必要な学識経験を用いた意見を述べる点で、自ら経験した過去の事実を述べる証人とは異なるため、代替性がある。

ｂ．手続

　鑑定は、当事者の申出により行うが、採否は裁判所が決定し、鑑定人は裁判所が指定する（213条）。鑑定に必要な学識経験を有する者は鑑定義務を負う（212条1項）。

　鑑定人は、自己の専門的知見に基づき鑑定意見を作成し、書面又は口頭で意見を述べる（215条1項）。鑑定人に口頭で意見を述べさせる場合には、意見陳述後に鑑定人質問を行うことができる（215条の2）。この意見陳述は、裁判所が相当と認めるときは、ウェブ会議によりさせることができる（215条の3）。

エ　書証

ａ．意義

　書証とは、文書に記載された意味内容を証拠資料とする証拠調べである。

　文書とは、文字その他の可読的符号を用いて人の思想内容（意思や事実認識等）を記載した有体物をいう。文書の取調べであっても、その意味内容を証拠調べの対象とするときは書証であり、その外形・形状を証拠調べの対象とするときは検証となる。

　文書の分類としては、①公文書・私文書、②処分証書・報告証書、③原本・謄本・抄本・正本・副本がある。

ｂ．文書の証拠力

　文書の証拠力は、形式的証拠力と実質的証拠力に区別される。形式的証拠力とは、その文書が、挙証者が主張する特定人の思想内容（意思や事実認識等）を記載したものであるか否かの問題である。この点、挙証者は、まず提出に係る文書の成立の真正（挙証者が主張する特定人の意思に基づいて文書が作成され

□鑑定人は書面で意見を述べることに代えて、当該書面の内容をファイルに記録し、又はそれを記録した記録媒体を提出する方法により意見を述べることができる（215条2項）。

□この文書自体を書証と呼ぶこともある。

□公文書とは、公務員がその権限に基づき正規の方式によって職務上作成した文書をいい、私文書とは公文書以外の文書をいう。

□処分証書とは、意思表示その他の法律行為を記載した文書をいい（ex. 判決書、遺言書、契約書）、報告証

たものと認められること）を証明しなければならない（228条1項）。これに対して、実質的証拠力とは、文書の記載内容が真実であるか否か（要証事実の証明にどれだけ役立つか）の問題である。文書の形式的証拠力があることが確定すると、次に実質的証拠力の有無が問題となる。

　c．手続

　　書証の申出は、当事者（挙証者）が、自己が所持する文書を提出して行うのが原則である（219条）。これに対し、相手方当事者又は第三者が所持する文書であれば、これらの者が文書提出義務を負う場合には、文書提出命令を申し立てる方法によって行う（同条、この点については後述する。）。また、文書の所持者が嘱託に応ずべき義務を負う場合や、この者から協力を得られる見込みがあれば、裁判所から文書の所持者に文書の送付を嘱託することを申し立てて書証の申出をすることもできる（226条本文）。

　　文書の成立について争いがある場合には、挙証者はこれを証明しなければならない（228条1項）。

　d．準文書

　　準文書とは、情報を表すために作成された物件で文書でないものをいい（ex. 図面、写真、録音テープ、ビデオテープ）、書証の規定が準用される（231条）。

オ　電磁的記録に記録された情報の内容に係る証拠調べ

　a．意義

　　情報が記録された電磁的記録も準文書に含まれるが、令和4（2022）年の民事訴訟法改正により、電磁的記録に記録された情報の内容に係る証拠調べの規定が独立して設けられた（231条の2～3）。

　b．手続

　　電磁的記録に記録された情報の内容に係る証拠調べの申出は、当該電磁的記録を提出し、又は当該電磁的記録を利用する権限を有する者にその提出を命ずることを申し立てて行う（231条の2第1項）。提出方法については規則に委ねられており（同条2項）、また、書証の規定を準用し、その一部を読み替える規定が設けられている（231条の3）。

カ　検証

　a．意義

　　検証は、裁判官の五感作用により、物（検証物）の性状を検

□書とは作成者の経験した事実認識を記載した文書をいう（ex. 受取証、日記）。

□原本とは文書作成者が一定の内容を表すために確定的なものとして作成した、もとの文書をいい、謄本とは原本の全部の写しを、抄本とはその一部の写しをいう。民訴法及び規則は公務員がその権限に基づき認証したもの（認証ある謄本・抄本）を謄本・抄本と呼び、当事者作成に係る写しと区別している。正本とは認証ある謄本であって原本と同一の効力を有するものをいい、副本とは当初から原本と同一の内容及び効力を有するものとして作成されたもの（この点で謄本や写しとは異なる）をいう。

□231条にはこれらの媒体が例示されている。

査して行う証拠調べである。

ｂ．手続

検証手続は、書証に準ずる（232条）。裁判官は、検証をするに当たり、必要があると認めるときは、鑑定を命ずることができる（233条）。

検証物の所持者には、一般的に協力（提示・受忍）義務がある。

なお、一定の場合にはウェブ会議により検証を行うことができる（232条の2）。

(3) 相手方が保有する証拠を証拠調べの対象とする方法

ア　証拠の構造的偏在

民事訴訟においては、弁論主義を採用していることから、当事者がそれぞれ自己に有利な証拠を収集し、これを自ら提出すべきことが原則である。

ところが、行政訴訟、公害訴訟や医療過誤訴訟等においては、当事者の一方である国ないしは地方公共団体や医療機関、私企業等の側に証拠が集中し、その相手方当事者である国民あるいは患者等は自己の立証のために必要かつ重要な証拠を入手するのが困難な地位にある（証拠の構造的偏在）。このような証拠の偏在という状況を放置したまま、前述した原則を貫くと、一方の当事者がその有する重要な証拠を提出しないまま、証明責任を負う当事者が、その証拠を提出できなかったために、真偽不明の状態が生じ、証明責任により敗訴するという結果となるが、そのような結論は当事者間の実質的平等を害し、妥当でない。そこで、このような不平等を是正するため、当事者が相手方から証拠を収集することを一定の範囲で認める必要がある。

以下、相手方が保有する証拠を証拠調べの対象とする民事訴訟法上の方法のうち、文書提出命令（223条）及び証拠保全（234条）について、その概要を説明する。

イ　文書提出命令（223条）

ａ．総説

旧法の下では、文書提出義務については、限定列挙されていたため、相手方から証拠を収集するのに困難が伴い、証拠の収集手段として不十分であるとの主張がされていた。そこで、文書提出義務の範囲を解釈で拡大する等の努力がされてきたが、それにも限界があった。このような状況の下で、当事者間での武器を対等にし、当事者間の実質的平等を図るために、現行法

□相手方が保有する証拠を証拠調べの対象とする特許法上の方法としては、書類提出命令（105条）と査証（105条の2～2の11）を挙げることができる。

□特許法における書類提出命令は、一般法である民事訴訟法の文書提出命令について特別の定めを設けるものであり、特許法に定めのない事項については民事訴訟法の規定が適用される。

は文書提出義務の一般義務化を規定し、不提出の効果を強化した。また、申立ての際には、文書の表示・趣旨に関して、文書の特定のための手段を設けた。

b．文書提出命令の手続

(a)　申立てと文書を特定するための手続

　　文書提出命令の申立ては、文書の表示・趣旨・所持者・証明すべき事実・提出義務の原因を書面で明らかにする必要がある（221条1項、規140条1項）。ところが、提出命令の対象となる文書は相手方や第三者にあるのが通常であるから、申立人は「文書の表示・趣旨」（221条1項1号・2号）を具体的に明らかにすることができない場合も多い。このような場合には、文書の所持者を証人として尋問し、文書に関する情報を入手することも一つの方法として考えることができる。しかし、それでは文書の所持者に対して余計な負担をかけてしまうし、また、文書の所持者が素直に文書の特定に協力することが期待できる場合にまで、常に文書の所持人を証人尋問し、かつ、文書の特定が済んだ上でなければ、文書提出命令を申し立てることができないとすることは申立人に酷であり、訴訟経済にも反する。そこで、法は、文書の表示及び趣旨（221条1項1号・2号）を明らかにすることが「著しく困難」であるときは、申立ての時点では、申立人は、「これらの事項に代えて、文書の所持者がその申立てに係る文書を識別することができる事項を明らかにすれば足りる」ものとし（222条1項前段）、この場合、申立人は裁判所に対し、文書の所持者に文書の表示・趣旨を明らかにすることを求めるよう申し出るものとした（222条1項後段）。

(b)　文書提出義務

　　旧法312条は、文書提出義務の認められる文書として、引用文書、引渡・閲覧請求文書、利益文書、法律関係文書をあげていた。しかし、それだけでは、証拠の偏在という状況の下、当事者の実質的平等を確保するための証拠収集の手段として不十分であるし、他方、当事者が手持ちの証拠だけではなく、相手方当事者や第三者の手中にある証拠についても収集できれば、争点整理に向けて十分な訴訟の準備をすることができ、争点の審理を充実させることができる。

　　そこで、現行法は220条4号を追加し、旧法の下でも認められていた引用文書（同条1号）、引渡・閲覧請求文書（同

□文書提出命令と趣旨を同じくするものとして、検証物提示命令・検証受忍命令がある（232条、219条、223条、224条）。

□もっとも、文書提出命令の発令段階では文書が特定されていなければならない点と、文書の所持者による文書の表示・趣旨の開示（222条1項後段）は任意のものである点に注意を要する。

□一般義務文書（220条4号）であることを提出義

条2号)、利益文書（同条3号前段）、法律関係文書（同条3号後段）の他、文書が220条4号のイ〜ホのいずれにも該当しないときに、文書の所持者は提出義務を負うものとして、文書提出義務を一般義務化した。

この義務は、あたかも証人義務が、求められれば誰でも証人に立たなければならない国民としての一般義務であり、一定の事由がある場合に証言拒絶権を与えられるのと同じように、文書の所持者も一般的に提出義務があり、一定の除外事由がある場合に提出義務を免れるとしたものである。

(c)　審理〜一般義務化とインカメラ手続（223条6項）

220条4号は文書提出義務を一般義務化しているため、同号による提出義務が認められるか否かは同号の除外事由の有無によって決められるが、この除外事由の有無を適切に判断するには裁判所が対象となる文書の記載内容を直接閲読するのが妥当である一方、それが訴訟関係人の目に触れると、同号が除外事由を定めて文書所持者の秘密等を保護しようとした趣旨を害することになる。

そこで法は秘密等を保護しつつ、文書の記載内容を裁判所が閲読し、除外事由（同号ホ（刑事関係書類等）を除く）の有無の判断を適切に行えるよう、裁判所は対象となる文書の所持者にその提示をさせることができる一方、何人もその提示された文書の開示を求めることができないこととした（インカメラ手続、223条6項）。なお、同号ホがインカメラ手続の対象とされていないのは、その該当性は対象となる文書の記載内容によらずに形式的・外形的に判断できるため、裁判所がその文書を閲読する必要がないことによるものである。

(d)　提出命令（223条1項）

裁判所は、文書提出命令の申立てに理由があるときは、決定で、文書の所持者に対して、その提出を命じる（223条1項前段）。

(e)　不提出の効果（224条、225条1項）

当事者が文書提出命令に従わない場合（224条1項）、又は当事者が相手方の使用を妨げる目的で文書を滅失させ、その他これを使用することができないようにしたとき（224条2項）には、裁判所は当該文書の記載に関する相手方の主張を真実と認めることができるとされている。

務の原因とする文書提出命令の申立ては、書証の申出を文書提出命令の申立てによってする必要がある場合でなければすることができない（221条2項）。このため、文書送付の嘱託(226条本文)によることができる場合は文書提出命令の申立てをすることができない。

□特許法105条2項に規定される侵害対象製品等の特定ないし損害算定のための書類提出命令の必要性及びこれを拒む正当な理由の審理についてのインカメラ手続では同条3項により文書所持者（被疑侵害者）の相手方当事者(特許権者)の意見を聴くために当該文書を相手方に開示することが認められている。侵害行為等の立証の容易化と営業秘密保護との調整の観点から民訴法の一般原則を修正したものである。

□一部提出命令

文書に取り調べる必要がない部分又は提出義務があると認めることができない部分があるときは、その部分を除いて、提出を命じることができる（223条1項後段）。

この「当該文書の記載に関する相手方の主張」の意味について、判例は、挙証者が当該文書によって証明しようとした事実の主張（証明主題）ではなく、文書の性質、記載内容を指すと解してきた。しかし、当事者の手元には文書はなく、文書の性質、記載内容を具体的に主張できないのが通常であるから、主張された記載内容の真実擬制があっても、証明主題が認められるのでなければ、提出命令を受けた文書の所持者の方では、必ずしも大きな痛手を受けるとは限らない。

そこで、現行法は、文書提出命令の実効性を確保するために、「相手方が、当該文書の記載に関して具体的な主張をすること及び当該文書により証明すべき事実を他の証拠により証明することが著しく困難であるときは、裁判所は、その事実に関する相手方の主張を真実と認めることができる」とした（224条3項）。

ウ　証拠保全（234条）

証拠保全とは、訴訟における本来の証拠調べを待っていたのでは、その証拠調べが不能又は困難になるおそれがある場合に、あらかじめ証拠調べをし、その結果を確保しておくことを目的として行われる手続をいう。

医療過誤訴訟の提起に先立ちカルテの改ざんを阻止する目的で多用されている。

起訴後の証拠保全事件の管轄裁判所は、原則として、その証拠を使用する審級の裁判所である（235条1項本文）。但し、最初の口頭弁論の期日が指定され、又は事件が弁論準備手続若しくは書面による準備手続に付された後口頭弁論の終結に至るまでの間は、受訴裁判所の管轄に属する（235条1項ただし書）。一方、起訴前においては尋問を受けるべき者、文書を所持する者若しくは電磁的記録を利用する権限を有する者の居所又は検証物の所在地を管轄する地方裁判所又は簡易裁判所の管轄に属する（235条2項）。

証拠保全の決定に対しては不服を申し立てることができない（238条）。申立却下の決定に対しては抗告をすることができる。

証拠保全の期日には申立人及び相手方を呼び出さなければならないが（240条本文）、証拠の隠蔽、改竄を阻止する観点から、この呼出しは証拠調べ期日の直前（例えば当日）にされる運用が行われている。

□例えば金銭消費貸借の事実を証明すべき事実として借用証書の提出命令が発せられた場合についてみると、224条1項又は2項の適用があると、借用証書の存在、申立人が文書の作成者であると主張した者が作成したこと、誰から誰あて、金額、弁済期、利息など申立人が主張するとおりの記載がされていたことが真実と認められることになる。他方、同条3項の適用があると、金銭消費貸借の事実を認めることができることになる。

□特許権侵害訴訟においては、例えば侵害が疑われるのが被告の生産拠点内で使用される物の生産方法である場合、提訴後に検証を申し立てても、被告が検証期日において生産方法を隠してしまうおそれがあるため、このような場合に備えて証拠保全を活用することが考えられる。もっとも、証拠保全の申立てにおいては証拠保全の事由（予め証拠調べをする必要性）の疎明を要するところ（規153条2項4号、同条3項）、裁判例（大阪地判S59.4.26〔合成樹脂射出成型用型事件〕）によれば、「特許侵害訴訟にあつては、かように相手方の支配下にある証拠にして侵害品と主張する物それ自体を、その侵害事実の立証のために開示を求め得るのは、少くとも当該目的物が発明の技術的範囲に属する可能性（侵害の可能性）について、これを合理的に予測し得るだけの疎明がある場合に限られるものと解すべきである」とされており、実際にこの疎明に成功することは容易ではない。

3 自由心証主義

(1) 意義

　自由心証主義とは、裁判における事実の認定を、裁判官が審理に現れた全ての資料・状況に基づき自由な判断によって形成する心証に委ねるものとする原則をいう。民事訴訟法は、「裁判所は、判決をするに当たり、口頭弁論の全趣旨及び証拠調べの結果をしん酌して、自由な心証により、事実についての主張を真実と認めるべきか否かを判断する。」と規定し（247条）、自由心証主義を採用している。

(2) 趣旨（法定証拠主義との対比）

　自由心証主義と対立する概念として、法定証拠主義がある。法定証拠主義とは、証拠法則をあらかじめ法定し、法律により証拠方法を限定する、あるいは法律により証拠力を限定することによって、結果として裁判官の判断を拘束するものである。従って、法定証拠主義の下では、如何なる裁判官も同一の条件の下では同一の心証形成をするであろうという一定の保障が存在することになる。このような法定証拠主義は、社会が比較的単純で、また裁判官の資質が信用されていなかった時代には、事実認定の均質性という点で有効に機能したといわれている。

　しかし、その後の社会の複雑化や証拠方法の多様性などから、限られた証拠法則で裁判官を縛ることには無理があり、また、現在は裁判官の資質も十分なものとなっている。そこで、裁判官が証拠法則に縛られずに、多様な証拠方法につき、論理法則と経験則に基づき自由な証拠評価をして事実認定を行うことを認める自由心証主義が採用されることとなったものである。

(3) 内容

　ア　証拠方法の無制限

　　a．原則

　　　自由心証主義について規定する247条は、心証形成の基礎として、(a)証拠調べの結果と、(b)弁論の全趣旨を斟酌すべきことを要求している。

　　(a)　証拠調べの結果の斟酌

　　　　「証拠調べの結果」とは、証拠方法の取調べの結果、裁判所が感得した内容、即ち証拠資料をいう。自由心証主義の下では、法定証拠主義との対比上、この証拠方法に何らの制限も設けないのが原則である（証拠方法の無制限）。これには以下の2つの意味がある。

　　　　第1に、自由心証主義の下では、特定の事実の認定につい

□損害額の認定
　損害が生じたことが認められる場合において、損害の性質上その額を立証することが極めて困難であるときは、裁判所は、口頭弁論の全趣旨及び証拠調べの結果に基づき、相当な損害額を認定することができる（248条）。

て証拠方法が限定されないのが原則である（ex.不動産売買契約成立の事実を契約書によらずに証人の証言のみによって認定することも許される）。

第2に、あらゆる人や物が証拠方法となり得る。つまり、通常、ある有形物が証拠方法として取調べの対象となり得る資格を証拠能力というが、自由心証主義の下では、この証拠能力に制限を設けないのが原則である（証拠能力の無制限。ex.伝聞証拠や訴訟開始後に係争事実に関して作成された文書も、どの程度の証拠力（証明力）があるかは別として証拠能力は認められる）。

(b)　弁論の全趣旨の斟酌

「弁論の全趣旨」とは、口頭弁論に現れた一切の資料・状況（ex.当事者や代理人の弁論の内容をはじめ、態度、攻撃防御方法の提出の有無や時期など）をいい、裁判官は、これも心証形成の基礎として用いることができる。

裁判官の良識と能力に対する信頼を基礎として、真実を発見しようとする自由心証主義の下では、「弁論の全趣旨」は、証拠調べの結果を補充するだけのものではなく、証拠調べの結果よりも弁論の全趣旨を重視して事実を認定してもよいし、証拠調べをせず、弁論の全趣旨からだけで事実を認定することも許される（判例・通説）。

b．例外

(a)　明文上の例外

手続の明確性・画一性又は迅速処理の要請から、特定の事実処理のための証拠方法が限定される場合がある（ex.①代理権や選定当事者の選定の証明は書面による（規15条、規23条1項）、②口頭弁論の方式に関する事項の証明は調書による（160条3項）、③疎明は即時に取り調べることのできる証拠による（188条）、④手形小切手訴訟の証拠方法は書証のみである（352条1項、367条2項））。

(b)　違法収集証拠

例えば、甲株式会社が乙株式会社に対して不正競争防止法2条1項3号（商品形態模倣行為）違反による差止等の請求訴訟を提起し、証拠として乙社の内部文書を提出したが、実はこの内部文書は甲社の従業員により乙社から盗み出されたものであったというように、違法な手段・方法によって収集された証拠に証拠能力を認めることができるか。

この問題は、裁判における真実発見と、手続の適正という価値の対立をいかに調整するかという問題である。

　　この点、自由心証主義の下では、証拠能力に制限を設けないのが原則であるが、他方で民事訴訟法においては、手続の適正の要請もあり、民事訴訟の基本構造を全体として観察すれば、真実発見の要請も一定の譲歩をせざるを得ない。これらの相反する要請のうち何をどの程度重視するのかにより、違法収集証拠の証拠能力の有無についても考え方が分かれることになる。

　　この点、学説は多岐にわたるが、ⅰ）証拠の収集が訴訟上の信義則違反と認められる場合に証拠能力を否定する説、ⅱ）人格権を侵害して収集した場合に証拠能力を否定する説、ⅲ）収集の手段が刑事上罰すべき行為に該当する場合に証拠能力を否定する説、ⅳ）当該証拠の重要性・必要性、審理の対象、収集行為の態様、被侵害利益などを総合的に比較衡量して決すべきとする説などが主張されている。

　　上記事例において、乙社は、証拠として提出された乙社の内部文書は違法収集証拠であるから証拠能力を欠き、証拠申出は却下されるべきであると主張することになろう（もっとも、民事訴訟においてこのような主張が認められる場合はかなり少ないといってよい）。

イ　証拠力の自由評価

事例 3-9

　　AはBを被告として、商標権に基づく被告標章の使用差止請求訴訟を提起した。この訴訟においては、先使用権の成否に関する事実関係を調べるため、Bの申出により証人Cの証人尋問が行われたが、CはBの期待に反してBに不利となる証言をし、尋問は終了した。

　　この場合、BはCの証人尋問の申出を撤回することができるか。

商標権に基づく
標章使用差止請求訴訟

（原告）Ⓐ ━━━━━━━→ Ⓑ（被告）

　　　　　　　　　　　Bが申請した証人Cが
　　　　　　　　　　　Bに不利となる証言

ａ．原則

　　証拠の提出については、弁論主義の第3テーゼにより、当事者が申し出なければならないのが原則であるが、これは裁判所と当

□裁判例には、無断録音テープの証拠能力が争われた事件につき、「著しく反社会的な手段を用いて、人の精神的肉体的自由を拘束する等の人格権侵害を伴う方法によって採集されたものであるときは、それ自体違法の評価を受け、その証拠能力を否定されてもやむを得ない」と判示したものがある（東京高判S52.7.15）。もっとも、同判決は、上記判示に続けて「話者の同意なくしてなされた録音テープは、通常話者の一般的人格権の侵害となり得ることは明らかであるから、その証拠能力の適否の判定に当つては、その録音の手段方法が著しく反社会的と認められるか否かを基準とすべきものと解するのが相当であり、これを本件についてみるに、右録音は、酒席におけるAらの発言供述を、単に同人ら不知の間に録取したものであるにとどまり、いまだ同人らの人格権を著しく反社会的な手段方法で侵害したものということはできない」と判示して証拠能力を肯定した。なお、同判決は、証拠力については、「酒食の饗応を受ける席上においてなされたものであつて、Bの誘導的発問に迎合的に行われた部分がないでもないと認められるので、右録音テープに録取されたAの供述部分はにわかに信用しがたい」と判示している。

事者の役割分担の問題であり、当事者の一方が提出した証拠の証拠力をどのように評価するかについては裁判官の自由な判断に委ねられる。このため、当事者の一方が提出した証拠を、その者に有利な事実認定に用いなければならないといった制約はない。

　そこで、裁判官は、一方当事者の提出した証拠を、提出者に有利な事実の認定のために用い得るのはもとより、相手方当事者がその証拠調べの結果を自己の有利に援用しない場合でも、相手方当事者にとって有利な事実の認定のためにも用いることができる（当事者間における証拠共通の原則）。これは証拠調べの結果を合理的に評価して心証形成を自由にさせ、より真実に近づいた認定を可能にする趣旨である（真実発見の要請）。その結果、証拠申出をした当事者は、証拠調べが開始されるまでは自由にその申出を撤回できるが、証拠調べ開始後は、相手方に有利な証拠資料が得られる可能性があることから、相手方の同意がなければ撤回できない。また、証拠調べ終了後は、裁判官の心証が形成されている以上、相手方の同意があっても撤回できない。

b．例外～文書の成立の真正

　文書は、その方式及び趣旨により公務員が職務上作成したものと認めるべきときは、真正に成立した公文書と推定され（228条2項）、また、私文書は、本人又はその代理人の署名又は押印があるときは、真正に成立したものと推定される（同条4項）。ここに真正とは、挙証者が主張する特定人の意思に基づいて文書が作成されたものと認められることをいう。これらの規定は経験則を法定したものであり、証拠力の評価に関する法定証拠法則の規定である。その限度で自由心証主義は制限されるが、証拠によりこの推定を覆し得るのであり、完全に自由心証主義が排除されているわけではない。

解説　事例3−9

　認められない。証拠の申出は証拠調べが行われるまでは自由に撤回できるが、証拠はその提出者に有利にも不利にも用いることができる（当事者間における証拠共通の原則）。そして、証人尋問が既に行われ、終了した以上、これにより裁判官の心証が形成されており、撤回を認めるのは自由心証主義（証拠力の自由評価）に反するからである（247条）。

□なお、228条4項の要件たる「署名又は押印」は、本人・代理人の意思に基づき真正に成立したものであることを要するが、判例（最判S39.5.12）は、その「署名又は押印」が本人・代理人のものであれば、本人・代理人の意思に基づき成立したものとの事実上の推定が働くとする。結局、この事実上の推定と228条4項とが相まって、印影が本物であれば文書の成立の真正が認められることになる（いわゆる二段の推定）。

(4) 自由心証主義と上告

ア 証拠説明

前述のように、証拠力をどのように評価するかは裁判官の自由な判断に委ねられるが、その判断は、論理法則（論理学上の公理である思考の法則）及び経験則（経験から得られた事物の性状や因果関係に関する法則）に従ってされなければならない。これは、自由心証の内在的制約といわれる。

そして、このことを担保すべく、法は、判決書において証拠説明を行わせ、事実認定の理由を記載するよう要求している（253条1項2号・3号）。

すなわち、判決書の必要的記載事項として、「事実」及び「理由」があり、この理由において、争いがある事実について、どのような証拠により（証拠の取捨選択）、どのように認定したのかを記載しなければならず、理由の記載が不十分であったり、矛盾したりしている場合は、理由不備ないし理由齟齬の違法があるとされ、上告理由（312条2項6号）となる。

イ 経験則違反

事実認定過程での経験則の取捨選択や使用、事実の推論は、事実審裁判官の専権に属する（321条1項）が、経験則に違反して事実認定がされた場合は、247条違反として、高等裁判所が上告裁判所である場合には上告理由となり（312条3項）、最高裁判所が上告裁判所である場合には上告受理申立理由（318条1項）となると解されている。なお、上告理由や上告受理申立理由となりうるのは、通常人の常識に属する経験則の適用を誤ったり、採用すべき専門的経験則の採用を怠ったりした場合に限られるとする見解が一般的である。

4 証明責任

(1) 意義・内容・機能

ア 意義

証明責任とは、法令適用の前提として必要な事実について、訴訟上真偽不明の状態が生じたときに、その法令適用に基づく法律効果が発生しないとされる当事者の負担をいう。

裁判は、審理の結果確定された事実に法規を適用することによって行われるが、事実の確定は、証拠調べの結果及び弁論の全趣旨から、裁判官の自由な心証により行われることとされている（自由心証主義、247条）。そして、裁判所がある事実の存否を確定するには、この点につき裁判官が確信を抱く程度の心証を形成

□この理由において、経験上一般には異例と思われるような判断をする場合には、特別の事情の存否を究明し、これに関する判断をも示して、当該判断が十分な理由を有することを明らかにすべきであると解されている（判例・通説）。

□312条3項は、判決に影響を及ぼすことが明らかな法令の違反がある場合を上告理由とし、318条1項は、原判決に判例違反等の法令の解釈に関する重要な事項が含まれている場合を上告受理申立理由としている。

□疎明
疎明とは、証明の程度には至らないが一応確からし

する必要があるが、自由心証によってもその程度に達しない場合、その事実の存否は真偽不明ということになる。しかし、裁判を受ける権利（憲32条）の保障という観点から、事実の真偽が不明であるからといって、裁判所が裁判を拒否することは許されない。そこで、ある事実が真偽不明である場合に、その存在又は不存在を擬制して裁判を可能とする必要が生じるところ、法規は、その定める要件に該当する事実（主要事実）が存在する場合に適用されるという形で定められているから、その事実が存在しない場合はもちろん、真偽不明の場合にも法規を適用することはできない（法不適用原則）。このため、ある事実が真偽不明である場合には、その事実は存在しないものとみなされ、これを要件とする法律効果の発生もまた認められないことになる。これが証明責任という法技術である。

イ　内容

a．証明責任は必ず一方の当事者が負担し、ある事実について両者（ex.被告の過失について原告、被告の無過失について被告）がこれを負担するということはありえない。証明責任とは事実が真偽不明の場合に、その事実の不存在を擬制し、これを要件とする法律効果の発生を認めないことによって当事者の一方を敗訴させる法技術だからである。

b．証明責任は主要事実についてのみ認められる。法規が定める法律効果の発生要件に該当する事実である主要事実についてのみ定めれば裁判拒否を回避できるからである。

c．証明責任は、あらかじめ抽象的・客観的に定まっており、具体的な訴訟の経過によって左右されない。

d．証明責任は、自由心証の働きの尽きたところから、その役割が始まる。

e．証明責任は、弁論主義の下でのみならず、職権探知主義の下でも必要とされる。職権探知主義の下でも、事実の存否につき真偽不明という状態は生じうるからである。

ウ　機能

a．当事者の訴訟追行の指標としての機能

(a)　証明責任は、証明活動をすべき行為責任ではないことから、客観的証明責任と表現されるが、これと対比する意味において、訴訟の過程において当事者が証拠を提出すべき行為責任を主観的証明責任という。

　　すなわち、弁論主義の第1テーゼの下では、当事者が主要

いという程度の蓋然性が認められる状態又はそのような状態を実現するために当事者が証拠を提出する行為をいい、手続上の派生的な問題について判断する場合（ex.35条）や迅速に暫定的な判断をする場合（ex.民事保全法13条2項）に用いられる。

□例えば、貸金返還請求訴訟において、「金を貸した」という事実（分析すれば返還約束と金銭授受）が真偽不明である場合には、その事実の証明責任を負う原告が不利益を受ける。一方、「金を貸した」事実は証明されたが「弁済した」という事実が真偽不明である場合、その事実の証明責任を負う被告が不利益を受けることになる。

□もっとも、後述するように、証明責任は弁論主義と結びつくことにより、訴訟の全ての過程において当事者の訴訟追行や裁判所の訴訟運営の指標としての機能を発揮する。このことを指して「証明責任は民事訴訟のバックボーン（脊柱）である」といわれる。

事実を主張しないため、その事実が口頭弁論に現れないと、その事実はないものとされ、一方当事者が不利益を受けることになる（主張責任）。そこで、主要事実につき客観的証明責任を分配される当事者が勝訴するためには、まずその主要事実を主張し、さらにその事実を証明すべきことになる。このような一方当事者の行為責任が主観的証明責任であり、これは当事者の訴訟追行の指標としての機能を有することになる。

(b) 客観的証明責任を負う者の提出すべき証拠ないし証明活動を本証といい、相手方当事者のそれを反証という。本証は裁判官に確信を抱かせるような証拠ないし証明活動が要求されるのに対して、その相手方当事者による反証は、係争事実についての裁判官の確信を動揺させ、真偽不明に追いこむ程度の証拠ないし証明活動で足りる。

b．裁判所の訴訟運営の指標としての機能

各当事者に客観的証明責任が分配されているのに対応して、裁判所は、各当事者が証明責任を負っている事実につき本証を提出し、その相手方が反証を挙げることができるよう訴訟を運営し、必要に応じ釈明権（149条1項）を行使することになる。

(2) 分配基準

証明責任の分配とは、ある事実についての証明責任を原告・被告のいずれが負担するのかという問題である。もし権利を主張する者がすべての事実を証明しなければならないとしたのでは、私人の権利行使はほとんど不可能となってしまうから、証明責任は両当事者に適切に分配されなければならない。

この点、一定の法律効果を主張する者は、その効果の発生を基礎付ける適用法条の要件事実につき証明責任を負うとする法律要件分類説が通説であり、実務においても採用されている。

＜具体的内容＞

ア　権利関係の発生を主張する者は、これを規定する「権利根拠規定」の要件事実について証明責任を負う。

イ　権利根拠規定・権利障害規定・権利消滅規定に基づく法律効果の発生の障害を主張する者は、これを規定する「権利障害規定」の要件事実について証明責任を負う。

ウ　権利根拠規定に基づいて発生した権利関係の消滅を主張する者は、これを規定する「権利消滅規定」の要件事実について証明責任を負う。

□無効理由の存在による権利行使制限（特許法104条の3第1項）を例に取ると、特許法29条1項1～3号、特許法29条2項に該当しない事実の証明責任を特許権者に負わせた場合、その証明は不可能であろう。

□アの例としては契約（民法555条、587条等）や法定債権（民法709条）の成立要件、イの例としては虚偽表示（民法94条1項）や錯誤における表意者の重過失（民法95条3項）、ウの例としては消滅時効（民法166条等）、エの例としては同時履行の抗弁（民法533条）がそれぞれ挙げられる。

エ　権利根拠規定に基づいて発生した権利の行使の阻止を主張する者は、これを規定する「権利阻止規定」の要件事実について証明責任を負う。

オ　実体法の条文の形式や文言だけで証明責任を分配することに不都合がある場合や、明文にない要件が解釈上付加される場合には、立法趣旨や当事者間の公平等を考慮した実質的思考によって公平な分配を図る。

（理由）

①　法規は、その定める要件に該当する事実（要件事実）が存在する場合に適用され、これによりその適用を欲する者は利益を受ける一方、その事実が存在しない場合や真偽不明の場合には当該法規を適用することができない（法不適用原則）。そうであれば、当該法規の適用によって利益を受ける者が、その要件事実につき証明責任を負うとするのが公平である。

②　証明責任の分配基準として明確であり、思考経済にも適う。

(3)　否認と抗弁

ア　否認

a．意義

否認とは、相手方が証明責任を負う事実を否定する陳述をいい、相手方の主張と両立しないものである。自白との区別では、相手方の主張した事実を否定する陳述（事実主張）であると定義できる。例えば、貸金返還請求訴訟で、原告の「金を貸した」という主張に対する、被告の「借りた覚えはない」とか「そのような事実はない」との陳述は否認に当たる。

b．種類

否認には、単純否認（直接否認）と理由付否認（積極否認・間接否認ともいう）とがある。

単純否認とは、単に又は直接に、相手方の主張が真実ではないとして否定する陳述である。例えば、上述の「借りた覚えはない」とか「そのような事実はない」との陳述は、単純否認に当たる。

理由付否認とは、相手方の主張と両立しない事実を積極的に陳述して、（間接に、理由を付して）相手方の主張を否定するものである。相手方の陳述した事実を全体として争いながらも、その一部においては、一致した事実を述べる場合ともいえる。例えば、貸金返還請求訴訟で、原告の「金を貸した」という主張に対し、被告が「金は受け取ったが、借りたのではなく売買

□判例は証明責任の分配基準について明言していないものの、基本的には法律要件分類説の立場を採りつつ、その形式的適用により不都合が生じる場合や明文にない要件が解釈上付加される場合には、具体的場合に応じ、公平の見地から妥当な分配を図っている。

1. 虚偽表示における善意の第三者（民法94条2項）は、自らの善意を主張・立証する必要がある（最判S35.2.2）。
2. 安全配慮義務違反について、義務の内容を特定し、かつ義務違反に該当する事実を主張・立証する責任は、被害者である債権者が負う（最判S56.2.16）。
3. 準消費貸借契約における旧債務の存在（民法588条）については、債務者が旧債務の不存在につき証明責任を負う（最判S43.2.16）。
4. 賃借権の無断譲渡・賃借物の無断転貸による解除の制限事由としての「背信行為と認めるに足りない特段の事情」（民法612条2項参照）については、賃借人側に証明責任がある（最判S44.2.18）。

代金として受け取ったものである」又は「贈与として受け取ったものである」と陳述することがあるが、これが理由付否認に当たる。

理由付否認も否認であるから、これがあると否認者の相手方が自己の主張した事実を立証する必要が生じる点で単純否認と同じであり、自白のように不要証事実となるのとは異なる。否認者が否認の理由として積極的に持ち出した事実、例えば、上述の「金は売買代金として受け取ったものである」又は「贈与として受け取ったものである」という事実については、否認者は証明責任を負わない（もっとも、厳密に言えば、上記の例では金銭の授受については自白が成立し、返還約束について否認していることになる）。

規則79条3項は、「準備書面において相手方の主張する事実を否認する場合には、その理由を記載しなければならない。」と定め、否認する場合には理由を付けるべきものとしている（なお、具体的態様の明示義務を定める特許法104条の2は、これをより強化（具体化）した規定である）。

イ　抗弁

　a．意義

抗弁とは、広義（被告の抗弁・原告の再抗弁・被告の再々抗弁などを含めた広い意味）では、自己が証明責任を負う、相手方主張の事実とは別の事実の積極的な主張をいい、狭義では、原告の主張する請求原因事実の存在を前提にしながら原告の請求を排斥する、被告が証明責任を負う事実の積極的な主張をいう。抗弁は否認と異なり、その主張が相手方の主張と両立するものである。

　b．種類

まず、抗弁には、相手方の主張した事実を認めながら新たな事実を主張する制限付自白の場合と、相手方の主張事実を争いながら、予備的に抗弁を出す仮定抗弁の場合がある。制限付自白の例としては、貸金返還請求訴訟で、原告の「金を貸した」との主張に対して、「金は借りたが返した」と被告が陳述する場合（金銭の授受と返還約束については自白が成立することになる）がある。仮定抗弁の例としては、上記の例で、被告が借りた点について否認しながら、「借りたとしても弁済した」とか、「借りたとしても消滅時効に掛かっている」と陳述する場合がある。

□請求原因事実と抗弁事実
　請求原因事実とは、本案の申立ての内容となる訴訟物たる権利又は法律関係の判定に直接必要な法規の要件に該当する事実をいう。
　抗弁事実とは、請求原因の効果発生を障害・消滅・阻止する法律効果を定める法規の要件に該当する事実をいう。
□再抗弁
　被告の主張する抗弁と両立しつつ、これによる法律効果の発生を障害・消滅・阻止する主張であって原告が証明責任を負うものを再抗弁といい、知的財産権侵害訴訟における例としては、特許請求の範囲の減縮により無効理由が解消され、かつ被告の製品又は方法が訂正後の特許請求の範囲による発明の技術的範囲に属する旨の主張（訂正の再抗弁。その要件につき東京地判 H19.2.27(H15(ワ)16924) 参照）や商標法26条2項に該当する旨の主張が挙げられる。

次に、抗弁は、請求を排斥する観点から、①権利障害の抗弁、②権利消滅の抗弁、③権利阻止の抗弁、の3種類に分けられる。これらは、法律要件分類説による実体法規の区別を前提とした分類である。①は権利根拠規定に基づく法律効果の発生を妨げる権利障害規定に基づく抗弁である（ex. 虚偽表示による無効（民法94条1項））。②は一旦成立した権利を消滅させる権利消滅規定に基づく抗弁である（ex. 詐欺・強迫による取消し（民法96条1項）、消滅時効の完成（民法166条等）、債務の弁済（民法473条）、相殺（民法505条1項）、契約の解除（民法540条〜））。③は発生した権利の行使を阻止させる権利阻止規定に基づく抗弁である（ex. 催告・検索の抗弁（民法452条・453条）、留置権（民法295条）、同時履行の抗弁（民法533条））。①〜③については、義務者とされた者が証明責任を負う（法律要件分類説）。

ウ　否認と抗弁の異同

　結局、否認は相手方が証明責任を負う事実の反対主張であるのに対し、抗弁は自分が証明責任を負う事実の積極的主張であり、否認（特に積極否認）との区別は証明責任によって決せられることになる。

(4) 証明責任の分配の修正

　証明責任を負う当事者は、当該事実について真偽不明の場合には、自己に有利な法律効果の発生が認められないという不利益を受ける。しかし、そのような結果が正義・公平の見地から是認できないときには、証明の負担を軽減し立証の困難を回避するために、証明責任の分配の修正が図られる。そのための方法として、実定法上はア．証明責任の転換、イ．法律上の推定、ウ．暫定真実、エ．意思推定がある。

ア　証明責任の転換

　証明責任の転換とは、立法者が、特別の場合に証明責任の分配の一般原則を変更して相手方に反対事実についての証明責任を負わせることをいう。

　例えば、自動車事故において加害者の過失の証明責任を被害者側から加害者側に転換する自動車損害賠償保障法（自賠法）3条ただし書がその例である。

　これは、一般原則によると、自動車事故において損害を受けた被害者たる原告が加害者の過失に当たる事実の証明責任を負うところ（民法709条）、自賠法3条ただし書が過失に当たる事実の

□数個の攻撃防御方法が提出されている場合の審理の順序

1. 原則

　原告の請求に対して、被告が数個の攻撃防御方法を提出する場合、裁判所がそのいずれを取り上げて判断するかは、原則として裁判所の裁量に委ねられており、そのいずれから判断してもよい。

（理由）

① 当事者の立場からすれば、判決理由中で判断される攻撃防御方法については既判力が及ばない以上、いずれが認められても不利益はない。

② 裁判所の立場からしても、訴訟の迅速や負担の軽減から、どの攻撃防御方法を先に審理するかを裁判所の裁量に委ねるのが適当である。

2. 相殺の抗弁についての例外

　相殺の抗弁については、裁判所は当事者が付した順位に拘束され、あるいは当事者が順位を付さない場合であっても、まず、原告の請求権の成立を確定し、他の抗弁が成立しない場合に、はじめて判断に入ることが許される。その意味で、相殺の抗弁は予備的抗弁といわれる。

（理由）

　相殺の抗弁は被告の出捐を伴うものであり、また、判決理由中の判断であるにもかかわらず既判力が生じるため（114条2項）、同じ請求棄却の結論を導くことができるとしても、被告にとっては、それが相殺の抗弁によるのか、それとも弁済の抗弁等その他の抗弁によるのかには重大な違いがある。

なかったこと（反対事実）の証明責任を加害者たる被告に負わせたものである。これにより、被害者たる原告の証明の負担が軽減され、加害者の過失行為の不存在の証明がなければ、被害者が敗訴する可能性が大幅に減少することになって、両当事者の公平が図られることになる。

イ　法律上の推定

　a．意義

　　　法律上の推定とは、「Ｂ事実があればＡ事実（又はこれを発生原因とする甲法律効果）があるものと推定する」と法規に規定することによって、甲法律効果の要件事実の証明責任を相手方に転換する法技術をいう。

　　　推定とは、事実認定の主体が、ある事実（前提事実）に基づいて他の事実（推定事実）について確信を形成することをいうが、法律上の推定は、それが前述のように法規化され、法規の適用という形で行われるものである。法律上の推定には、法律上の事実推定と法律上の権利推定がある。

　b．法律上の事実推定

　　(a)　意義

　　　　法律上の事実推定とは、ある法規で甲という法律効果の要件事実とされているＡ事実について、他の法規（推定規定）で「Ｂ事実（前提事実）あるときはＡ事実（推定事実）あるものと推定する」と定めている場合をいう（ex.民法 186 条 2 項（占有継続）、特許法 102 条 2 項（損害の額）、特許法 104 条（生産方法））。

　　(b)　証明主題の選択と証明責任の転換

　　　ⓐ　証明主題の選択

　　　　　法律上の事実推定がある場合に、その推定を利用するか否かは当事者の自由である。甲という法律効果を主張しようとする者は、その要件事実であるＡ事実（推定事実）を証明してもよいが、通常はＡ事実よりも証明が容易なＢ事実（前提事実）の証明をもって、これに代えることができるのである。すなわち、法律上の事実推定は、挙証者に証明主題（証明対象事実）の選択を認めるものである。

　　　ⓑ　証明責任の転換

　　　　　法律上の事実推定がある場合、相手方は、Ａ事実の存在を推定するＢ事実の証明を妨げる立証活動をしてもよいが、Ｂ事実の存在が証明されれば、Ａ事実の不存在について証明し

□事実上の推定
　事実上の推定とは、経験則を用いて、ある事実から他の事実を推定することをいう。自由心証主義から、事実上の推定が認められることは当然である。

□間接反証
　間接反証とは、ある主要事実について証明責任を負う者がこれを推認させるに十分な間接事実を証明（これを講学上「一応の証明」という）した場合に、相手方がこの間接事実とは別個の、しかもこれと両立しうる間接事実を証明することによって、主要事実の推認を妨げる立証活動をいう。
　例えば、甲がＡという主要事実の存在を証明するにあたり、Ａの存在を強く推認させるa、bという間接事実の存在を証明した場合に、相手方乙が、a、bとは両立する別個の間接事実Ｘの存在を証明することにより、（a・b）→Ａという推定を揺るがす立証活動が間接反証である。
　間接反証は、挙証者甲が証明しようとしている主要事実Ａを相手方乙が直接にではなく、「間接」に反撃するものであり、主要事実Ａとの関係からいえば「反証」である（主要事実を真偽不明にすれば足りる）。もっとも、当該間接事実Ｘの存在については、裁判官の確信を生じさせる程度（本証と同程度）の証明が必要である。

なければならない。この場合、相手方はＡ事実の存在につい
て単に真偽不明にしただけ（反証の程度）では足りず、Ａ事
実の不存在について完全な立証（本証）をしなければならな
い（証明責任の転換）。

c．法律上の権利推定

法律上の権利推定とは、甲という権利の発生原因たるＡ事実
とは異なるＢ事実を取り上げ、「Ｂ事実あるときは甲権利ある
ものと推定する」というように、前提事実から直接権利又は法
律関係を推定することを定めている場合をいう（ex. 民法 188
条（占有物について行使する権利の適法）、229 条（境界標等
の共有）、250 条（共有持分の割合））。

この場合に挙証者がＢ事実の証明を選択すると、相手方は、
甲権利に関する、あらゆる発生原因事実の不存在や消滅原因事
実を立証しなければならないことになる。

ウ 暫定真実

a．意義

暫定真実とは、ある法律効果の発生要件が複数の要件事実か
ら構成される場合に、法が、このうち特定の要件事実の証明に
基づいて他の要件事実の存在を推定することにより、他の要件
事実の証明責任を相手方に転換する法技術をいう（ex. 占有に
ついての占有者の所有の意思・善意・平穏・公然を推定する民
法 186 条 1 項、侵害者の過失を推定する特許法 103 条）。

暫定真実は、前提事実と推定事実が同一の法律効果の要件事
実を構成している点で法律上の事実推定と異なる。

b．効果

暫定真実は、前提事実を権利発生事実として本文に規定し、
推定事実の不存在を権利障害事実としてただし書に規定するの
と同様の効果（証明責任の転換）を生じさせるものである。

例えば、占有の態様（所有の意思、平穏かつ公然）は、取得
時効に関する民法 162 条 1 項の要件事実とされているから、本
来、同項による法律効果（取得時効の完成）を主張する者が証
明責任を負うはずであるが、民法 186 条 1 項によってこの占有
の態様が推定される結果、民法 162 条 1 項を、「二十年間、他
人の物を占有した者は、その所有権を取得する。ただし、所有
の意思をもって、平穏に、かつ、公然と占有しなかったときは、
この限りではない。」と書き改めたのと同様の効果が生じるこ
とになる（法律上の事実推定では前提事実が要件事実とは別の

事実であるため、このような効果は生じ得ない）。

エ　意思推定

　意思推定とは、一定の法律行為に関する当事者の合理的意思を推測して所定の法律効果を付与する法技術をいう。

　意思推定の規定がある場合、その規定の適用を争う当事者が反対の意思表示の存在について証明責任を負う（証明責任の転換）点で法律上の推定と類似するが、前提事実から事実や権利を推定するものではなく、意思表示の解釈を法定するものである点で、法律上の推定とは異なる。

　意思推定の規定としては、民法 136 条 1 項（期限の利益）、民法 420 条 3 項（賠償額の予定）、民法 569 条（債権の売主の担保責任）、民法 573 条（代金の支払期限）などがある。

第4章

訴訟の終了

　本章では、訴訟の終了事由として、当事者の意思による終了（第1節）、判決（第2節）を取り上げています。

　当事者の意思による終了は民事訴訟法の基本原則の一つである処分権主義に基づくものであり、訴えの取下げ、請求の放棄・認諾、訴訟上の和解について、それぞれの異同を意識しながら学習する必要があります。

　判決については、その効力の一つである既判力が特に重要です。判決は確定すると民事訴訟制度の目的である私的紛争の公権的解決を実効性あらしめるために既判力が生じ、紛争の蒸し返しが禁止されるため、既判力がどの範囲で生じるのかについては訴訟のあらゆる段階において意識されます。逆に言えば、既判力を理解できないと、円環構造を有する民事訴訟法を十分に理解することは困難といえますので、本章においてその意義や範囲について正確に押さえる必要があります。

第4章 訴訟の終了

第1節 当事者の意思による終了

1 訴えの取下げ

（1） 意義

訴えの取下げとは、訴えによる審判の申立てを撤回する旨の、裁判所に対する原告の意思表示をいう。

（2） 要件

① 訴訟の係属中にされること

訴えの取下げは、終局判決が確定するまですることができる（261条1項）。従って、終局判決後であっても、上訴期間の経過前、ないし控訴審・上告審に移審して確定が妨げられている場合には、取り下げることができる。但し、この場合には、後述するとおり再訴禁止効が生じる（262条2項）。

② 原告に訴訟能力があること

③ 相手方（被告）の同意

被告が本案（請求の当否）について準備書面を提出し、弁論準備手続で申述し、又は口頭弁論をした後（被告が防御活動を始めた後）に訴えの取下げをするには被告の同意が必要となる（261条2項本文）。訴えの取下げがされると、後述するとおり訴訟係属が遡及的に消滅するため（262条1項）、請求棄却の本案判決を受けるという被告の利益が損なわれるおそれがあるからである。

（3） 効果

ア　訴訟終了効（訴訟係属の遡及的消滅）

訴えが取り下げられると、当初から訴訟係属がなかったものとみなされる（262条1項）。従って、当事者の攻撃防御方法の提出・訴訟告知・応訴の効果も、裁判所の証拠調べや裁判も全て効力を失う。上級審で訴えを取り下げた場合、下級審も含め訴訟全体がなかったことになる。時効の完成猶予や法律上の期間遵守の効果（147条）も消滅する。このように、訴訟は終了するが、紛争解決の基準が残らないという点において、訴えの取下げは、同じく当事者の意思に基づく訴訟終了原因である訴訟上の和解や請求の放棄・認諾と大きく異なっている。

イ　再訴禁止効

上記のように、訴えの取下げがされると、訴訟係属の効果は遡

□当事者の意思による訴訟の終了は前述した処分権主義の現れである。

□訴え取下げの手続

訴えの取下げは原則として訴訟が係属している裁判所に取下書を提出して行う（261条3項）。被告が本案について準備書面を提出するなどした後は被告の同意が必要であるため、原告はあらかじめ被告から同意書をもらい、取下書に添付して裁判所に提出するのが通例である。

□③について、条文上は「相手方の同意」という文言が用いられているため見出しにはそれも表記したが、説明では実態に即して被告と表記している。

□訴えの取下げに同意したものとみなされる場合につき261条6項参照。

□これに対し、上訴を取り下げた場合には原審の判決が確定する。

□但し、訴えを取り下げた場合でも裁判上の催告（民法147条）による時効の完成猶予の効力はある点に注意を要する（「知的財産権の事例から見る民法」第1編第7章第1節5(2)参照）。

及的に消滅して訴訟は終了し（262条1項）、そこに既判力・執行力が生じることはない。このため、当事者は、同一の請求について再び訴えを提起できることになるはずであるが、法はこれに一定の制限を設けている。すなわち、終局判決（一審判決ないし控訴審判決）後に訴えを取り下げた原告は「同一の訴え」を提起することができなくなる（262条2項）。

　この点、判例（最判S52.7.19）は、再訴禁止の趣旨と「同一の訴え」の意味について、「民訴法237条2項（現行法262条2項）は、終局判決を得た後に訴を取下げることにより裁判を徒労に帰せしめたことに対する制裁的趣旨の規定であり、同一紛争を蒸し返して訴訟制度をもてあそぶような不当な事態の生起を防止する目的に出たものにほかならず、旧訴の取下者に対し、取下後に新たな訴の利益又は必要性が生じているにもかかわらず、一律絶対的に私法的救済の道を閉ざすことまで意図しているものではないと解すべきである。したがって、同条項にいう『同一ノ訴』とは、単に当事者及び訴訟物を同じくするだけではなく、訴の利益又は必要性の点についても事情を一にする訴を意味し、たとえ新訴が旧訴とその訴訟物を同じくする場合であっても、再訴の提起を正当ならしめる新たな利益又は必要性が存するときは、同条項の規定はその適用がないものと解するのが、相当である。」と判示している。

ウ　取下げの意思表示に瑕疵がある場合の取扱い

　訴えの取下げは訴訟行為であるが、訴訟行為に意思表示の瑕疵がある場合に、意思表示の瑕疵に関する民法の規定を類推適用できるか否かについては、争いがある。

ⅰ）　否定説（判例）

　意思表示の瑕疵に関する民法の規定は訴訟行為に類推適用されないが、詐欺・脅迫等の刑事上罰すべき他人の行為によって訴えの取下げがされた場合には、民事訴訟法338条1項5号を類推適用し、取下げの効果を否定することができる。

（理由）

①　訴訟行為は訴訟手続において裁判所に対してされるのが通常であるから、訴訟手続の安定を尊重し、また裁判所に対する公的な陳述として明確を期する上から、取引社会における利益の調節を図るためにある意思表示の瑕疵に関する民法の規定は類推適用されない。

②　訴訟手続は、訴訟行為の連鎖として進展し、後行の訴訟行

□判例（最判S46.6.25）は、「訴の取下は訴訟行為であるから、一般に行為者の意思の瑕疵がただちにその効力を左右するものではないが、詐欺強迫等明らかに刑事上罰すべき他人の行為により訴えの取下がなされるにいたったときは、民訴法420条1項5号（現338条1項5号）の法意に照らし、その取下は無効と解すべきであり、また、右無効の主張については、いったん確定した判決に対

為は先行の訴訟行為が有効であることを前提としている。従って、もし私法行為と同様に訴訟行為が意思主義の支配に服するとすれば、錯誤・詐欺等による取下げに当たるか否かの争いが生じやすく、訴訟手続が煩雑になり、遅延するおそれがある。

③　再審事由に該当する場合には、終局的に再審によりその効力が覆される以上、民事訴訟法338条1項5号を類推適用し、当該訴訟手続内であらかじめこれらの行為の効果を否定できると考えるべきである。

（批判）

可罰的行為ではない錯誤の場合をカバーできない。

ii）　肯定説（有力説）

訴訟行為についても、その特性に応じて民法の規定の類推適用を認めるべきである。そして、訴え取下げの場合、その効果は原告の意思に基づいたものであるから、意思表示の瑕疵に関する民法の規定の類推適用を認めるべきである。

（理由）

①　特に終局判決後の取下げは再訴禁止効が働き（262条2項）、原告は実体権の放棄に等しい不利益を受けるのであるから、その意思に基づかない場合にまでこれを甘受させるのは酷であるし、被告を利することになる。

②　訴えの取下げの場合、その後にこれを前提に手続が進められるわけではないため、意思表示の瑕疵に関する民法の規定の類推適用を認めても手続の安定を害することはない。

2 請求の放棄・認諾

(1)　意義

請求の放棄とは、原告が自らの請求に理由がないことを認める旨の裁判所に対する意思表示をいい、請求の認諾とは、被告が原告の請求に理由があることを認める旨の裁判所に対する意思表示をいう。

(2)　要件

①　当事者が自由に訴訟物を処分できること

②（請求の認諾につき）訴訟物が法律上許される権利関係であり、公序良俗・強行法規に違反しないこと

③　訴訟要件具備の要否

i）　必要説（判例）

請求の放棄・認諾は本案判決による紛争解決と同視されるこ

する不服の申立である訴を提起する場合と異なり、同条2項（現338条2項）の適用はなく、必ずしも右刑事上罰すべき他人の行為につき、有罪判決の確定ないしこれに準ずべき要件の具備、又は告訴の提起等を必要としないものと解するのが相当である。」と判示した。

□請求の放棄・認諾の手続　請求の放棄・認諾は、口頭弁論等の期日において口頭で行う（266条1項）。請求の放棄・認諾の書面を提出しながら、口頭弁論等の期日に出頭しないときは、裁判所はその旨の陳述をしたとみなすことができる（266条2項）。

とから（267条）、訴訟要件の具備が必要であるとする。

ii）　不要説

請求の放棄・認諾は当事者の意思に基づく自主的紛争解決方式であることから、被告の利益保護・紛争解決の実効性確保のための訴訟要件は不要であるとする。

④　当事者に訴訟能力があること

(3)　効果

ア　訴訟終了効

裁判所書記官が、請求の放棄・認諾につき電子調書を作成し、これをファイルに記録すると、訴訟は終了する。

イ　確定判決と同一の効力

裁判所書記官が請求の放棄・認諾につき作成した電子調書をファイルに記録すると、その記録が放棄ならば請求棄却の、認諾ならば請求認容の「確定判決と同一の効力」を生じる（267条1項）。

ウ　既判力の有無

放棄・認諾調書には、給付請求においては執行力が、形成請求においては形成力がそれぞれ生じることに争いはないが、既判力が認められるか否かについては争いがある。

i）　肯定説

この説によれば、請求の放棄・認諾に意思表示の瑕疵がある場合であっても、再審事由（338条1項）に当たらない限り、無効や取消しの主張をすることはできないとされる。

（理由）

①　267条の文言。

②　現行法が放棄・認諾調書に「確定判決と同一の効力」を認めているのは、それが旧々法における放棄判決・認諾判決に代わるべきものだからであり、そうであれば「確定判決と同一の効力」には当然に既判力も含まれる。

ii）　否定説

この説によれば、請求の放棄・認諾に意思表示の瑕疵がある場合には、民法の規定を類推適用して、無効や取消しの主張をすることができるとされる。

（理由）

①　請求の放棄・認諾は、当事者の意思に基づく自主的な紛争解決方式である。

②　請求の放棄・認諾がされた場合、その意思表示に瑕疵のないことを十分に確認したうえで電子調書が作成され、ファイ

□ファイルに記録された電子調書は当事者に送達しなければならない（267条2項、255条2項）。

□放棄・認諾調書の既判力の有無は、具体的には請求の放棄・認諾に意思表示の瑕疵がある場合の瑕疵主張の可否、主張方法について問題となる。

第4章

第1節　当事者の意思による終了

ルに記録されるわけではない。

iii）制限的既判力説

請求の放棄・認諾に実体法上の無効・取消原因がない場合にのみ既判力を認める説である。この説によれば、請求の放棄・認諾に意思表示の瑕疵がある場合には、否定説と同様に、民法の規定を類推適用して、無効や取消しの主張をすることができるとされる。

（理由）

① 既判力を否定してしまうと、紛争の蒸し返しを生じ、紛争解決の実効性が確保されなくなってしまう。

② 請求の放棄・認諾の実体は判決そのものではなく当事者の意思表示である以上、当事者の意思に瑕疵があるときは無効・取消しの主張を認めるべきである。

3 訴訟上の和解

(1) 意義・法的性質

訴訟上の和解とは、訴訟の係属中、当事者双方が訴訟物についての主張を譲り合って訴訟を終了させる旨の期日における合意をいう（なお、書面受諾和解につき264条、裁定和解につき265条参照）。

訴訟上の和解の法的性質については争いがあるが、訴訟上の和解は二重の性質、つまり私法上の和解たる性質と訴訟行為たる性質を同時に有するとする両性説が判例・通説である。

(2) 要件

① 当事者が自由に訴訟物を処分できること

② 訴訟物が法律上許される権利関係であり、公序良俗・強行法規に違反しないこと

③ 訴訟要件具備の要否

この点、267条は訴え提起前の和解（275条）も含むことや訴訟上の和解は自主的合意による紛争解決のための制度であることから、原則として不要であるとするのが通説である。もっとも、この説も、訴訟能力の存在や当事者の実在、権利保護の資格等は訴訟上の和解の前提として不可欠であり、これらは必要であるとする。

④ 当事者に訴訟能力があること

⑤ 互譲

訴訟上の和解も和解契約としての性質を有することから、当事者間における互譲が要件とされる。もっとも、その程度や態様は問われない。

□知的財産権侵害訴訟における和解のメリット（判決を受けた場合との比較）

原告側のメリットとしては、①一般に早期解決を図れること、②上級審や並行してされた無効審判が審決取消訴訟に進んだ場合の費用を節約できること、③原告勝訴的和解の場合に和解内容（侵害品の販売中止や和解金の支払等）の履行可能性が高いこと、④原告敗訴的和解の場合に判決内容が公開されるのを回避できること、⑤行使した知的財産権に関する無効リスクを回避できることなどが挙げられる。

被告側のメリットとしては、上記①、②のほか、③被告敗訴的和解の場合に判決で差止めや損害賠償を命じられることによるダメージ（判決内容が公開されること等）を回避できることなどが挙げられる。

□訴訟上の和解の手続

裁判所は、いつでも訴訟上の和解を試みることができる（89条1項）。

当事者の一方又は双方が出頭していない場合でも、裁判所は、相当と認めるときは、当事者の意見を聴い

(3) **効果**

ア　訴訟終了効

訴訟上の和解を調書に記載すると、訴訟は終了する。

イ　確定判決と同一の効力

訴訟上の和解を調書に記載すると、その記載に「確定判決と同一の効力」を生じる（267条）。

ウ　既判力の有無

和解調書の記載が具体的な権利義務を内容とするときには、執行力が生じることについて争いはないが、既判力が認められるか否かについては争いがある。

ⅰ）　肯定説

（理由）

①　267条の文言に最も忠実である。

②　訴訟上の和解は判決に代わるものであり、その機能や効力においても同等に考えられるべきである。

③　和解成立後、実体法上の瑕疵に基づく取消し・無効の主張を認めないことは当事者に酷なように見えるが、訴訟上の和解が裁判所においてその関与のもとに、判決に代えて紛争の解決を図るものである以上、後で実体法上の瑕疵を主張させる必要はなく、むしろ当事者にも裁判官にも十分な慎重さを要求すべきである。

ⅱ）　否定説

（理由）

①　訴訟上の和解は当事者間の合意を中核とする自主的な紛争解決手段であって判決とは異なるため、裁判所は当事者間の仲介や和解内容の形式的審査をするだけであり、瑕疵の存在につき十分な審理をしない。

②　既判力を肯定すると、再審に準じる事由がある場合にしか和解の無効を主張できなくなるが、再審事由は専ら確定判決の瑕疵を前提として規定したものであるから、当事者の自主的解決である訴訟上の和解にとっては狭すぎ、当事者の保護が損なわれる。

ⅲ）　制限的既判力説

訴訟上の和解には既判力が認められるが、訴訟上の和解に実体法上の要件が欠けるとき、すなわち実体法上の無効・取消原因が存するときは、訴訟上の和解は無効であり、既判力も生じないとする。

て、裁判所及び当事者双方が音声の送受信により同時に通話できる方法（電話会議又はウェブ会議）によって手続を行うことができる（同条2項）。この場合、期日に出頭しないで手続に関与した当事者は、その期日に出頭したものとみなされる（同条3項）。

□訴え提起前の和解（いわゆる即決和解、275条）

強制執行は債務名義により行う（民事執行法22条）。この債務名義には確定判決（同条1号）、確定判決と同一の効力を有するもの（同条7号）等が含まれるが、公正証書については執行証書（金銭の一定の額の支払又はその他の代替物若しくは有価証券の一定の数量の給付を目的とする請求について公証人が作成した公正証書で、債務者が直ちに強制執行に服する旨の陳述が記載されているもの）だけが債務名義となる（同条5号）。このため、執行証書の対象とならない債務について訴訟を提起せずに債務名義を得るための方法として、訴え提起前の和解（即決和解）が認められている。

□判例は、和解調書には既判力が認められるとするが、その一方で、実体法上の瑕疵を理由とする和解の無効の主張を認めているため、原則として既判力を肯

（理由）

① 訴訟上の和解に既判力を認めないと、いつでも紛争が蒸し返されてしまい、和解による紛争解決の機能は減じてしまう。

② 訴訟上の和解の実体は判決そのものではなく当事者の合意である以上、当事者の意思に瑕疵があるときは無効・取消しの主張を認めるべきである。

(4) **訴訟上の和解の瑕疵の主張方法**

訴訟上の和解に瑕疵（無効・取消原因）があり、その瑕疵を主張できるとした場合、どのような方法で主張すべきかが問題となる。

i) 準再審説

訴訟上の和解に既判力が生じ、原則として無効を主張できないが、当該和解につき確定判決についての再審事由に該当する事由がある場合に限り、再審の訴えに準じる訴え（338 条 1 項類推）を認める。

（批判）

再審事由に当たらない錯誤の場合をカバーできない。

ii) 期日指定申立説

当該和解に関与した裁判所が、当事者の期日指定申立てに基づき、口頭弁論期日を再開して旧訴の手続等を利用して審理すべきである。

（理由）

① 訴訟上の和解が無効であれば、訴訟終了の効果は生ぜず、当事者は期日指定の申立てをすることができるはずである。

② 和解が無効である場合、従来の訴訟をそのまま継続することができ、旧訴の訴訟状態、訴訟資料をそのまま利用でき訴訟経済に資する。

③ 手続が比較的簡便である。

④ 和解が無効であるか否かは、和解に関与した従前の裁判官の方がよく判断することができる。

iii) 別訴提起説

和解の無効を常に新たな紛争とみて、別訴提起（和解無効確認の訴え、請求異議の訴え）によるべきである。

（理由）

① 和解の無効の審理に三審制が保障される。

② 訴訟上の和解は、互譲によって実体法上の権利関係に何らかの変動をもたらす新たな事由であり、その争いは新たな実体法上の紛争という性質を持つ。

定しながら、実体法上の瑕疵がある場合に訴訟上の和解を無効とし、既判力を否定する制限的既判力説に立っていると一般に評価されている。

iv) 競合説

当事者は期日指定の申立てができるほか、和解無効確認の訴え・請求異議の訴え、再審事由がある場合には再審の訴えに準じた訴えをすることができる。

（理由）

和解の効力をめぐる紛争の状況は多様であるから、その実態に応じた救済手段を認めるべきであって、いずれかひとつの方法に限定する必要はない。そこで、当事者の便宜を第一に考えるべきである。

（5）**訴訟上の和解の解除の主張方法**

訴訟上の和解が成立した後、相手方が訴訟上の和解の内容となった契約を履行しないときに、訴訟上の和解の内容となった実体関係についての合意を解除することを和解の解除という。訴訟上の和解も裁判所を介しての和解契約にほかならないので、契約自体を債務不履行を理由に解除することができる。これは、既判力を肯定するか否かに係わらない。たとえ既判力肯定説に立ったとしても、その後の不履行は時的限界の外にあるから、新事由たる不履行による解除を主張できるからである。

それでは、和解契約が解除された場合、その解除を主張するには別訴提起によるべきか、それとも期日指定の申立てによるべきか。これは、訴訟上の和解による訴訟終了の効果は、解除の遡及効により消滅するのか、つまり、従前の訴訟が復活するか否かと関連する。

i) 別訴提起説（多数説）

訴訟上の和解によって終了した訴訟は、和解の解除によっても復活せず、当事者は別訴を提起して争うべきである。

（理由）

① 和解の解除は、和解の無効・取消しのように、和解成立当初からの瑕疵による場合と異なり、成立後の事由に基づくものであり、解除をめぐる紛争は新たな別個の紛争として別訴の提起を要する。

② 和解の解除で問題となるのは、解除自体の可否であり、旧訴訟での訴訟資料を利用する利点は裁判所・当事者にないため、別訴で紛争解決にあたることが合理的である。

ii) 期日指定申立説

訴訟上の和解によって一旦終了した訴訟は、和解の解除により復活し、当事者は期日指定の申立てにより、旧訴を続行すべきである。

□判例は、実体法上の瑕疵があるときは、和解は無効であって訴訟は終了せず、従って、当事者は期日指定の申立てができるが、そのほか和解無効確認の訴えや請求異議の訴えを提起することもできるとする。このように、判例は当事者に各種の救済手段の選択を認めている。

□判例（最判S43.2.15）は、「訴訟が訴訟上の和解によって終了した場合においては、その後その和解の内容たる私法上の契約が債務不履行のため解除されるに至ったとしても、そのことによって、単にその契約に基づく私法上の権利関係が消滅するのみであって、和解によって一旦終了した訴訟が復活するものではないと解するのが相当である。従って、右と異なる見解に立って、本件の訴え提起が二重起訴（注：重複する訴えの提起）に該当するとの所論は採用し得ない」と判示し、別訴提起説に立っている。

（理由）

① 解除もそれによって和解がはじめから存在しなかったのと同様の効果をもたらす点で無効・取消しの場合と異ならないため、無効・取消しにつき期日指定申立説によるなら、解除の場合も同様に考えるべきである。

② 和解当事者間の再度の紛争は、旧訴と同じ原告の権利主張の当否の争いであり、また、和解契約の解釈や解除が問題である以上、旧訴の復活によるべきである。

第2節 判　決

1 裁判

(1) 意義
裁判とは、裁判機関がその判断又は意思を法定の形式で表示する手続上の行為をいう。

(2) 種類
裁判は、その主体、対象、審理方法、告知方法の違いにより判決・決定・命令に区別される。具体的な違いは下表のとおりである。法は判決について定め、決定・命令には、その性質に反しない限り判決に関する規定を準用するものとしている（122条）。

＜判決・決定・命令の比較＞

	主体	対　象	審理方法	告知方法
判決	裁判所	重要な事項（訴訟についての終局的又は中間的判断）	必要的口頭弁論（87条1項本文）	言渡し（252条、250条）
決定	裁判所	上記以外の訴訟指揮としての処置、付随事項の解決等	任意的口頭弁論（87条1項ただし書）	相当の方法（119条）
命令	裁判官			

2 判決

(1) 判決の種類
＜判決の分類＞

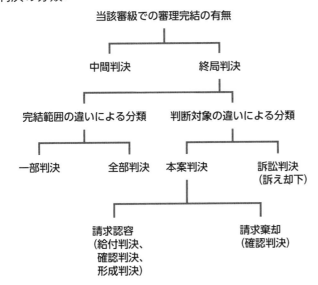

□電子判決書

令和4（2022）年の民事訴訟法改正により、従来紙で作成されていた判決書は電磁的記録で作成されることになった（252条1項、電子判決書）。電子判決書には①主文、②事実、③理由、④口頭弁論の終結の日、⑤当事者及び法定代理人、⑥裁判所を記録し（同項）、②の記録においては、請求を明らかにし、かつ主文が正当であることを示すのに必要な主張を摘示しなければならない（同条2項）。

判決の言渡しも電子判決書に基づいてされ（例外につき254条（電子調書判決）参照）、言渡しをした場合、裁判所は当該電子判決書をファイルに記録しなければならない（253条2項）。

電子判決書は当事者に送達しなければならず（255条1項）、その方法は、①電子判決書又は電子調書に記録されている事項を記載した書面であって裁判所書記官が当該書面の内容が当該電子判決書又は当該電子調書に記録されている事項と同一であることを証明したものの送達又は②システム送達によって行う（同条2項）。システム送達については第2章第1節3(5)ウ参照。

ア　終局判決と中間判決

事例 4−1

甲特許権を保有するAは、Bを被告として、甲特許権の侵害による損害賠償請求訴訟を提起した。技術的範囲の属否をめぐって侵害論の審理が進む中、裁判所はAB双方に対し和解をする意向を聞いたが、AとBは厳しく対立しており、現状は和解をすることは困難である。

(1) 裁判所は中間判決を行い、Bの行為がAの特許権を侵害する旨の判断を示した。この場合、Bは直ちに裁判所の上記判断に対する不服申立てをすることができるか。

(2) 侵害論に自信を持つAが裁判所に対し中間判決を求め、裁判所もAの主張に理由があると考えている場合、裁判所は中間判決をしなければならないか。

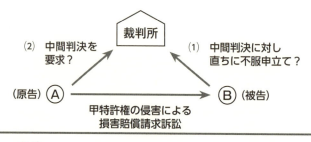

a．意義

終局判決とは、ある審級における審理を完結する判決をいい、中間判決とは、審理中に問題となった当事者間の争いを、終局判決に先立って解決しておく判決をいう。中間判決制度の趣旨は、争点を整理し訴訟全体の迅速な進行を図る点にある。中間判決を行うか否かは裁判所の裁量に委ねられる（245条）。

b．中間判決の認められる事項

(a) 独立した攻撃防御方法

本案に関する争点のうち、他の攻撃防御方法と無関係に判断することが可能であって、それだけでまとまった権利関係の存否の判断ができるものをいう（ex. 所有権に基づく移転登記請求訴訟における所有権取得原因としての売買、時効取得、売買代金請求訴訟における債務消滅原因としての弁済、相殺等）。

(b) 中間の争い

手続上の事項で、口頭弁論に基づいて判断すべきものであ

□判決の主文の例

以下、判決の主文の例を紹介する。なお、原告が訴状に記載する「請求の趣旨」や被告が答弁書に記載する「請求の趣旨に対する答弁」は、それぞれ終局判決の主文に対応している（本書末尾付録参照）。

1. 終局判決
ア　請求認容の場合
「1　被告は、別紙物件目録記載の製品を製造し、販売してはならない。
2　被告は、原告に対し、金1000万円及びこれに対する本訴状送達の日の翌日から支払い済みに至るまで年5分の割合による金員を支払え。
3　訴訟費用は被告の負担とする。
4　この判決は、第2項に限り、仮に執行することができる。」
イ　請求棄却の場合
「1　原告の請求をいずれも棄却する。
2　訴訟費用は原告の負担とする。」
2. 中間判決（知財高判H23.9.7（切り餅事件））
「被控訴人が製造、販売する別紙物件目録1ないし5記載の各食品は、控訴人が有する別紙特許目録記載の特許の特許請求の範囲の請求項1記載の発明の技術的範囲に属する。同特許は特許無効審判により無効にされるべきものとは認められない。」

□b(a)につき、損害賠償請求訴訟における過失の主張は、仮にこれが認められても直ちに損害賠償請求権が認められるものではないため、独立した攻撃防御方法には当たらない。

□b(b)の例で、訴訟要件がなかったり、訴えの取下げが有効であったりしたとき

る（ex. 訴訟要件の存否、訴えの取下げの効力）。

(c) 請求の原因及び数額に争いがある場合の原因

数額の審理が無駄にならないよう、請求の原因についてま
ず判断する場合である。この場合の中間判決を原因判決とい
う（ex. 不法行為（特許権侵害）に基づく損害賠償請求の原
因（侵害の成否））。

c．中間判決の効力

(a) 中間判決がされると、裁判所は自ら下した中間判決の主文
に拘束され、その判断を前提として終局判決をしなければな
らない（自己拘束力）。その結果、当事者も中間判決後はそ
の判断を争うための攻撃防御方法の提出ができなくなる。

(b) 中間判決には既判力・執行力は生じない。

(c) 当事者は、中間判決に不服のある場合でも、本案との関連
性から、これに対し独立の上訴をすることは認められず、終
局判決を待って上訴することになる（283条本文）。

解説 事例4－1

(1) できない。中間判決がされた場合、当事者は、本案との関連性
から、その審級中は中間判決による判断を争うことができないた
め、技術的範囲の属否に対する裁判所の判断に不服があっても、
終局判決を待って不服を申し立てなければならないからである
（283条本文）。

(2) 裁判所は中間判決をしなくてよい。中間判決をするか否かは裁
判所の裁量に委ねられている（245条）からである。

イ　全部判決と一部判決

a．意義

全部判決とは、同一訴訟手続で審理している事件の全部を同
時に完結する判決をいい、一部判決とは、同一訴訟手続で審理
している事件の一部を他の部分と切り離してまず完結する判決
をいう（243条2項）。

一部判決がされた場合、残部については、その審級での審理
が続行され、残部判決によって完結する。

例えば、原告が同じ裁判所に1つの訴えで1000万円の貸金
返還請求と500万円の損害賠償請求をしている場合に、貸金返
還請求については裁判所も裁判に熟したと考えるが、損害賠償
請求については、裁判所は当事者に弁論を尽くさせるためにな

□は、中間判決ではなく終局
判決が下されることになる。

□b(c)の例で、非侵害であ
ることが明らかなときは、
中間判決ではなく終局判決
が下されることになる。

□一部判決がされる場合、
これに先立ち弁論の分離
（第3章第1節1⑵ウb参
照）が行われる。

お相当の日時を要すると考えるときに、まず貸金返還請求についてのみ口頭弁論を終結し、判決するのが一部判決である。

一部判決も終局判決であることから、審理の整理・集中化に役立ち、当事者に早く解決を示すことができるという利点がある反面、中間判決と異なり独立した上訴の対象となることから、一部と残部が別々の審級の裁判所に係属して、不便や判断の矛盾を生じる可能性があるという欠点もある。

このため、一部判決をするか否かは、裁判所の裁量に委ねられている（243条2項）。

b．一部判決の許否

【図解】の例のように、①〜③の各請求を併合して訴えが提起されている場合、一部判決をしてよい請求、そうでない請求は、それぞれどれであろうか。

【図解】

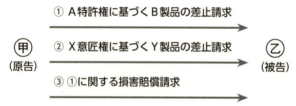

一部判決は、訴訟の一部が裁判をするのに熟したときに下すことができるが（243条2項）、前述のとおり、一部判決は終局判決であるから、これに対し独立した上訴をすることが可能であり、一部と残部が別々の審級の裁判所に係属して、判断の矛盾を来すおそれがある。

そこで、訴訟物たる権利又は法律関係の性質上、一部と残部に分けられない場合には、一部判決を下すことは許されないが、それ以外の場合には、判断の矛盾のおそれがなければ一部判決を許してよいと考えられている。

(a) 請求の複数（客観的併合）と一部判決

単純併合の場合、その一部について一部判決を下すことは、原則として許される。すなわち、2個以上の請求につきそれぞれ他の請求と無関係に審判を求める単純併合の場合で、実体法的に請求相互間に関連性が全くないときは、一部判決は問題なく許される。

これに対して、予備的併合の場合に主位的請求を棄却するだけの一部判決をすることは許されないとするのが判例・通説である。

(b)　当事者の複数と一部判決

　　　通常共同訴訟の場合であれば、合一確定が要請されないか
　　ら、共同訴訟人の1人について一部判決をすることができる。

　　　これに対して、必要的共同訴訟の場合には、合一確定が要
　　請され、共同訴訟人間に統一した判決をしなければならない
　　から、判断が異なることになるおそれのある一部判決をする
　　ことはできない。同じく、独立当事者参加の場合も、原告・
　　被告・参加人間に統一した審判をしなければならないから、
　　一部判決をすることは許されないとするのが判例・通説であ
　　る。

ウ　本案判決と訴訟判決

　a．意義

　　　本案判決とは、訴えによる請求の理由又は上訴による不服申
　　立ての理由があるか否かを判断する終局判決をいい、訴訟判決
　　とは、訴訟要件又は上訴の要件を欠くことを理由として訴え又
　　は上訴を不適法として却下する終局判決をいう。

　b．訴訟判決の既判力

　　　同一当事者間の同一請求の後訴において、前訴の却下事由と
　　なった訴訟要件を欠くことによる訴え不適法の判断につき既判
　　力を生ずるとするのが通説である。

　　（理由）

　　①　訴訟要件を欠くことにより不適法とする判断にも既判力を
　　　認めないと、同一請求についての訴訟要件の有無をめぐる紛
　　　争が蒸し返されてしまい妥当でない。

　　②　114条1項は、「確定判決は、主文に包含するものに限り、
　　　既判力を有する。」と規定し、訴訟判決を除外していない。

　　③　訴訟要件の審理について、前訴で手続保障が与えられてい
　　　る以上、既判力を認めて差し支えない。

(2)　判決の効力

ア　自己拘束力（自縛性）

　a．意義

　　　自己拘束力とは、裁判所は一旦言い渡した判決を撤回したり
　　変更したりすることは許されないという拘束力をいう。

　　　自己拘束力が認められるのは、裁判機関の判断は直接・間接
　　に事件を解決する役割を果たすため、そこに安定性の要請が働
　　くからである。

　b．例外

□また、同時審判共同訴訟
では、「弁論及び裁判は、
分離しないでしなければな
らない」（41条1項）と
して、一部判決が禁止され
ている。これは、共同被告
に対する法律上両立しない
請求に対して、別々の裁判
所が判断をし、その判断が
別々となることによって、
原告が両被告に対して敗訴
するという事態を避けよう
とするものである。

□厳密にいえば、アとイは
裁判一般の効力であり、ウ
〜オは確定判決の効力であ
る。

このように、判決に自己拘束力が認められるとしても、その
ため常に安定性の要請を貫き、裁判内容の適正確保のための変
更は上訴によらなければならないとすると、当事者や上級審の
負担を不必要に増大させる。そこで法は、一定の場合に自己拘
束力の例外を認めている。

もっとも、その例外は限定的である。前述のとおり、判決は
当事者の申立てに対し直接その当否の判断を示すものであっ
て、安定性の要請が強く働くものだからである。

他方、自己拘束力は決定・命令についても認められるが、こ
れらは、その判断事項が訴訟手続上の派生的・付随的事項とい
う、判決に比して重要性の低い事項であることから、安定性の
要請は判決ほど強くなく、その例外は判決より広く認められて
いる。

(a) 判決の更正（257条）

判決の更正とは、判決に計算違い、誤記その他これらに類
する明白な誤りがある場合に、これを訂正・補充することを
いう。判決に表現上の誤りがある場合、この種の誤りを訂正
するために、当事者に対しわざわざ上訴を求めることは訴訟
経済、上訴制度の趣旨に照らし適切ではないので、簡易に訂
正する途を開いたものである。

(b) 判決の変更（256条）

判決の変更とは、判決をした裁判所が自分で法令に違反し
たことに気付いて、その判決の判断内容を変更することをい
う。これは、上訴においてどのみち取り消されるような瑕疵
があるなら、上訴を待たずに是正した方が、法的安定性を害
しない限度においては合理的であるとの考慮に基づくもので
ある。

イ 覊束力

覊束力とは、裁判における判断内容が当該事件の手続内におい
て他の裁判所を拘束するという効力をいう（ex.321条1項、325
条3項後段）。

ウ 既判力

この点については、後述する。

エ 執行力

執行力とは、確定給付判決に掲げられた給付義務を、民事執行
法を使って現実化する効力をいう。確定判決は債務名義として強
制執行の根拠文書となる（民事執行法22条1号）。

□決定・命令に関する自己拘
束力の例外

1. 訴訟指揮に関する決定・
命令（ex.120条、152条
1項）

訴訟指揮に関する決定・
命令は、訴訟の展開に対す
る合目的的判断に基づいて
されるものであるから、臨
機応変な判断が要求され、
いつでも取消し・変更がで
きる。

2. その他の決定・命令

(1) 再度の考案（333条）

抗告が直接原裁判所に
対してされ、又は抗告裁
判所から原裁判所に送付
された場合は、原裁判の
自己拘束力が排除され、
原裁判所は抗告の当否を
審査し、もし理由がある
と認めるときは、原裁判
を更正しなければならな
い（再度の考案）。これは
上級審の負担軽減を図る
趣旨である。

(2) 判決の規定の準用（122
条）

122条によって判決の
規定が準用されており、
決定・命令に計算違いや
誤記などがあるときは、
これを是正することがで
きるし、決定・命令の変
更も可能である。

□仮執行宣言

財産権上の請求に関する
判決については、裁判所は、
必要があると認めるときは、

執行の方法については、「知的財産権の事例から見る民法」第3編第2章2参照。
オ　形成力
形成力とは、判決が宣言したとおりの法律関係の変更を生じさせる形成判決の効力をいう。

3 既判力

(1) 意義

既判力とは、確定判決における請求についての判断は、以後、当事者間の法律関係を律する基準となり、同一事項が再び問題となったときには、当事者はこれに矛盾する主張をしてその判断を争うことが許されず、裁判所もその判断に矛盾抵触する判断をすることが許されなくなるという拘束力をいう。

終局判決は、当該訴訟手続内において通常の不服申立て方法が尽きて確定した以上、他の一定の訴訟手続との関係でも、その判断内容を終局的に確定させ、法的に安定させなければ、民事訴訟の目的である私的紛争の公権的解決を図ることはできない。そこで、訴訟制度自体から導かれる必然的な要請として、既判力が確定判決に付与されているのである。

(2) 正当化根拠〜手続保障と自己責任

当事者が既判力を不利益に受けることを正当化する根拠は、当事者の地位につくことによって手続上対等にその訴訟物たる権利又は法律関係の存否について弁論し、訴訟追行する権能と機会を平等に保障されていた以上、仮に敗訴の結果が生じた場合にも、その結果には自ら責任を負うべきであるという、「手続保障と自己責任の論理」にある。

(3) 既判力の作用

> **事例　4−2**
>
> 甲は、乙を被告として、特許権侵害による損害賠償請求訴訟を提起したところ、甲の全面勝訴判決が下され、この判決は確定した。ところが、その後、甲は、乙を被告として、全く同一内容の損害賠償請求訴訟を提起した。この訴訟提起は許されるか。

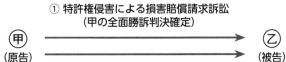

申立てにより又は職権で、担保を立てて、又は立てないで仮執行をすることができることを宣言することができる（259条1項）。これは、原告の権利の早期実現の見地から、未確定の判決に執行力を与えるものであるが、上訴による取消し・変更の可能性があることから、原状回復が可能であり、また、金銭賠償による処理が可能な請求に限って認められる。当事者の申立てがある場合でも、仮執行宣言をするか否かは、上訴による取消し・変更の可能性の大小、即時執行の必要性、損害回復の困難性等を踏まえ、裁判所の裁量により決せられる。

仮執行宣言がされた場合、その執行力は上訴により当然に停止されるものではないが、裁判所は、403条1項2号（上告又は上告受理申立ての場合）又は同項3号（控訴の場合）に当たる場合には、強制執行の停止又は取消しを命じることができる。

ア　消極的作用と積極的作用

　　既判力には消極的作用と積極的作用とが認められている。ここに消極的作用とは、当事者は既判力の生じた判決内容と矛盾・抵触する主張・立証をしてはならないという既判力の作用をいい、積極的作用とは、裁判所は既判力の生じた判決内容と矛盾・抵触する判断をしてはならないという作用をいう。

イ　一事不再理説と拘束力説

　　このように、既判力には、消極的作用と積極的作用とが認められるが、そのいずれを中心に既判力の作用を説明するかについては、一事不再理説と拘束力説とが対立している。

　　これは、具体的には、①AがBに対し所有権に基づく甲土地の明渡しを求める訴えを提起したところ、Aが勝訴し判決が確定した後、Aが改めてBに対し所有権に基づく甲土地の明渡しを求める訴えを提起した場合に裁判所はどうすべきか、逆に、②この訴えにつきAが敗訴し判決が確定した後で再度同一の訴えを提起した場合に裁判所はどうすべきか、という形で問題となる。

i ）　一事不再理説

　　同一事項についての審判の繰り返しを禁ずるのが既判力であると主張し、消極的作用を中心に既判力を説明する。そして、既判力に消極的作用が認められる結果、裁判所は前訴判決と異なる判断をすることができなくなる（積極的作用）と説明する。

　　この一事不再理説では、前訴で判断された事項と同一事項について審判を求めること自体が不適法であると解されることから、同一事件について提起された①、②の後訴はいずれも不適法であるとして却下されることになる。

（批判）

　　過去にされた行為の可罰性を審判する刑事事件とは異なり、民事訴訟の対象である私法上の権利又は法律関係は常に変動する可能性を有するものであるから、民事事件において全くの同一事件というものは存在しないはずであり、既判力を一事不再理の概念で説明することはできない。

ii ）　拘束力説（通説）

　　既判力を前訴で確定した権利・法律関係について、これと矛盾・抵触する判断を禁止する効力と捉え、積極的作用を中心に既判力を説明する。そして、既判力に積極的作用が認められる結果、当事者は前訴判決の判断内容と矛盾・抵触する主張・立証を提出することができなくなる（消極的作用）と説明する。

□既判力の双面性

　既判力は、既判力の及ぶ者相互間で、一方の有利にも、また不利にも作用する。例えば、A建物が存するB土地の所有者Yを被告とするA建物の所有権確認訴訟で勝訴したXは、Yを原告、Xを被告とする、A建物の収去及びB土地の明渡請求やB土地の賃料支払請求に関する後訴においては、前訴判決の既判力により、もはやA建物が自己のものでないとの主張をすることは許されない。

この拘束力説によれば、後訴の提起自体は必ずしも不適法なものとはならない。ただ、後訴裁判所は前訴確定判決の判断内容に拘束されるため、前訴判決の基準時（標準時）後の新たな事由であってＡの請求を認容することを正当化するもの（ex. 前訴判決の基準時後にＡＢ間で締結された甲土地の売買契約）が認められない限り、後訴裁判所は②の訴えにつき請求棄却判決をすべきことになる。

これに対して、①の訴えについては、拘束力説を前提とする限り、裁判所はＡの訴えを適法としつつ実体判断を行う（Ａの請求を改めて認容する）べきであるとも考えられるが、拘束力説は、Ａは既に前訴において勝訴判決を得ている以上、原則として訴えの利益が認められないと解すべきであるとし、時効の完成猶予を受ける必要があるなど特段の事情がある場合に限り、例外的に訴えの利益が肯定されるにすぎないとする。従って、訴えの利益を肯定すべき特段の事情がない限り、裁判所は、①の訴えについて、訴えの利益を欠き不適法であるとして却下すべきであるとする。

ウ　既判力が作用する場合

既判力は、前訴で確定した権利関係が後訴で再び争われたときに作用する。具体的には、ａ. 後訴の訴訟物が前訴の訴訟物と同一の場合、ｂ. 前訴の訴訟物が後訴請求の先決問題となる場合、ｃ. 後訴請求が前訴判決と矛盾関係に立つ場合が考えられる。

ａ．後訴の訴訟物が前訴の訴訟物と同一の場合

例えば、前訴でＡ建物の所有権確認請求をして敗訴した甲が、後訴で再びＡ建物の所有権確認請求をした場合、後訴において、甲にＡ建物の所有権がないとの前訴判決の判断に既判力が生じる。

ｂ．前訴の訴訟物が後訴請求の先決問題となる場合

例えば、前訴でＡ建物の所有権確認請求をして敗訴した甲が、後訴でＡ建物の移転登記請求をした場合、後訴において、後訴請求の先決問題として、甲にＡ建物の所有権がないとの前訴判決の判断に既判力が生じる。

ｃ．後訴請求が前訴判決と矛盾関係に立つ場合

例えば、前訴で甲からＡ建物の所有権確認請求を受けて敗訴した乙が、後訴で甲を被告としてＡ建物の所有権が乙にあることの確認請求をした場合、同一建物に対する「甲の所有権」と「乙の所有権」は実体法上、別の権利と観念されることから、

□このような事由が主張・立証された場合、後訴裁判所はＡの請求を認容する判決を下すことになるが、その場合、後訴の口頭弁論終結時を基準時とする新たな判決を下すのであって、これと基準時を異にする前訴判決の効力は否定されない。

□例えば、金銭支払請求の場合に時効の完成猶予を受ける必要があれば、訴えの利益が肯定されよう。

第４章

第２節　判決

□前訴の訴訟物は建物所有権であるが、後訴の訴訟物は移転登記請求権であり、前訴と後訴で訴訟物が異なることに注意を要する。後訴における建物所有権は訴訟物そのものではなく、移転登記請求権という訴訟物たる権利の属性を示すものにとどまる。このことは明渡請求権や差止請求権についても同様に当てはまる。

後訴の訴訟物は前訴の訴訟物と同一とはいえず、また、後訴請求の先決関係にあるともいえないが、この場合にも、前訴判決の既判力が作用すると解されている。なぜなら、実体法上の原則である一物一権主義によれば、一つの物の上には同じ内容の物権は一つしか成立しないのであり、そうであれば、後訴請求は、前訴判決により確定された権利関係と矛盾するものとして排斥されるべきだからである。

□一物一権主義とは、①一つの物権の客体は一つの物である、②一つの物の上には同じ内容の物権は一つしか成立しない、との原則をいう（「知的財産権の事例から見る民法」第２編第１章１側注参照）。

解説　事例４－２

甲の目的は前訴確定判決によって十分達成されており、甲の後訴には訴えの利益がないのが原則である。従って、甲の訴訟提起は、時効の完成猶予を受ける必要があるなどの例外的場合を除き許されない（訴えは不適法として却下される。）。

(4) 既判力の範囲①～時的範囲（時的限界）

事例　４－３

甲特許権を保有するAは、製品「U－800」を販売するBを被告として、甲特許権に基づく上記製品の販売差止請求訴訟を提起したが、裁判所は請求棄却の判決を下し、この判決は確定した。

しかし、その後Aは、上記製品には大幅な設計変更があったとして、再び、Bを被告とする、甲特許権に基づく上記製品の販売差止請求訴訟を提起した場合、裁判所はいかなる判決を下すか。

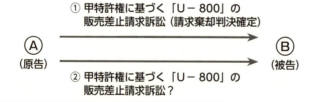

ア　基準時（標準時）

民事訴訟の対象である私法上の権利又は法律関係は、時の経過とともに変動する可能性を有するものであり、確定判決によってその存否が確定された権利又は法律関係も同様に変動する可能性がある。そこで、既判力の生じる判断が、どの時点での権利又は法律関係の存否に関するものであるかを明らかにする必要があるところ、それは事実審の口頭弁論終結時であると解されている。

（理由）

① 当事者は、事実審の口頭弁論終結時まで事実に関する資料を提出することができ、終局判決もそれまでに提出された資料を基礎としてされる以上、判決が確定する権利関係は口頭弁論終結時のものとなる。

② 既判力の正当化根拠は、当事者には手続上の諸権能が与えられ、これらを行使しようと思えば行使できたという手続保障が与えられていたという点に求められる。とすれば、事実審の口頭弁論終結時までは、当事者は攻撃防御方法を提出できた以上、事実審の口頭弁論終結時の判断について蒸し返しを禁じても不当ではない。

③ 民事執行法35条2項が、請求異議の訴えにおける異議の事由を口頭弁論終結後に生じたものに限定しているのは、①②の点を踏まえたものである。

イ 既判力の時的限界の意味

このように、既判力は基準時における訴訟物たる権利又は法律関係についてのみ生じるのであり、これが既判力の時的限界の意味である。すなわち、基準時における判断についてのみ前訴の既判力が及び、基準時以外の時点における判断には前訴の既判力が及ばないのであり、具体的には次のようになる。

a．既判力は基準時における判断について生じるから、後訴でこの既判力のある判断に反する判断をすることは許されない。そして、このことから、当事者は後訴で既判力のある判断を争うために基準時以前に存在した事由（ex. 意思表示の無効原因、弁済）に基づく主張や抗弁を提出することが許されないことになる（遮断効）。基準時以前に主張しなかったことについて主張者の過失の有無を問わない。

【図解】

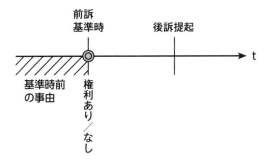

b．既判力は基準時における判断について生じるだけで、それ以後の時点における訴訟物たる権利又は法律関係については生じない。従って、当事者は基準時以後に生じた事由を主張

□請求異議の訴えとは、債務名義に係る請求権の存在又は内容について異議のある債務者が、その債務名義による強制執行の不許を求めるために提起する訴えをいう（民事執行法35条）。

□基準時後の形成権行使

取消権・解除権・相殺権などの形成権については、これを行使する旨の意思表示をして初めて権利変動が生じることから、前訴で主張しなかった形成権を後訴において主張できるか否かが問題となる。

1. 取消権・解除権

これらは前訴の訴訟物たる権利の発生を障害する事由であって、当該訴訟物たる権利自体に内在・付着する瑕疵に関する権利であり、前訴において行使することが合理的に期待できたといえることから、前訴確定判決によって訴訟物たる権利の存在が確定された以

して、前訴の既判力ある判断を争うことができる（民事執行法35条2項参照）。特許権侵害差止請求の認容判決は基準時に差止請求権が存在することに不可抗争性を付与するものであるから、基準時後に存続期間が満了したとの事由は請求異議事由として強制執行を排除できる。

c. 既判力は、基準時における権利又は法律関係の存否の判断についてのみ生じるから、判決理由中において基準時以前における訴訟物たる権利又は法律関係の存否の判断がされていたとしても、その判断については既判力は及ばない。すなわち、基準時において権利又は法律関係が存在するとの判断が、この権利又は法律関係が基準時以前に成立し、基準時まで存続したとの判断に基づいてされたとしても、このような基準時前の判断については既判力は生じない。従って、後訴で基準時前にその権利又は法律関係が存在しなかったとの主張は、既判力によっては妨げられない（但し、後述するように、そのような主張をすることが訴訟上の信義則に違反するものとして排斥されることはあり得る）。また逆に、基準時においてある権利又は法律関係が存在しないとの判断が、基準時前からこの権利又は法律関係が存在しなかったとの判断に基づいたものであったとしても、このような基準時前の判断には既判力は及ばず、後訴で基準時前にその権利又は法律関係が存在したとの主張は既判力によって妨げられない（但し、そのような主張が信義則違反とされる可能性があることは前述したところと同様である）。

上、既判力の遮断効により、後訴においてこれらの権利を行使して訴訟物たる権利の存在を争うことは許されないと解されている（基準時後の取消権行使を否定した判例として最判S36.12.12、最判S55.10.23）。

2. 相殺権

上記1と異なり、相殺権は、前訴の訴訟物たる権利とは別の反対債権を犠牲にするものであり、当該訴訟物たる権利自体に内在・付着する瑕疵に関する権利とはいえず、また、相殺の抗弁が認められて勝訴しても、相殺に供した反対債権が犠牲となるため実質敗訴であって、そのような権利を前訴において行使することが合理的に期待できたとはいえないことから、既判力の遮断効により、後訴において相殺権を行使して訴訟物たる権利の存在を争うことも許されると解されている（基準時後の相殺権行使を肯定した判例として最判S40.4.2）。

解説 事例4－3

前訴判決が確定したことにより、前訴口頭弁論終結時（基準時）の甲特許権に基づく製品「U－800」の販売差止請求権の不存在に既判力が生じる。従って、この後に提起された本事例の訴えについては、裁判所は、前訴基準時後の上記製品の設計変更の有無及びそれがある場合は上記製品が甲特許権を侵害するかを審理し、侵害する場合は請求認容判決、それがない場合又はそれがあっても侵害しない場合は請求棄却判決を下すことになる（訴え却下ではない点に注意を要する）。

本事例では前訴と後訴の当事者は同一であり、また訴訟物はいずれも甲特許権に基づく製品「U－800」の販売差止請求権であり同

一であるから、後訴には前訴確定判決の既判力が及び、後訴裁判所はそれと矛盾抵触する判断をすることが禁じられるが（114条1項、115条1項1号）、既判力が生じるのは前訴基準時（前訴の口頭弁論終結時）における甲特許権に基づく上記製品の販売差止請求権の不存在という点に限られるため、裁判所は基準時後に生じたとAが主張する上記事由を審理し、後訴基準時において、前訴基準時における判断と異なる判断をすることもできるからである。

(5) 既判力の範囲②〜客観的範囲

> ## 事例 4-4
>
> 　Xは、Yを被告として、令和6（2024）年5月10日、Yが令和5（2023）年1月1日から12月31日までの間に行った乙製品の販売がXの保有する甲特許権を侵害するとの理由による1億円の損害賠償請求訴訟（前訴）を提起したところ、裁判所は、乙製品は甲特許発明の技術的範囲に属しないとの理由により請求棄却判決を下し、令和7（2025）年1月31日、この判決は確定した。その後、Xは、Yを被告として、Yが上記販売により実施料相当額を不当に利得したとの理由による1億円の不当利得返還請求訴訟（後訴）を提起した。
>
> 　この場合、裁判所は後訴に対し、どのような判決を下すか。
>
> ① 上記期間における乙製品の販売につき
> 　甲特許権侵害による損害賠償請求訴訟
> 　（非侵害を理由に請求棄却判決確定）
>
> Ⓧ ────────────────→ Ⓨ
> （原告）　　　　　　　　　　　　　　（被告）
>
> ② 上記期間における乙製品の販売につき
> 　甲特許権侵害による不当利得返還請求訴訟

　ア　原則

　　　114条1項は、確定判決は「主文に包含するものに限り」既判力を有すると規定している。すなわち、既判力は、本案判決の場合には訴訟物たる権利又は法律関係の存否に関する判断、訴訟判決の場合には特定の訴訟要件の不存在の判断のみに生じる一方、判決理由中の判断には生じない。

□もっとも、判決の主文は簡潔に記載されるから（2(1)ア側注参照）、どのような訴訟物たる権利又は法律関係について判断されたのか、又はどの訴訟要件が不存在であると判断されたのかについては、判決に記載された事実及び理由も参照して判定される。

【図解】

(理由)
① 訴訟物たる権利関係の存否は、当事者が紛争の対象として意識的に審判を求めた事項であるから、この点の判断に既判力を認めれば、当事者の意図に沿い、当面の紛争を解決するのに十分である。
② 判決理由中の判断は前提問題についてのものであるが、これは当事者が審判の最終目標としたものではなく、有利な審判を受けるための手段にすぎないのに、その判断に既判力を認めると、経済的価値を異にする他の訴訟にも拘束力が及び、当事者に不測の不利益を与えるおそれがある。
③ 前提問題に既判力が生じなければ、裁判所は実体法上の論理的順序にかかわらず、最短距離で審判できる。
④ 当事者が訴訟物の前提となる権利関係についても既判力による解決を図りたければ、これについて中間確認の訴え（145条）を提起して、その判断を判決主文に掲げさせることができるのであるから、判決理由中の判断に既判力を生じさせなくても不都合はない。

イ　明文上の例外－相殺の抗弁（114条2項）
【図解】

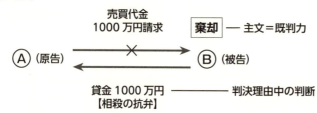

a．趣旨
114条2項は、「相殺のために主張した請求の成立又は不成立の判断は、相殺をもって対抗した額について既判力を有する。」と規定する。例えば、AがBに対して1000万円の売買代金請求訴訟を提起したのに対し、BがAに対する1000万円の

貸金債権を自働債権（反対債権）とする相殺を主張した場合に、裁判所が示した相殺の抗弁に対する判断についても既判力が生じるとされているのである。

　相殺の抗弁は、判決理由中で判断される事項であり、前述した114条1項の原則からすれば、相殺の抗弁に対する判断には既判力は生じないことになるはずであるが、同条2項は相殺の抗弁に対する判断には既判力を生ずる旨を規定しており、同条2項は同条1項の例外を定めたものということになる。

　そして、114条2項がこのような例外を定めているのは、相殺の抗弁に対する判断に既判力を認めないと、次のような不都合を生じるからであると説明されている。

　すなわち、相殺の抗弁に対する判断について既判力が認められなければ、①前頁の【図解】の例でBの相殺の抗弁が否定され、Aの請求が認容された場合であっても、Bが相殺に供しようとした債権の不存在について既判力が生じない以上、Bは改めてAに対して訴訟を提起して貸金の返還を求めることができることになる。また、②前頁の【図解】の例でBの相殺の抗弁が認められ、Aの請求が棄却された場合は、Bが相殺の抗弁に供した債権は行使済みのはずであるが、この債権の不存在について既判力が生じない以上、やはりBは改めてAに対して訴訟を提起して貸金の返還を求めることができることになってしまう。このため114条2項は、相殺の抗弁に対する判断に既判力を認めているのである。

b．既判力の生じる範囲
　(a)　反対債権の不存在を理由に相殺の抗弁を排斥した場合には、反対債権の不存在に既判力を生ずる。この点に既判力を生じさせなければ、相殺の抗弁を排斥されて敗訴した被告が、後に再び反対債権の存在を主張して、同じ金額を請求できることになってしまうからである。
　(b)　これに対して、相殺の抗弁を認容して原告の請求を棄却した場合には、どの範囲で既判力を生ずるかについて学説の対立があり、「訴求債権と反対債権が存在し、その両者が相殺によって消滅したことが確定する」とする説もあるが、この場合も(a)と同様に、反対債権の不存在に既判力を生ずるとするのが通説である。

c．既判力の生じる場合
　114条2項による既判力は、請求に理由があるか否かを判断

するのに、反対債権の存否を実質的に判断された場合に限り生じる。相殺の抗弁が時機に後れたものとして却下された場合（157条1項）や、相殺が許されないか（民法505条2項・同法509条等）あるいは相殺適状にないために排斥された場合には既判力は生じない。

このような場合には、反対債権の存否自体が判断されたわけではなく、これについての紛争が解決されたということはできないからである。

d．既判力の生じる額

反対債権の不存在について既判力が生じるのは、「相殺をもって対抗した額」に限られる（判例）。例えば、AがBを被告として500万円の支払を求めたのに対し、Bが1000万円の反対債権をもって相殺した場合には、既判力は相殺された500万円の債権の不存在についてのみ生じ、残りの500万円については生じない。一方、Bが500万円の反対債権をもって相殺を主張したが、裁判所が反対債権の額は200万円であるとして相殺の抗弁を一部排斥した場合には、「対抗した額」は排斥した部分を含む500万円となる。

ウ　解釈上の例外〜信義則の適用

上記のように、既判力は判決主文における判断についてのみ生じるのが原則であり、その明文上の例外として、判決理由中の判断である相殺の抗弁につき既判力が認められているが、これ以外に、判決理由中の判断について拘束力を生じさせることは全くできないのであろうか。この点、判例は、事案に応じ、信義則を適用することにより、既判力には触れないが実質的にみて同一紛争の蒸し返しと評価される後訴を排斥（却下）している。すなわち、前訴の判決理由中の判断に反する請求及び主張を後訴で行うことが信義則に反する場合には、そのような請求及び主張を後訴ですることは許されない。

解説 事例4−4

後訴裁判所は後訴に係る訴えを却下する判決を下す。

本事例では前訴の訴訟物（不法行為による損害賠償請求権（民法709条））と後訴の訴訟物（不当利得返還請求権（民法703条））が別であり、後訴に前訴判決の既判力は及ばないが（民事訴訟法114条1項）、前訴判決は乙製品が甲特許発明の技術的範囲に属しない、

□争点効理論
　争点効理論とは、前訴で当事者が主要な争点として争い、かつ、裁判所がこれを審理して下したその争点についての判断に生ずる通用力で、同一の争点を主要な先決問題とした異別の後訴請求の審理において、その判断に反する主張立証を許さず、これと矛盾する判断を禁止する効力（争点効）を認める説をいうが、判例は否定している（最判S44.6.24）。

□信義則の適用
　当事者は信義に従い誠実に民事訴訟を追行しなければならないとされているが（2条）、その内容は広く、また明確でないことから、法的安定性や予測可能性を図るため、訴訟上の信義則違反は、学説により、①訴訟上の権能の濫用の禁止、②訴訟上の禁反言、③訴訟

すなわち非侵害であることを理由にXの請求を棄却しており、後訴の訴訟物を不当利得返還請求権に変えても、非侵害であることには変わりがないはずである。このような場合におけるXの後訴は、前訴における紛争の蒸し返しであり、訴訟上の信義則（民事訴訟法2条）に反し、訴えの利益を欠くものとして、請求の当否の判断をすることなく斥けられるべきだからである。

上の権能の失効、④訴訟状態の不当形成の排除の4つに類型化されている。

この点、特許権侵害訴訟の例でいえば、東京地判H17.11.1（平成17年（ワ）第10394号）は、特許権侵害による損害賠償請求を棄却する判決が確定した後に提起された損害賠償請求（特許権と被告製品は同一であるが前訴の口頭弁論終結日以降に発生したとする損害を対象とするもの）の後訴につき、前訴における紛争を蒸し返すものであること、原告が前訴において訴訟活動を充分になし得なかった事由は存しないこと、前訴確定判決によって紛争が解決したと考える被告の期待は合理的であることなどから、後訴における原告の請求及び主張は訴訟上の信義則に反し許されない旨判示し、原告の訴えを却下した。これは上記類型の①に当たるものである。

(6) 既判力の範囲③〜主観的範囲

事例 4−5

甲特許権を保有するAは、その技術的範囲に属すると疑われる乙製品を販売するBを被告として、甲特許権に基づき、乙製品の販売差止請求訴訟を提起した。裁判所はAの請求を認容し、判決は確定した。その後Aは、Bとは無関係のCが、全く同じ乙製品を販売しているのを突き止めたため、Cを被告として、甲特許権に基づき、乙製品の販売差止請求訴訟を提起した。この場合、Cは、乙製品はAの甲特許権を侵害しないとしてAの請求を争うことができるか。

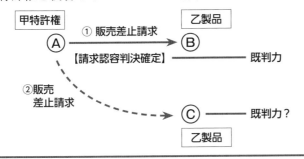

ア　原則

既判力は、訴訟当事者間においてのみ生じるのが原則であり（115条1項1号）、当事者の一方と訴外の第三者との間ではもちろんのこと、訴訟に関与する代理人との間や、共同訴訟人相互の間でも、既判力は生じないのが原則である。

【図解】

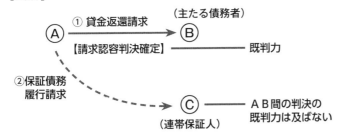

（理由）
① 民事訴訟における判決は、当事者間の私的紛争を解決するためにされるものであるから、その効果も当事者間を相対的に拘束すれば十分である（紛争解決の観点）。
② 既判力の正当化根拠は、手続保障が与えられていた以上、仮に敗訴の結果が生じた場合にも、その結果には自ら責任を負うべきであるという「手続保障と自己責任の論理」にあるところ、当事者には十分な手続保障が与えられている。一方、このような観点からは、その訴訟に関与する機会を与えられなかった者に対して既判力を及ぼすことは許されない（手続保障の観点）。

解説　事例4-5

争うことができる。ＡＢ間の判決の既判力は当事者間においてのみ働くため（115条1項1号）、当事者の異なるＡＣ間の訴訟には影響しないからである。

イ　明文上の例外

このように、既判力は当事者間においてのみ生ずるのが原則であるといっても、訴訟物たる権利関係について、利害を有する第三者と当事者の一方との間にも既判力を拡張させなければ、当事者間で行われた訴訟の紛争解決の実効性を確保できない場合もある。

そこで法は、一定の場合に既判力が訴訟当事者以外の第三者に拡張されることを認めている。

a．訴訟担当の場合の利益帰属主体

(a) 意義

（第三者の）訴訟担当とは、第三者が実質的利益帰属主体に代わって訴訟を追行して判決を受ける資格を認められる場合をいう。

【図解】

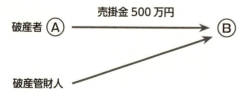

□破産により破産財団の管理処分権は破産管財人に専属する（破産法78条1項）。

訴訟物たる権利・法律関係の実体法上の帰属主体のために、訴訟担当者が追行した訴訟の判決の既判力は、利益帰属主体

に及ぶ（115条1項2号）。

（理由）
① 利益帰属主体による紛争の蒸し返しを防止し、紛争解決の実効性を図る必要がある。
② 第三者の権利関係につき適正な訴訟追行が期待される訴訟担当者の訴訟追行により、代替的にではあるが、利益帰属主体は自ら当事者として訴訟を追行したのと同様に、その攻撃防御を行う地位が保障されている。

(b) 債権者代位訴訟と既判力

債権者代位訴訟も上記訴訟担当（民法423条1項本文に基づく法定訴訟担当）の一種であり（第2章第2節3(3)イ参照）、争いはあるが、判決の効力は勝訴・敗訴を問わずに債務者にも他の債権者にも及ぶとするのが通説である。

【図解】

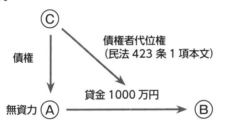

b．口頭弁論終結後の承継人
(a) 意義

前訴判決の基準時である口頭弁論終結後に、訴訟物たる権利関係についての法的地位を一方当事者（前主）から承継した第三者（口頭弁論終結後の承継人）は、前主の相手方当事者との間の後訴において、前訴判決の既判力を受ける（115条1項3号）。

【図解】

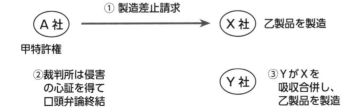

□例えば、吸収合併存続株式会社は合併の効力発生日に吸収合併消滅会社の権利義務を承継するが（会社法2条27号、同法750条1項）、その日が口頭弁論終結後である場合、本条項の適用を受ける。

（理由）
① 口頭弁論終結後の承継人に前訴判決の既判力を及ぼさなければ、前主との関係で勝訴判決を受けても、承継人との

間で一から訴訟をやり直さなければならなくなり、紛争解決の実効性が損われる。
② 前訴において、当該権利関係につき最も密接な利害関係を有し充実した訴訟追行の期待される前主が訴訟追行している以上、承継人の手続保障は前主によって代替されている。

(b) 「承継」とは何を承継した者かについては争いがあるが、訴訟物たる権利・義務の承継に限定せず、訴訟法的見地から、「当事者適格」ないし「紛争の主体たる地位」の承継も含まれるとするのが通説である。

(理由)

当事者から訴訟物たる権利・義務自体を承継した者のほか、当事者適格ないし紛争の主体たる地位を承継した者に対しても訴訟を承継させるのでなければ、紛争解決の実効性は確保されず、口頭弁論終結後の承継人に対して既判力の拡張を認める法の趣旨に反する。

c．請求の目的物の所持者
(a) 意義

請求の目的物の所持者とは、特定物引渡請求において、その物の所持につき固有の利益を有さず、専ら当事者（又はその承継人）のために所持している者をいう。

請求の目的物の所持者には、当事者の受けた判決の既判力が及ぶ（115条1項4号）。

(理由)

① この者は当事者のために目的物を所持しているにすぎず、所持につき自己固有の利益を持たないのであるから、引渡訴訟につき、当事者と別個に手続保障を与える必要がない。
② 紛争解決の実効性を図るためには、この者に既判力を及ぼす必要がある。

【図解】

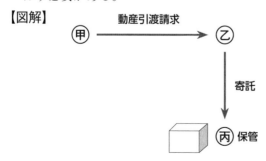

(b) 所持者の範囲

ⓐ 管理人、目的物の受寄者がその典型例である。

ⓑ 目的物の賃借人や質権者は、自ら物の使用価値や交換価値を享受するために目的物を占有する権限をもつ者であるから、所持につき実体的利益を持つ者であって、目的物の所持者に含まれない。

ⓒ 代表者による法人の物の所持など「所持機関」による所持は本人の占有であり、これらの者は目的物の所持者に当たらない。

ⓓ 仮装登記名義人

所有権移転登記請求訴訟の被告から、虚偽表示によって目的物の移転登記を得た者にも、請求の目的物の所持者に準じて既判力を及ぼすとする裁判例がある（大阪高判 S46.4.8）。このように仮装の登記名義を受けたにすぎない者には、相手方との関係で、目的物の所持につき法的保護に値する固有の利益があるとはいえないから、紛争解決の実効性を図るため既判力を及ぼしても手続保障上問題はないものと考えられる。

第5章

複雑訴訟

　講学上、請求が複数の場合と、当事者等が複数の場合を総称して複雑訴訟といいます。ここまでは主として原告と被告が1名ずつで請求も1個である訴訟形態について学んできましたが、本章では、請求が複数の場合として複数請求訴訟（第1節）と、当事者等が複数の場合として共同訴訟（第2節）、参加（第3節）、当事者の交替（第4節）を学びます。請求の複数、当事者等の複数のいずれについても、訴え提起の当初から複数である場合（原始的複数）と、訴え提起後に複数となる場合（後発的複数）があります。民事訴訟においては、原告と被告が1名ずつで請求も1個であるのが原則的形態ですが、関連する紛争を同一訴訟手続で同時に審判すれば、審理の重複や裁判の矛盾を回避でき、当事者等にとって便利であり、訴訟経済にも資することになります。しかし、その一方で、併合による訴訟の複雑化と、これに伴う訴訟遅延のおそれがあり、また、当事者等が複数の場合には関係者ごとの手続保障にも配慮が必要となります。複雑訴訟を学ぶ際は、これらの点を意識する必要があります。

第5章 複雑訴訟

第1節 複数請求訴訟

1 総説

複数請求訴訟（請求の併合）とは、同一の当事者間で複数の請求を同一の訴訟手続に併合して審判する場合の総称をいう。

【図解】

① A特許権に基づくB製品の販売差止請求

② B製品販売によるA特許権の侵害に基づく損害賠償請求

③ X意匠権に基づくY製品の販売差止請求

甲（原告） → 乙（被告）

法が予定している訴訟の基本的形態は、一人の原告が、一人の被告に対して、一つの請求につき審判を求めるというものであるが、同一の当事者間に複数の請求が存在する場合があることを考慮して、法は複数の請求を同一の訴訟手続に併合して審判することを認めている。もっとも、このような訴訟形態は、審理の重複や裁判の矛盾を防止することができるため、当事者にとって有益であり、訴訟経済にも資するというメリットがある一方で、これを無制限に認めると、審理の複雑化や、これに伴う訴訟遅延のおそれというデメリットもある。そこで法は、これらの点を踏まえ、このような訴訟形態が形成される時期に応じた規律を行っている。

□訴えの客観的な面（請求）を中心に一つの手続にまとめられていることに注目して訴えの客観的併合と呼ぶ場合もある。

【図解】

```
                ┌── 原始的（固有の訴えの客観的併合）
                │
                │           ┌── 訴えの変更 ──┐ 原告による
請求の複数 ──────┤           │                 中間確認の訴え
                │           │
                └── 後発的 ──┼── 中間確認の訴え ─┤
                            │                 被告による
                            │                 中間確認の訴え
                            └── 反 訴
```

2 固有の訴えの客観的併合

(1) 意義

固有の訴えの客観的併合とは、一人の原告が、一人の被告に対して、訴えの提起の当初から、一つの訴えをもって数個の請求をする場合（請求の原始的複数）をいう。

「固有の」とは、当事者が複数の場合の審判形態である訴えの主観的併合（38条〜）を伴う場合を除き、また訴え提起後に請求が

複数になる場合（請求の後発的複数）を除く趣旨であり、請求の原始的複数が請求の併合の基本的形態であることを示すものである。

固有の訴えの客観的併合においては、訴えの提起の当初から請求が複数である（請求の原始的複数）ため、訴え提起後に請求が複数になる場合（請求の後発的複数）と比べ、併合による審理の複雑化や、これに伴う訴訟遅延のおそれが少ないことから、その要件は緩やかなものとなっている。

(2) 要件

請求の併合が許されるためには、次の要件を満たしていることを要する。

① 複数の請求が同種の訴訟手続によって審判されるものであること（136条）

異種の手続の請求の併合を許すと審理が遅延することになるから、かような事態を回避するために設けられたものである。

□通常の民事訴訟（特許権侵害訴訟）と行政訴訟（審決取消訴訟）は異種であり、これらを併合することはできない。

② 各請求につき受訴裁判所が管轄権を有すること

通常は併合請求における管轄に関する7条の規定により、受訴裁判所は、そこに一つの請求につき管轄権があれば他の請求についても管轄権を有するから、実際には、他の裁判所が専属管轄を有する請求の併合のみが禁じられる。

③ 請求の併合が法律上禁止されていないこと

(3) 態様

ア 単純併合

単純併合とは、併合された他の請求が認容されることと無関係に、各請求の全てについて審判を求める併合形態をいう（ex.売買代金支払請求と貸金返還請求のように、その目的上無関係な請求を併合する場合）。

裁判所は各請求について判決をしなければならない。

イ 予備的併合

予備的併合とは、法律上両立しえない数個の請求に順位を付し、第一次（主位）請求が認容されることを解除条件として、次順位（副位）の請求を併合する場合をいう（ex.売主が売買代金を請求しながら、売買が無効と認められる場合を慮って、予備的に既に引き渡した目的物の返還を請求するような場合）。

すなわち、各請求が法律上両立しえない場合に、同時に審判を申し立てると矛盾する申立てとなるため、各請求の審判に順位を付すことが要求される場合が予備的併合である。

裁判所は、第一の請求を認容するときは、予備的請求について

□ア〜ウの各態様は請求の後発的複数の場合にも生じる。

□知的財産権侵害訴訟における例としては、A特許権に基づくB製品の差止請求とB製品販売によるA特許権の侵害に基づく損害賠償請求を併合したり、これらとX意匠権に基づくY製品の差止請求を併合する場合が挙げられる。

□知的財産権侵害訴訟における例としては、商標権に基づく被告標章Xの使用差止請求（商標法36条1項）と被告標章Xの使用時の混同防止表示請求（32条2項）を併合する場合が挙げられる。

第5章

第1節 複数請求訴訟

179

は審判する必要がなくなるが、これを棄却するときは、予備的請求をも審判しなければならない。

実体法上の論理関係を訴訟に反映させるとともに、両請求は訴訟追行・審理の過程で密接に関連するので、2つの請求を同一の手続内で審理するほうが、当事者にとっても裁判所にとっても都合がよいし、判断の統一が図れることから、この併合形態が認められている。

ウ　選択的併合

選択的併合とは、同一の目的を有し法律上両立しうる数個の請求のうち、その一つが認容されることを、残りの請求についての審判申立ての解除条件として、数個の請求を併合する場合をいう（ex.同一物の引渡しを、所有権及び占有権に基づいて請求し、又は同一の事故に関する損害賠償を不法行為と債務不履行に基づいて請求する場合）。

この併合は、法律上両立しうる数個の請求であるが、実体法上1回の給付あるいは形成しか認められず、また、原告も数個の請求のどれか1つで勝訴すれば当面の目的が達せられることから、二重の給付判決あるいは形成判決を避けるため、旧訴訟物理論（実体法説）の立場から認められるものである。

裁判所は、その中の1つの請求原因に基づいて請求を認容すれば、残余の請求については審判せずに訴訟を完結できるが、原告を敗訴させるには全部の請求を棄却しなければならない。

これに対し、新訴訟物理論に立てば、選択的併合の概念は不要となる。すなわち、この立場によれば、民事訴訟の訴訟物は、紛争の一回的解決の見地から、例えば、給付訴訟であれば「給付を求める法的地位」というように広く捉えることになり、旧訴訟物理論の立場から選択的併合といわれてきたものは、全て攻撃防御方法が複数提出されたものにすぎないことになるからである。

□知的財産権侵害訴訟における例としては、商標権に基づく被告標章Ｙの使用差止請求（商標法 36 条 1 項）と、不正競争防止法 2 条 1 項 1 号及び 3 条 1 項に基づく同標章の使用差止請求を併合する場合が挙げられる。

□訴訟物理論については第2章第 1 節 2 参照。

(4)　**審理・判決**

ア　併合要件は併合訴訟の訴訟要件となるものであり、裁判所はそれを具備しているか否かを職権で調査する。そして、これを欠くときは、併合が許されないというだけであるから、各請求ごとに別個の訴えの提起があったものとして取り扱えばよい。

弁論及び証拠調べは全ての請求に共通なものとして行われる。また、併合請求の全部について判決に熟したときは、全部判決をする（243 条 1 項）。

イ　弁論の分離及び一部判決の可否

ａ．弁論の分離（152条１項）とは、裁判所が、数個の請求につ
いての併合審理をやめ、ある請求の弁論及び証拠調べを独立別
個の手続で行う旨を命じる措置をいう。これにより訴訟の審理
を整理することができるが、弁論の分離後は、弁論・証拠調べ
だけでなく、判決も別々に下される。従って、別々に判決され
てはならない事件、例えば論理的に一方が認められれば他方が
認められない予備的併合事件については、弁論の分離は許され
ない。

ｂ．請求の複数（客観的併合）と一部判決については第４章第２
節２⑴イｂ参照。弁論の分離と一部判決とは、別々に判決する
ことができるか否かに関するものであることから、その可否に
ついては同じように考えられている。

3 請求の後発的複数

⑴ 訴えの変更

□【事例２－５】参照。

```
事例  5－1
```

　A特許権を保有する甲は、乙のA特許権侵害行為により１億円の
損害を被ったと認識している。そこで甲は乙を被告として、特許権
侵害による損害賠償請求訴訟（前訴）を提起したが、勝訴の見込み
をはかるため、ひとまず請求額は3000万円とした。

　この訴訟の係属中に、甲がその認識する損害額の残額である
7000万円の賠償を訴訟上求めるためには、どのような手続を執る
ことが考えられるか。

```
          ①  A特許権の侵害による損害賠償請求
              （請求額 3000 万円）
（原告）甲 ──────────────────────→ 乙（被告）
認識損害額   ②  ①の係属中に残部 7000 万円を請求？
１億円
```

ア　意義

　訴えの変更とは、原告が訴訟の係属中に、請求の趣旨又は原因
を変更することによって、その審判事項（訴訟物）の同一性や範
囲を変更することをいう（143条１項）。

　原告が提起した訴えに係る請求の内容が被告との紛争解決に
とって不十分であることが判明した場合に、常に一から訴訟を提
起し直さなければならないとすると、原告にとって不便であるし、
それまでに投じられた当事者や裁判所の労力が無駄になり、訴訟
経済上も妥当でない。そこで、訴えの変更が認められたものである。

□143条１項は「請求又
は請求の原因を変更」と規
定しているが、ここにいう
「請求の原因」とは、訴状
中の「請求の原因」の項に
記載される事項という意味
ではなく、請求を特定する
のに必要な事実（134条
２項２号、規53条１項）
を指す。すなわち、訴えの
提起後に訴訟物の範囲を追
加変更するときは訴えの変
更の手続が必要となる一
方、訴訟物の範囲に変更は
ないが、請求を理由づける
事実を追加するときは訴え
の変更は必要でない。この
場合は準備書面において追
加の主張を行うべきであ
る。

第5章

第1節　複数請求訴訟

181

訴えの変更には、当初から請求を維持しつつ、新請求についても審判を求める追加的変更と、従来の請求に代えて新請求につき審判を求める交換的変更がある。

訴えの変更は書面でしなければならず（143条2項）、その書面は相手方（被告）に送達しなければならない（同条3項）。

イ　要件

訴えの変更は、一方では原告の便宜・訴訟経済に資するという利点がある反面、後発的に行われるものであるため、これを無制限に許すと、審理の複雑化を招き、訴訟遅延も避けられない。そこで、請求の併合の一般的要件（2(2)参照）のほか、特に以下の要件の充足が要求される。

① 請求の基礎に変更がないこと（143条1項本文）

「請求の基礎」の意義については諸説あるが、「請求の基礎」の同一性とは、新旧両請求の主要な争点が共通であって、旧請求についての訴訟資料・証拠資料を新請求の審理に利用することができる関係にあり、両請求の利益主張が社会生活上、同一又は一連の紛争に関するものとみられる場合をいうとする説が有力である。このような場合であれば、被告の防御目標が予想外のものに変更され、被告が不当に不利益を受けるということもないからである。

② 事実審の口頭弁論終結前であること（143条1項本文）

法律審である上告審では、事実主張は許されず、訴えの変更はできない。一方、控訴審は事実審であるから、その口頭弁論終結まで訴えの変更ができる（297条による準用）。なお、控訴審における訴えの変更を認めても、請求の基礎が同一である限り、新請求の事実関係につき第一審の審理を経ているといえるため、被告の審級の利益は害されない。

③ 著しく訴訟手続を遅滞させないこと（143条1項ただし書）

これは公益を理由とする要件であるため、請求の基礎に変更のない場合又は被告の同意もしくは応訴のあるときでも、訴えの変更は許されない。

④ （交換的変更の場合）訴えの取下げの要件を充足すること

解説　事例5－1

訴えの変更により請求を1億円に拡張することが考えられる（143条1項本文）。同項の「請求の基礎」の同一性とは、新旧両請求の主要な争点が共通であって、旧請求についての訴訟資料・証拠資料

□判例は、交換的変更は追加的変更と訴えの取下げの複合にほかならないとしており、これによれば、交換的変更の場合には、追加的変更として訴えの変更の要件を満たし、被告の同意を得た上で従前の訴えを取り下げることになるが（261条2項）、単純に旧訴を取り下げ新訴を提起した場合とは異なり、旧訴における訴訟資料を新訴に流用できるメリットがある。

□①の要件を設けた趣旨が被告の利益保護にあることから、請求の基礎に変更がある場合であっても、被告が訴えの変更に同意し、又は異議なく応訴した場合や、被告の陳述に依拠して訴えの変更がされた場合であれば、この要件は考慮しなくてよいとするのが判例である。

□訴えの変更の規定を適用できるのは同一の当事者間における審判事項（訴訟物）の同一性や範囲の変更の場合だけであり、当事者が異なる場合には適用できないことに注意を要する（第4節3(2)参照）。

を新請求の審理に利用することができる関係にあり、両請求の利益主張が社会生活上、同一又は一連の紛争に関するものとみられる場合をいうところ、本事例においては同一の特許権侵害に関し損害賠償請求額を増額するものであって、この要件を充たすことは明らかであるから、その他の要件（事実審の口頭弁論終結前であること（同項本文）及び著しく訴訟手続を遅滞させないこと（同項ただし書））を充たす限り、訴えの変更は認められる。

なお、訴えの変更によらずに別訴を提起して残部請求を行うことも一応考えられるが、一般的には、訴訟資料の流用ができる点において、訴えの変更による方が原告甲にとってメリットが大きく、また、審理の重複や判断の矛盾を避け、手続の迅速にも資するため、要件を充たす限り、訴えの変更によるべきである。

また、別訴によった場合、甲が3000万円につき一部請求であることを明示せずに前訴を提起していたときは、前訴と別訴は当事者及び訴訟物たる権利が同一であるため、重複する訴えの提起の禁止（142条）に触れ、別訴は不適法となる。

(2) 反訴

事例 5-2

大阪府大阪市所在のA株式会社は、同市に所在する同業者であるB株式会社を被告として、大阪地方裁判所に、商標権及び不正競争防止法に基づくB社の標章使用行為の差止請求訴訟を提起し、第1回口頭弁論期日が開かれた。一方、A社はB社の取引先に対し、「B社の標章使用行為はA社の商標権を侵害し、不正競争防止法にも違反するものである」と告知しており、今後もこのような告知を続ける見込みであるが、B社としては、A社の行為は虚偽の事実を告知するものであると認識している。

この場合に、B社が不正競争防止法2条1項21号及び3条1項に基づきA社の上記告知行為を訴訟上差し止めるためには、どのような手続を執ることが考えられるか。

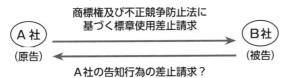

ア 意義

反訴とは、訴訟の係属中に、被告がその訴訟手続を利用して、原告に対して提起する訴えをいう（146条1項）。

原告から訴えられた機会に、被告にも原告に対する請求につき同一訴訟手続の利用を許すのが公平であり、また、関連した請求を併合することにより、審判の重複や裁判の不統一を避けることができる。そこで、反訴制度が認められたものである。

□反訴には、訴えの変更の場合の単純併合に対応する単純反訴と、予備的併合に対応し、本訴の却下・棄却を解除条件とする予備的反訴がある。

【図解】

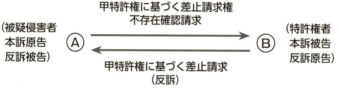

□反訴については訴えに関する規定による（146条4項）ため、反訴の提起には反訴状の提出が必要であり（134条1項）、また、反訴状は反訴被告（本訴原告）に送達する必要がある（138条1項）。

イ 要件

請求の併合の一般的要件（2(2)参照）のほか、次の要件の充足が要求される。

① 反訴請求が「本訴の目的である請求」（本訴請求）又は「防御の方法」（防御方法）と関連するものであること（146条1項本文）

これは、訴えの変更についての請求の基礎の同一性に対応する加重要件であり、反訴請求と本訴請求との関連性とは、訴訟物たる権利の内容又は発生原因において共通点を有することをいう（ex. 被疑侵害者が原告となって、特許権者を被告として、特許権に基づく差止請求権不存在確認訴訟（本訴）を提起したのに対し、被告が原告を相手取り、原告製品の製造販売差止請求訴訟（反訴）を提起する場合）。

また、反訴請求と本訴請求に対する防御方法との関連性とは、反訴請求が抗弁事由とその内容又は発生原因において共通点を有することをいう（ex. 実施料請求訴訟（本訴）に対し、被告が原告に対し有する貸金返還請求権（実施料の額を超える）による対当額での相殺の抗弁を主張するとともに、実施料の額を超える部分について支払を求める場合）。

□法は、被告にはその立場上、原告のように固有の訴えの客観的併合（原始的併合であるため請求相互の関連性が要求されない）が認められないため、訴えの変更の場合よりも反訴の要件を緩やかにした（反訴請求が防御方法と関連する場合についても反訴を認めた）ものと考えられる。

② 反訴提起当時、本訴が係属中であり、かつ事実審の口頭弁論の終結前であること（146条1項本文）

③ 専属管轄の規定に反しないこと（146条1項ただし書1号）

④ 反訴の提起により著しく訴訟手続を遅滞させないこと（146条1項ただし書2号）

⑤ 控訴審での反訴の提起については、本訴原告（反訴被告）の

同意又は応訴が必要である（300条1項・2項）。

　これは、反訴請求についての相手方の審級（第一審）の利益を考慮したためである。

　すなわち、訴えの変更においては、その要件として請求の基礎の同一性が要求されるのに対し、反訴においては、反訴請求が本訴請求と関連する場合にとどまらず、本訴請求に対する防御方法と関連する場合にまで、その要件が緩められている。このため、無条件に控訴審での反訴を許した場合、第一審での審判の対象との関連性が確保できるとは限らず、反訴被告の審級の利益を害するおそれが大きくなるところから、控訴審での反訴提起には反訴被告の同意又は応訴を要求したものである。

　このように、本訴原告の審級の利益を守るために原告の同意又は応訴を要求したものである以上、審級の利益が害されない場合には、これらを要求する必要はないことになる。そこで、中間確認の反訴や訴訟物たる権利又は法律関係を同じくする反訴などについては、原告の同意又は応訴は必要ではないとするのが通説であり、判例も、原告の土地明渡請求に対して、第一審で賃借権の抗弁を提出し、これが認められた後、控訴審で賃借権確認の反訴を提起する場合には、原告の同意を要しないとしている（最判 S38.2.21）。

解説　事例5−2

　B社はA社を被告として、不正競争防止法2条1項21号及び3条1項に基づく反訴を大阪地方裁判所に提起することが考えられる（民訴法146条1項本文）。

　「本訴の目的である請求…と関連する」とは、訴訟物たる権利の内容又は発生原因において共通点を有することを意味すると解されているところ、本事例におけるB社の請求は、本訴とともに、訴訟物たる権利の発生又は不発生に当該権利侵害の成否が関わるため、この要件に該当する。また、反訴を行うには口頭弁論終結前に行うこと（同）、専属管轄の規定に反しないこと（同条1項ただし書1号）、反訴の提起により著しく訴訟手続を遅滞させないこと（同条1項ただし書2号）も必要であるが、本事例におけるB社の請求は不正競争防止法による請求であって専属管轄に属するものではなく、また、第1回口頭弁論期日が開かれた段階であるから、その他の要件も充足する。

なお、反訴によらずに別訴を提起することも一応考えられるが、一般的には、訴訟資料の流用ができる点において、反訴による方がB社にとってメリットが大きく、また、審理の重複や判断の矛盾を避け、手続の迅速にも資するため、要件を充足する限り、反訴によるべきである。

(3) 中間確認の訴え

ア 意義

中間確認の訴えとは、原告又は被告が、係属中の訴訟の訴訟物の判断に対し、先決関係にある法律関係の存否についての確認を当該訴訟手続内ですることを求める訴えをいう（145条）。原告がこれを提起するときは、訴えの追加的変更の一種であり、被告が提起するときは、反訴の一種であるが、特殊な場合として別に規定されている。

本来の請求についての訴訟係属中に、その請求の先決関係たる権利又は法律関係の存否について争いがある場合に、その存否についての確認を求めることを認めて既判力を得られるようにし、別訴による不経済や判断の不統一を避けられるようにしたものである。

□例えば、所有権に基づく土地明渡請求訴訟の係属中に、当該土地所有権の確認請求を追加する場合がこれに当たる。

□中間確認の訴えは書面でしなければならず、その書面は相手方（被告）に送達しなければならない（145条4項、143条2項、3項）。

イ 要件

請求の併合の一般的要件（2(2)参照）のほか、特別の要件として以下のものが要求される。すなわち、中間確認の訴えにおいては、本来の請求と新請求との間に先決関係が存在し、請求の基礎の同一性、攻撃防御方法の牽連性、訴訟遅延のおそれ等を特に考慮する必要がないため、要件及び手続について特別の規律がされている。

① 当事者間に訴訟が係属し、かつ事実審の口頭弁論終結前であること

② 当事者間に争いがあり、本来の請求の全部又は一部の判断の前提となる法律関係（「先決関係」）について、積極的又は消極的確認を申し立てるものであること（ex. 利息請求の前提として元本債権の存否の確認を求める場合、所有権侵害に基づく損害賠償請求の前提として所有権の存否の確認を求める場合）

□控訴審での中間確認の訴えの提起については、原告は控訴審でも訴えの追加的変更ができるため、被告の同意なく、それを提起できることが明らかである（143条、297条）。そして、そのこととの均衡、及び通常の反訴よりも本訴との関連性がはるかに大きく、原告の審級の利益を害しないことから、被告は原告の同意なく（300条参照）、中間確認の訴え（反訴）を提起できるとするのが通説である。

186

第2節　共同訴訟

1 総説

　一つの訴訟手続に数人の原告又は被告が関与している訴訟形態を共同訴訟という。

　民事訴訟においては、一原告・一被告という二当事者対立構造が原則的形態であるが、関連する紛争を同一訴訟手続で同時に審判すれば、審理の重複や裁判の矛盾を防止することができるため、当事者にとって有益であり、訴訟経済にも資するというメリットがある一方で、これを無制限に認めると、審理の複雑化や、これに伴う訴訟遅延のおそれというデメリットもある。また、複数請求訴訟の場合と異なり、当事者も複数であることから、関係当事者ごとの手続保障にも配慮が必要となる。そこで法は、これらの点を踏まえ、共同訴訟について規律を行っている。

□共同訴訟のうち、訴え提起の当初から、一つの訴えによって数人が同時に訴え又は訴えられる場合を訴えの主観的併合という。このほか、共同訴訟の発生原因には、係属中の訴訟に第三者が当事者として加わる場合（訴えの主観的追加的併合）、裁判所が弁論の併合をした場合がある。

2 通常共同訴訟

(1) 意義

　通常共同訴訟とは、各共同訴訟人が、他の共同訴訟人にわずらわされることなく、独自に訴訟追行をする権能を認められる場合で、法律上合一確定が必要とされない共同訴訟をいう。例えば、数人の被害者から同一の加害者に対して損害賠償の請求をする場合や、主債務者と連帯保証人とを一緒に被告として訴える場合などがこれに当たる。

【図解】

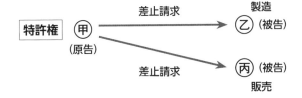

　通常共同訴訟は、もともと別々の訴訟手続で審判されても差し支えない性質の複数の原告又は被告の訴訟が、38条の要件を充たした場合に、便宜上共同訴訟となることが認められたものであり、法律上合一確定が必要とされない。ほとんどの共同訴訟はこの形態である。もっとも、弁論や証拠調べ等が共通の期日にされるため、審理の重複が避けられることから、事実上、合一確定が期待でき、裁判の矛盾も回避することができる。

(2) 要件

　ア　主観的併合の要件－各請求間の関連性（38条）

① 各請求の内容である権利又は義務が共通であること（38条前段。ex. 数人の連帯債務者に対する貸金返還請求）
② 各請求の内容である権利又は義務が同一の事実上及び法律上の原因に基づくこと（38条前段。ex. 主たる債務者と保証人に対する貸金返還請求と保証債務履行請求）
③ 各請求の内容である権利又は義務が同種で、かつ事実上及び法律上同種の原因に基づくこと（38条後段。ex. 無関係の複数人に対する各貸金返還請求）

イ　客観的併合の要件
当事者が複数であれば当然請求も複数となるため、請求の併合の一般的要件（136条、管轄の共通など）を充たす必要がある。

(3) 共同訴訟人独立の原則

事例 | 5−3

甲特許権を保有するＸ株式会社は、乙製品を製造販売するＹ株式会社と、丙製品を製造販売するＺ株式会社を被告として、甲特許権に基づく乙製品及び丙製品の製造販売差止請求訴訟を１つの訴えにより提起した。

この訴訟において、Ｙ社は、出願前公知文献Ａに基づき甲特許発明には新規性がなく、甲特許権は無効であるとの主張（特許法104条の3第１項）を行い、文献Ａを証拠提出した。

以上の事実に加え、以下の(1)(2)に固有の事実が存在することを前提として、(1)(2)の各場合において、裁判所は、判決において、Ｘ社のＹ社に対する請求を棄却するだけでなく、Ｚ社に対する請求も棄却することができるか。

(1) Ｚ社は、出願前公知文献Ｂに基づき甲特許発明には新規性がなく、甲特許権は無効であるとの主張立証を行う一方、このＹ社の主張と同じ主張はせず、その援用もしなかった。
審理の結果、裁判所は、文献Ａに基づき甲特許発明には新規性がなく、甲特許権は無効であるが、文献Ｂに基づき甲特許発明には新規性がなく無効であるとの主張には理由がないとの心証を形成した。

(2) Ｚ社も、このＹ社の主張と同じ主張をしたが、文献Ａの証拠提出をせず、Ｙ社による証拠提出の援用もしなかった。
審理の結果、裁判所は、文献Ａに基づき甲特許発明には新規性がなく、甲特許権は無効であるとの心証を形成した。

□共同訴訟における管轄裁判所につき７条参照。同条ただし書は、当事者の一人による、又は一人に対する請求について管轄権を有する裁判所に、全ての当事者を原告又は被告として訴えを提起することができるのを38条前段の場合に限定している。

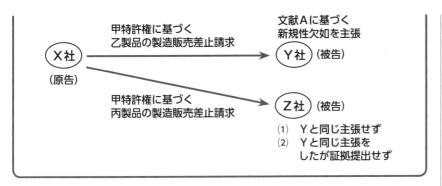

ア 意義

　共同訴訟人独立の原則とは、各共同訴訟人が他の共同訴訟人から干渉を受けずに、それぞれ独立して訴訟追行をする権能を持ち、一人の共同訴訟人について生じた事項は、他の共同訴訟人に影響を与えないという原則をいう（39条）。

　通常共同訴訟では、もともと別々の訴訟で解決されて差し支えないような事件が一つの手続に併合されているにすぎず、共同訴訟人は、実体法上各自その相手方との関係において係争権利ないし利益を処分する権能を有している。それゆえ、訴訟上も相互に独立して訴訟追行し、他の共同訴訟人から干渉を受けることがないのが原則となる。これが、共同訴訟人独立の原則が認められる理由である。

イ 共同訴訟人独立の原則の修正

　このように、通常共同訴訟においては共同訴訟人独立の原則が適用され、この原則を厳格に貫くと、各共同訴訟人が提出した証拠や主張は、他の共同訴訟人と相手方当事者間の訴訟には何ら影響を及ぼさないことになるが、前述した共同訴訟のメリットを生かすために、この原則には、解釈上、一定の修正が加えられている。

a．共同訴訟人間の証拠共通

　共同訴訟人の一人が提出した証拠は、援用の有無にかかわらず、他の共同訴訟人についても事実認定の資料とすることができる（共同訴訟人間の証拠共通）とするのが判例・通説である。

（理由）

　当該証拠に基づいて裁判所の心証が形成されているときに、同一の事実が問題となっているにもかかわらず、その心証を証拠の申出をした共同訴訟人のみに用いて、他の共同訴訟人には用いないとすると、認定されるべき真実は一つであるにもかかわらず、一つの審理において矛盾した事実認定を裁判所に強い

ることになり、自由心証主義（247条）を不当に制約することになる。

　ｂ．共同訴訟人間の主張共通

　　共同訴訟人の一人による事実主張を他の共同訴訟人が主張又は援用しない場合に裁判所が当該事実を他の共同訴訟人についての訴訟資料とすることができるか否かが問題となるが、ａで述べた共同訴訟人間の証拠共通とは異なり、否定するのが判例・通説である。

　（理由）

　　共同訴訟人間の証拠共通は、当事者の主張の存在を前提として裁判所の心証形成領域の問題として論じることができるが、いかなる事実を審判の対象とするかの選択権が当事者に与えられることは共同訴訟人独立の原則の中核となるものであり、主張共通を証拠共通と同視することはできない。

解説　事例5-3

(1)　できない。本事例の訴訟は、Ｘ社のＹ社に対する請求とＺ社に対する請求につき個別に訴えを提起できる通常共同訴訟であるところ、この場合、共同訴訟人の一人の訴訟行為は、他の共同訴訟人に影響を及ぼさない（共同訴訟人独立の原則、39条）ため、文献Ａに基づき甲特許発明には新規性がなく、甲特許権は無効であるとのＹ社の主張はＺ社には影響せず、Ｚ社がこれと同じ主張をせず、その援用もしていない以上、裁判所はＸＹ間においてのみ甲特許権に関する無効の抗弁を認めることができるからである。

(2)　できる。前述のとおり、通常共同訴訟には共同訴訟人独立の原則が適用されるが、共同訴訟人の一人が提出した証拠は、援用の有無にかかわらず、他の共同訴訟人についても事実認定の資料とすることができる（共同訴訟人間の証拠共通）からである。

---

3 必要的共同訴訟

(1)　意義

　　共同訴訟のうち、判決が各共同訴訟人間で合一に確定されることが要求されるものをいい、その種類として、固有必要的共同訴訟と類似必要的共同訴訟がある。必要的共同訴訟の趣旨は、主として、合一確定を要求することによって判決の矛盾・抵触を防止する点にある。

□共有に係る特許権について特許権者に対し審判を請求するときは、共有者の全員を被請求人として請求しなければならず（特許法132条2項）、また、特許権又は特許を受ける権利の

【図解】

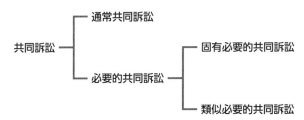

(2) 固有必要的共同訴訟

　固有必要的共同訴訟とは、合一確定が要請される共同訴訟（必要的共同訴訟）のうち、個別の訴訟は許されず、共同訴訟人全員が当事者とならなければ、当事者適格が認められないものをいう（40条）。

　当該訴訟が固有必要的共同訴訟になるか否かは、当事者適格の基礎となる実体法上の管理処分権や法律上の利益の帰属形態により決定され、それらが数人に共同で帰属している場合には、その数人が共同して訴え、又は訴えられなければならない一方、それらが実体法上各人に単独で帰属している場合には、訴訟上も通常共同訴訟となると考えられている。

(3) 類似必要的共同訴訟

　類似必要的共同訴訟とは、合一確定が要請される共同訴訟（必要的共同訴訟）のうち、全員が当事者とならない個別の訴訟でもよいが、共同訴訟となった場合には合一確定が要請される訴訟形態をいう。類似必要的共同訴訟となるのは、共同訴訟人の一人が受けた判決の効力が他の共同訴訟人に及ぶ場合である（ex. 複数の株主が提起する株主総会決議の不存在又は無効の確認の訴え（会社法830条、838条））。

(4) 必要的共同訴訟の審判

　必要的共同訴訟においては、合一確定の必要から、訴訟資料や訴訟進行を一律にするための規制が行われる。この点では、固有必要的共同訴訟であると類似必要的共同訴訟であるとを問わないが、後者については、個別に訴え又は訴えられる場合であるから、1人の又は1人に対する訴えの取下げが可能である。

　ア　訴訟の進行

　　弁論及び証拠調べは共通の期日で行う。弁論の分離（152条1項）、本案についての一部判決（243条2項）は許されない。判決の確定も、全員について上訴期間が経過するまでは生じない。

　　共同訴訟人の1人について、訴訟手続の中断又は中止の原因が生

共有者がその共有に係る権利について審判を請求するときは、共有者の全員が共同して請求しなければならない（同条3項）。

　一方、審決取消訴訟については、特許を受ける権利の共有の場合には共有者全員で行う必要があるとされているが（最判H7.3.7 磁気治療器事件）、特許権の共有の場合には共有者の一人が保存行為（民法252条5項）として単独でできるものとされている（最判H14.3.25 パチンコ装置事件、最判H14.2.22 ETNIES事件）。これらと同様に、民事訴訟においても、共同訴訟人全員について合一に確定する必要がある場合には、全員で訴訟を行わなければならないとされているものである。

□共同訴訟参加（52条）

　共同訴訟参加とは、係属中の訴訟手続に第三者が原告又は被告の共同訴訟人として加入するものであって、その参加の結果、必要的共同訴訟として40条の適用を受ける場合をいい、参加人が当初から当事者となっていれば類似必要的共同訴訟となる場合がこれに当たる（ex. 株主総会決議の不存在又は無効の確認の訴え（会社法830条）において、原告株主に他の株主が参加する場合）。

　共同訴訟参加は、明文による訴えの主観的追加的併合の一つであるが、第三者が既存の当事者の一方の側に付いて共同戦線を張るものであり、二当事者対立の枠内に止まる点で後述する独立当事者参加とは異なる。

じると、全訴訟の進行が停止される（40条3項）。

イ　一部の共同訴訟人による、又はこれに対する訴訟行為の効果

　　a．共同訴訟人がする行為は、それが有利な行為である場合には1人がしても全員のために効力を生じる（40条1項）。例えば、1人でも相手方の主張事実を争えば、全員が争ったことになるし、1人でも応訴すれば、訴えの取下げには全員の同意が必要になる。また、1人でも期日に出頭すれば、欠席した他の者に不出頭の不利益（244条・263条）を課すことはできない。判決に対して1人が上訴すれば全員に対する判決の確定が防止され、全訴訟が移審して、共同訴訟人全員が上訴人の地位につくと解するのが通説である。

　　　これに対し、請求の放棄・認諾、裁判上の自白、控訴権の放棄のように不利な行為については、全員がしなければ効力を生じない。もっとも、1人だけ出頭した者が裁判上の自白をした場合には、他の者がその後の期日に出頭して争わないと擬制自白（159条3項本文、1項本文）が成立することになるし、1人が自白し、他の者が争うというように、各共同訴訟人が矛盾する主張をする場合には、そのこと自体が弁論の全趣旨の一要素として、不利な心証形成の原因となることも妨げられない（247条）。

　　b．相手方の訴訟行為は、共同訴訟人の1人だけに対してしても、全員に対して効力を生じる（40条2項）。共同訴訟人の一部の者が欠席しても、相手方が訴訟行為をすることに差し支えないようにする趣旨である。従って、その行為が共同訴訟人にとって有利であるかは問わない。例えば、期日に共同訴訟人の1人でも出頭していれば、相手方は、準備書面に記載しない事実でも主張することができ（161条3項）、全員に対して主張したことになる。

4 共同訴訟の発生手続

　共同訴訟形態を発生させる手続には、訴え提起の当初から、共同訴訟を発生させる場合と、既存の訴訟手続に新たに第三者が当事者として加わる結果、共同訴訟となる場合とがあるほか、弁論の併合による場合などがある。

(1)　固有の訴えの主観的併合

　数人の原告の各請求又は数人の被告に対する各請求について、訴え提起の当初から、一つの訴えで同時に、審判を申し立てる場合をいう。この場合の要件については既に述べた。

(2)　訴えの主観的予備的併合

　参加人たる第三者は、独立の当事者適格を有する者でなければならない。なぜなら、この参加は当事者参加であり、別訴提起に代わるものといえるからである。当事者適格のない者は、当事者間の判決の効力を受ける場合であっても、（共同訴訟的）補助参加しかできない。

□被保佐人もしくは被補助人が共同訴訟人の1人である場合、自分が上訴するには保佐人の同意が必要であるが、他の共同訴訟人の上訴によって上訴人となり、上級審の訴訟行為をするのには、保佐人の同意を要しない（40条4項）。

□本文で紹介する以外の共同訴訟発生事由としては、訴訟中に一当事者の地位を数人が承継した場合（ex. 相続）が挙げられる。

ア 意義

　訴えの主観的予備的併合とは、共同訴訟人と相手方との間の実体法上両立しえない複数の請求に順位をつけて、主位原告の又は主位被告に対する請求につき、一個の訴訟の審判を求める併合形態をいう。

　例えば、甲が乙に対して、乙の代理人丙を介して締結した売買契約を根拠に、特許権の移転登録請求を行うとともに、丙の代理権が否定された場合に備えて、同一の訴訟手続において無権代理人丙に対する損害賠償請求をすることができるであろうか。この場合、甲が行おうとしている併合提起は、代理権の存在を前提とする乙に対する移転登録請求と、代理権の不存在を前提とする丙に対する損害賠償請求という、実体法上両立しえない請求を併合するものであり、主観的予備的併合に当たる。

□本文で挙げているのは被告側が複数の例であるが、原告側が複数の例としては、債権の譲受人が主位原告となり、債権譲渡が無効とされる場合を考慮して、譲渡人が予備的原告となって債務の履行を求める訴えを提起する場合が挙げられる。

【図解】

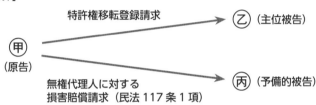

イ 肯否

　このように実体法上両立できない請求を単純併合して提訴することもできるが、この方法では両請求が択一的関係にあるにもかかわらず、両請求に対する勝訴を求めるため、原告の主張の一貫性が確保されにくいという問題がある。また、裁判所が弁論の分離を行うと、統一的な審理が保障されず、裁判所の判断が矛盾することも理論上起こりうるという問題もある。そこで、このような問題への対処として、主観的予備的併合という併合形態が解釈上考えられたが、このような併合形態については否定するのが判例である（最判S43.3.8は原審の判断を肯定するにとどまるため、以下は学説により述べられている理由を挙げる）。

（理由）

① 予備的被告は応訴して訴訟展開に注意していなければならないのに、主位被告に対する請求認容判決の確定により、予備的被告の同意なく予備的被告に対する訴訟係属は遡及的に消滅し、しかも後日再度同一の請求につき訴えられる危険性がある。その上、この訴訟に対応するための費用も予備的被告が自ら負担することになる（予備的被告の地位の不安定・不公平）。

② 主観的予備的併合を認めるとしても、通常共同訴訟である以上、審判の統一の保障は一審で予備的請求が審判された場合の一審判決に限られる。上訴の効力は他の共同訴訟人には及ばない（39条）から、上訴審では矛盾なき判決という主観的予備的併合を認めるメリットは保証されない（上訴の場合の裁判の不統一）。

(3) 同時審判の申出がある共同訴訟（41条）

ア　意義

主観的予備的併合という併合形態を認められない、前頁の【図解】の例における甲としては、同時審判の申出がある共同訴訟を利用することが考えられる。

41条は、旧法下における主観的予備的併合についての議論を踏まえて、端的に同時審判の保障という形で、判断がまちまちになり両方の請求とも敗訴することを避けたいという原告の意思を訴訟手続に反映させることとした。すなわち、共同被告の一方に対する訴訟の目的である権利と、他方に対する訴訟の目的である権利とが、法律上併存しえない関係にある共同訴訟において、原告の申出があったときは、裁判所は弁論及び裁判を分離することができないこととなった。

これによって、事実上審判の機会を同じくし、証拠共通の原則によって、事実上統一的な判断が確保され、共同被告に対する両立しない請求につき、裁判所の判断がまちまちになり、両方の請求で敗訴するような事態を避けることが期待できる。

イ　要件及び手続

① 共同訴訟関係（136条、38条）の成立が前提となる。

② 共同被告の一方に対する訴訟の目的である権利と共同被告の他方に対する訴訟の目的である権利とが法律上併存し得ない関係にあること（41条1項）

これは、一方の請求における請求原因事実が、他方の請求では抗弁事実になる等主張レベルで請求が両立しない関係をいう。これに対して、契約の当事者がAかBのいずれかであるとの主張をする場合等は、複数の被告に対する請求が事実上両立しえない場合であり、これには含まれない。

③ 原告が事実審の口頭弁論終結時までにその旨の申出をすること（41条2項）

原告は、共同訴訟の提起とともに申出をすることもできるし、また、すでに共同訴訟関係が成立している場合に申出をするこ

□同時審判の申出がある共同訴訟は、平成8（1996）年制定、平成10（1998）年施行の現行民事訴訟法で設けられた。

□同時審判の申出がある共同訴訟は、原告の便宜を図る制度であるため、被告からの申出は認められていない。

ともできる。
　同時審判の保障は、共同訴訟形態をとることによって、証拠共通の原則が働き、事実認定に関する判断がまちまちにならないようにするものであることから、申出の時期は事実審の口頭弁論終結時までとした。
ウ　効果
　a．裁判所は弁論及び裁判を分離することができなくなる。なお、原告の申出があったにもかかわらず、弁論を分離して審理を進めた場合には違法となるが、同時審判の申出がある共同訴訟は原告の利益を保護するためのものであるから、原告が異議を述べなければ、違法は異議権の喪失（90条本文）によって治癒される。
　b．単純併合である以上、全部の請求について判決が下される。
　c．控訴審での併合義務について
　　共同訴訟人独立の原則から、共同訴訟人の1人による上訴の効果は、他の共同訴訟人に及ばない。しかし、第一審で同時審判関係が成立したのに、それぞれの請求について各別に控訴がされ、その結果、控訴事件が同一の控訴裁判所に各別に係属するときは、控訴裁判所は弁論の併合を義務づけられる（41条3項）。これは、既に第一審において同時審判申出がされ、かつ、全ての請求が控訴審の審判の対象となっている以上、裁判所の義務として共同訴訟関係を復活させ、同時審判関係を復元するものである。

(4) 訴えの主観的追加的併合

事例　5-4

　X特許権を保有する甲は、これを侵害するY製品を製造販売した乙を被告として、特許権侵害による損害賠償請求訴訟を提起したが、その後、甲乙間の訴訟係属中に、乙と共同してY製品を製造販売した丙を発見した。この場合に、甲が、丙を被告とする、特許権侵害による損害賠償請求について、甲乙間の訴訟と同一の手続で審理してもらうためには、いかなる訴訟上の手続を取るべきか。

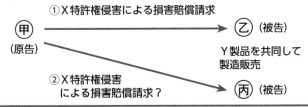

ア　意義

　　訴えの主観的追加的併合とは、訴訟係属中に、第三者がその意思に基づき積極的に当事者として訴訟に加入し、又は従来からの当事者がその意思に基づき第三者に対する訴えを追加的に併合提起することをいう。

イ　肯否

　　主観的追加的併合が認められると、審理の重複が回避できて訴訟経済に適い、裁判の矛盾を回避して紛争の統一的解決が図られるというメリットがある。このため法も一定の場合にこのような併合形態を明文の規定により認めている（共同訴訟参加（52条）、独立当事者参加（47条）、訴訟承継（49条、50条））。そこで問題は、このような明文規定がない場合にも、第三者が自ら手続に加入して、従来の原告又は被告に対する関連請求訴訟を併合提起したり、従来の当事者が第三者に対する訴えを併合提起することが認められるかという点であるが、判例は、明文規定の存する場合以外に主観的追加的併合を申立権（ここでは当事者の権利であって裁判所はこれに応じる義務を負うものを指す。）として認めることはできないとしている。

（理由）

①　既に法に規定されているもの以外に、このような併合形態を一般的に認める明文の規定がない。

②　これを認めた場合でも、新訴につき旧訴の訴訟状態を当然に利用することができるか否かについては問題があり、必ずしも訴訟経済に適うものでなく、かえって訴訟を複雑化させるという弊害も予想される。

③　軽率な提訴ないし濫訴が増えるおそれもある。

④　新訴の提起の時期いかんによっては訴訟の遅延を招きやすい。

□判例のように否定説に立つときは、併合審理を望む当事者は、裁判所に対し弁論の併合（152条1項）の上申を行うことになる（この場合、併合されるか否かは裁判所の裁量による）。

解説　事例5-4

　甲は、丙を被告として損害賠償請求訴訟を追加提起し、裁判所に弁論の併合（152条1項）の上申をすべきである。但し、弁論の併合はあくまでも裁判所の訴訟指揮権の一環であり、裁判所の裁量により決せられるものであり、裁判所に併合する義務があるわけではない点に注意を要する。なお、弁論の併合が裁判所の裁量によることから、当事者としては、法律上併合審理が裁判所の判断にかかわらず強制される主観的追加的併合の方法を執ることも考えられる

が、判例はこれを否定している。また、訴えの変更（143 条 1 項）は同一当事者間において審判事項（訴訟物たる権利又は法律関係）の同一性や範囲を変更するものであり、本事例の解決に使うことはできない。

第3節　訴訟参加

1 補助参加

事例 5-5

　A特許権を保有する甲株式会社は、乙株式会社に対し、A特許権につき通常実施権の許諾を行った。甲社と乙社は、この許諾契約において、乙社によるA特許発明の実施が第三者の特許権を侵害し、乙社が第三者に対し損害賠償金を支払ったときは、乙社は甲社に対し、乙社が第三者に支払った損害賠償金と同じ金額を求償できる旨（いわゆる特許保証）を約した。その後、乙社は、B特許権を保有する丙株式会社から、乙社によるC製品（A特許発明の実施品）の製造販売はB特許権を侵害するとして、損害賠償請求訴訟を提起された。

(1) 乙社が丙社から提訴されたことを知った甲社は、乙社を勝訴させるために、いかなる訴訟上の手続を取ることができるか。

(2) 訴状や証拠書類等を見て敗訴の可能性が高いと考えた乙社は、甲社に対し、もし乙社が敗訴し、丙社に対し損害賠償金を支払うことになれば、甲社は乙社との契約に基づき責任を取ることになるのだから、乙社の訴訟追行に協力してほしいと要請したが、甲社は曖昧な態度を取ってこれに応じない。この場合、乙社はいかなる訴訟上の手続を取ることができるか。

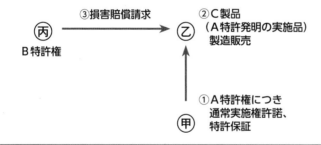

(1) 意義

　補助参加とは、他人間の訴訟の結果について利害関係を有する第三者が、当事者の一方を補助してその訴訟に参加することをいう（42条）。

(2) 要件（補助参加の利益）

　補助参加をするためには、参加人となる第三者が、訴訟の結果について利害関係を有すること（補助参加の利益）が必要である（42条）。

この「利害関係」は、法律上の利害関係であることが必要とされ、単なる感情的な理由や経済的な理由など、事実上の利害関係では足りないと解されている。そして、この法律上の利害関係は「訴訟の結果」について存在しなければならないところ、通説は、「訴訟の結果」とは、判決主文で示される訴訟物たる権利又は法律関係の存否に対する判断をいい、その判断の前提として判決理由中で判断されるだけの事項についての利害関係では足りない、言い換えれば、参加人の権利義務その他法律上の地位が訴訟物たる権利又は法律関係の存否を前提にして決せられる関係がなければならないとする。（理由）

訴訟物たる権利又は法律関係の存否に対する判断であるとするのが基準として明確であり、「訴訟の結果」との文言にも合致する。

(3) 補助参加人の地位

ア 独立性と従属性

a. 独立性

補助参加人は、被参加人を勝訴させることによって、自己の利益を守ることに参加の目的がある以上、当事者の意思に反してでも、自己の名と費用をもって訴訟に参加していくことができる。この意味で、補助参加人の訴訟追行権能は当事者に由来しない独立の権能であり、従って、補助参加人に対しては、当事者とは別に期日の呼出しや訴訟書類の送達が必要であり、それらを欠けば期日を適法に開けない。そして、その期日において、補助参加人は被参加人を勝訴に導くために必要な一切の訴訟行為をすることができる（45条1項本文）。このような補助参加人の訴訟追行面における地位を、補助参加人の当事者からの「独立性」という。

b. 従属性

しかしながら、補助参加人は、相手方に対し自己の請求を立てて裁判所に直接審判を求める者ではないため当事者ではない。従って、判決の名宛人にはならず、また、当該訴訟において証人や鑑定人になることもできる。補助参加人は、被参加人の訴訟に当事者たる被参加人に付随して訴訟を追行するのであり、参加の時点で既に被参加人にさえできなかった訴訟行為をすることはできず（45条1項ただし書）、また、被参加人の訴訟行為と抵触するような行為をしても無効とされる（45条2項）。このような補助参加人の訴訟追行面における地位を、補助参加人の当事者への「従属性」という。

□共同訴訟的補助参加

1. 意義

　共同訴訟的補助参加とは、当事者適格がないために共同訴訟参加（52条）ができないが、当事者間の判決の既判力が及ぶ第三者が、自己の利益を守るため、その訴訟に参加することをいう（ex. 破産管財人が追行する訴訟に、破産者本人が参加する場合）。第三者には判決の効力が及ぶため、通常の補助参加とは異なり、共同訴訟人に準じた地位を与える必要がある。そこで、共同訴訟的補助参加という概念が認められる。

2. 共同訴訟的補助参加人の地位

(1) 共同訴訟的補助参加人は、判決効を受けるため、通常の補助参加人よりも強い地位が与えられ、必要的共同訴訟人の立場に近くなる（独立性の強化）。もっとも、当事者適格を有しないから、補助参加人として従属性が残る。

(2) 補助参加人との差異

　ア　参加人は、被参加人の行為と抵触する訴訟行為ができる（40条1項類推適用）。その代わり、46条の除外規定の適用を受けることなく、参加的効力が及ぶ。

　イ　参加人の上訴期間は、被参加人とは別に、独立に計算される。

イ　補助参加人の訴訟行為等についての制限

補助参加人の地位の従属性は、訴訟行為の制限という側面では以下のように具体化する。

a．主たる当事者が既にすることができなくなった行為

補助参加の時における訴訟の程度に従って、被参加人がすることができない行為は、補助参加人もすることができない（45条1項ただし書）。

b．主たる当事者の訴訟行為と抵触する行為

補助参加人の訴訟行為は、被参加人の訴訟行為と抵触するときは効力を有しない（45条2項）。

c．訴訟係属の発生・消滅にかかわる行為

訴訟係属の発生・消滅にかかわる行為もできないと解されている。補助参加人は他人間の訴訟の係属を前提として参加するのであり、その前提を崩すことはできないというべきだからである。

d．主たる当事者に不利益な訴訟行為

補助参加の制度趣旨に鑑み、被参加人に不利益な訴訟行為をすることは許されないと解されている。

e．訴訟記録の閲覧等

訴訟記録の閲覧等については、補助参加人は、当事者が補助参加について異議（44条1項）を述べた場合において補助参加を許す裁判が確定したとき、又は当事者がこの異議を述べられなくなったとき（同条2項）に限り、当事者とみなされ、訴訟記録の閲覧等をすることができる（45条5項）。

(4)　「裁判の効力」（46条）の意味

i)　既判力説

（批判）

①　46条は各種の除外事由を定めている点で一律的適用により法的安定性を図ろうとする既判力の性質に反する。

②　訴訟告知があれば、補助参加しなくても原則として参加が擬制されるが（53条4項）、このような場合に既判力を及ぼすのは既判力の正当化根拠である「手続保障と自己責任の論理」からすれば妥当でない。

ii)　参加的効力説（判例・通説）

「裁判の効力」とは、参加人は敗訴の場合に被参加人に対して判決の不当を主張することが禁止されるという特殊な効力（参加的効力）をいう。

□例えば、被参加人が提出すれば時機に後れたとして却下される攻撃防御方法を補助参加人が提出することはできない。

□例えば、被参加人が既に自白していれば、補助参加人がそれを争っても否認の効力は生じない。

□例えば、訴えの変更や反訴の提起によって別の請求についての訴訟係属を生じさせることはできない。

□例えば、補助参加人は単独で裁判上の自白をすることはできない。

そして、これは訴訟追行の結果の責任分担の問題であるから、a．主観的には参加人・被参加人間に限られ、かつ、b．被参加人が敗訴した場合にのみ生じるとともに、c．客観的には判決理由中の判断にも及ぶ。
（理由）
補助参加は、補助参加人が当事者の一方を補助し、この者と共同して訴訟を追行することを許し、被参加人を勝訴させることによって自らの利益を守ることを認める制度である。とすれば、共同して訴訟を追行して結果が敗訴であった場合にこれを被参加人にだけ負わせるのは公平ではない。敗訴の結果は補助参加人の訴訟追行の結果でもあるからである。

(5) **訴訟告知**

ア　意義

訴訟告知とは、訴訟の係属中、当事者から第三者たる利害関係人に対して、訴訟の係属している旨を、法定の方式によって通知することをいう（53条1項）。

【図解】

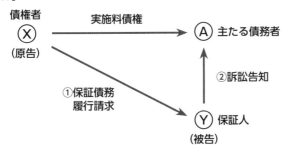

□【図解】の例で、債権者Xが、主たる債務者Aの保証人Yを被告として、保証債務の履行を請求している訴訟において、YがAに対して訴訟告知をする場合がこれに当たる。この事例において、YがAに訴訟告知をしておけば、AがYに補助参加しなかった場合であっても、AにXY間におけるY敗訴判決の効力が及ぶため、Yが敗訴した場合であってもAに対する求償権を確保できる。

告知者は、この制度を利用することにより、被告知者を告知者側に補助参加させ、有利に訴訟を展開することを期待でき、また、それにもかかわらず敗訴した場合や、被告知者が参加しなかった場合にも、被告知者に対して訴訟の判決の効力を及ぼすことにより（53条4項）、告知者と被告知者との間で提起される可能性のある後訴において、前訴と異なる事実認定がされるのを防ぐことができる。

イ　要件

① 訴訟係属中であること（53条1項）
② 告知権者は、当該訴訟の当事者、すなわち原告・被告、当事者参加をした者（47条、52条）、訴訟承継人（49条、50条）、選定当事者（30条）のほか、補助参加人（42条、45条1項）や当事者・補助参加人から告知を受けた者も含む（53条2項）。

□訴訟告知の方式

告知の理由と訴訟の程度を記載した告知書を受訴裁判所に提出し（53条3項）、受訴裁判所は、これを被告知者と相手方当事者に送達する（規22条）。

③　告知を受ける者は、当該訴訟に参加できる第三者である。従って、補助参加をすることができる者に限らず、当事者参加をすることができる者（47条、52条）や、訴訟承継をすることができる者（49条、50条）も含む。

ウ　訴訟告知の効果

　　a．被告知者の地位

　　　訴訟告知を受けても、それは訴訟係属の事実の通知にすぎないので、参加を強制されるものではなく、被告知者が訴訟に参加するか否かは自由である。

　　b．効力（53条4項、46条）

　　　被告知者は、参加しない場合も遅れて参加した場合も、遅滞なく参加できた時点に補助参加したものとして、46条の限度で、告知者と被告知者との間の後訴で判決の効力を及ぼされる（53条4項）。この効力の意味については既に述べた。

> ## 解説　事例5－5
>
> (1)　甲社は被告乙社側に補助参加することができる（42条）。甲社は、丙社の乙社に対する損害賠償請求が判決で認容されると乙社から求償を受ける立場にあり、丙乙間の訴訟の結果（判決主文で判断される訴訟物たる権利又は法律関係の存否）について法律上の利害関係を有するからである。
>
> (2)　乙社は甲社に対し訴訟告知をすることができる（53条1項）。
>
> 　これにより甲社が補助参加してもしなくても、乙社が敗訴した場合、甲社に補助参加に係る裁判の効力（被参加人敗訴の場合にのみ生じ、判決主文のみならず理由中の判断にまで生じる、参加的効力。判例）が生じ（53条4項、46条）、その結果、甲社は乙社から求償を受けた際に、C製品の製造販売はB特許権の侵害に当たらないと主張することなどが封じられ、乙社の甲社に対する求償が容易になるからである。

２ 独立当事者参加

(1) 意義

　　独立当事者参加とは、第三者が訴訟の原告・被告の双方又は一方に対して、それぞれ自らの請求を立て、原告の請求についてと同時に、かつ矛盾のない判決をすることを求める場合をいう（47条1項）。

　　通常の訴訟は、二当事者が対立する形を取っている（二当事者対立構造）。しかし、三名以上の者が対立し合う形の紛争が生じた場

合に、二当事者対立の訴訟に分解して処理しなければならないとすると、審理が重複し訴訟経済の無駄になるし、裁判の矛盾が生じるおそれがある。そこで、既に係属中の二当事者間の訴訟に、第三者が参加する形態の独立当事者参加が認められた。

【図解】

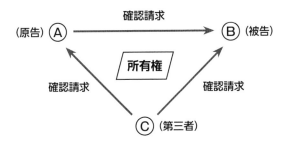

(2) 要件

独立当事者参加が認められるのは、ア.判決によって第三者の権利が侵害される場合（詐害防止参加）と、イ.訴訟の目的の全部又は一部が第三者の権利である場合（権利主張参加）である（47条1項）。

ア　詐害防止参加

詐害防止参加がどのような場合に認められるかについては議論があるが、当事者がその訴訟を通じ第三者を害する意思を持つと客観的に判定される場合に認められるとする説（詐害意思説）が有力である。

イ　権利主張参加

権利主張参加は、第三者の請求及びこれを基礎づける権利主張が、本訴の請求及びこれを基礎づける権利主張と両立しない場合に認められる（ex.原告が被告に対し所有権確認請求訴訟を提起している場合に、第三者が自己の所有に属すると主張する場合）。

ウ　他人間の訴訟が係属していること

この点、上告審における参加が認められるか否かについては争いがあるが、上告審は事実審ではなく、参加人の請求の当否を審理できないことから、否定するのが判例である。

(3) 独立当事者参加人の地位

独立当事者参加は、当事者としての参加であるから、当事者と同じ立場に立つ。もっとも、合一確定の要請があることから、必要的共同訴訟の規定が準用される（47条4項、40条1項〜3項）。

ア　二当事者間でされた、他の一人に不利益な訴訟行為は効力を生じない（47条4項、40条1項）。例えば、被告が原告に対し請求

の認諾や裁判上の自白をしても、参加人が争う限り、その効力は生じない。

イ　二当事者間でされた、他の一人に利益のある訴訟行為は、全員のために効力が生ずる（47条4項、40条2項）。例えば、被告がある主要事実につき否認した場合、参加人が争うことを明らかにしなくても擬制自白は成立せず、参加人との間でも争いがあるものとして証拠調べが行われる。

ウ　一人に訴訟の中断・中止事由が生じると、全員について中断・中止する（47条4項、40条3項）。

エ　弁論の分離や一部判決は許されない。

(4) 二当事者訴訟への還元

独立当事者参加訴訟が一旦成立した場合であっても、後にこれが当事者の意思により解消されて、通常の二当事者訴訟に還元される場合がある。これには、ア.原告が訴えを取り下げる場合、イ.参加人が参加を取り下げる場合、ウ.訴訟脱退がある。

ア　原告が訴えを取り下げる場合

a．独立当事者参加がされた後でも、原告は被告に対する本訴自体を取り下げることができる（261条1項）。これにより、訴訟は参加人と原告及び被告との間のそれぞれの二当事者訴訟に還元される。そして、両者は共同訴訟の関係に立つ。

b．参加人の同意の要否

261条2項所定の場合には被告の同意が必要となるが、このほかに参加人の同意も要するものと解されている。

（理由）

①　参加人は、本訴の維持について利益を有する。

②　判決効が脱退者に及ぶ脱退と、原告に及ばなくなる訴えの取下げを同等とすることはできない。

イ　参加人が参加を取り下げる場合

a．独立当事者参加は、実質的には新訴の提起にほかならないから、参加人は訴えの取下げに準じて、参加の取下げができる。これには、まず、(a)本訴当事者双方に対する請求について行う場合がある。この場合には、原被告間の本訴のみが残存することになる。次に、(b)本訴当事者の一方に対して行う場合がある。この場合には、本訴請求と参加人の残存請求とが共同訴訟の関係に立ち、それぞれ二当事者訴訟に還元される。

b．原告及び被告の同意の要否

(a)　本訴当事者双方に対する請求について行う場合

　　　　261条2項所定の場合には、各請求の相手方たる当事者双方の同意が必要である。
　(b) 本訴当事者の一方に対する請求についてのみ行う場合
　　　原告の本訴の取下げに準じて、その請求の相手方たる当事者のみならず、他方の当事者の同意も要するものと解されている。
　　　（理由）
　　　両本訴当事者も、参加関係の維持に利害関係を持つから、これを無視して参加の解消を図るのは不当である。
ウ　訴訟脱退
　a．意義
　　　第三者が独立当事者参加したことによって、従来の原告又は被告が当事者として訴訟を続行する必要がなくなる場合がある。例えば、①権利の譲受人が参加してきたため、譲渡人たる原告が自己の請求を貫く必要のない場合（【図解】の例で、AのBに対する実施料請求訴訟の係属中に当該債権の譲受人Cが訴訟に参加した場合であってAC間の譲渡の効力には争いがないケース）や、②被告にとって原告・参加人のいずれが権利者と判断されても構わない場合（【図解】の例でBとしては債務の存在は争わず、真の権利者に支払うことができさえすればよいと考えているが、AC間の譲渡の効力に争いがあるケース）である。
【図解】

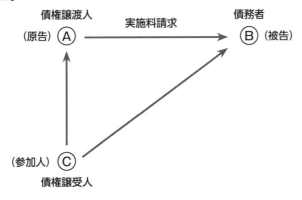

　　　このような場合、訴訟を維持する必要のない当事者（上記①のAや②のB）が訴訟から抜け出せるとすれば、無益な訴訟追行を省き、訴訟関係を簡明にすることができる。このため認められたのが訴訟脱退である（48条前段）。なお、脱退により相手方の利益が害されるのを防止するため、脱退には相手方の承

諾を得ることが必要とされている。

　訴訟脱退がされると、脱退者の訴訟追行の余地はなくなり、訴訟は参加当事者と残存当事者の二当事者対立構造に還元される。

ｂ．訴訟脱退の性質・効力

　このように、無益な訴訟追行を省き訴訟関係を簡明にするため、訴訟脱退が認められているが、その一方で、三者間の紛争の統一的解決を図る独立当事者参加制度の趣旨を没却しないために、脱退者に対しても残存当事者間の訴訟の判決の効力が及ぶものとされている（48条後段）。この判決の効力がどのようなものであるかについては、訴訟脱退の法的性質とも関連して議論されているが、従来の通説は、これを以下のとおり整理している。

(a)　脱退は、自己の立場を全面的に参加人と相手方との決着に委ね、これを条件として参加人及び相手方と自己との間の請求について、放棄又は認諾する性質の訴訟行為であり、具体的には以下の効果がそれぞれ生じる。

　ⓐ　参加人勝訴の場合には、参加人の脱退当事者に対する請求の認諾

　ⓑ　参加人敗訴（相手方勝訴）の場合には、原告の被告に対する請求の放棄（原告脱退の場合）又はその請求の認諾（被告脱退の場合）

(b)　脱退者が受ける判決の効力とは、参加人又は相手方のいずれかの勝訴により現実化した放棄又は認諾の効力であり、脱退者との間の請求内容に応じ、放棄・認諾による既判力・執行力が生じる。

□従来の通説に対し、脱退は、脱退者がその当事者としての訴訟追行権を放棄する訴訟行為であり、脱退者に対する請求及び脱退原告の請求は、脱退後も審判の対象であり続け、これらの請求は残存当事者（参加人・相手方）の主張立証に基づき判断され、その判決に脱退者は拘束されるとする説も有力に唱えられているが、詳細については本書の性格上割愛する。

第4節　当事者の交替

1 当事者の交替の意義・種類

(1)　当事者の交替とは、同一訴訟手続内で、第三者が従来の当事者の一方と入れ替わって訴訟を追行する場合をいう。これは、当事者の加入とともに、当事者変更の一形態である。

　　当事者の加入とは、訴訟係属中に第三者が従来の当事者と並んで一方の共同訴訟人として、又は独立当事者として加入するものである。

(2)　当事者の交替は、訴訟係属中に実体法上紛争の主体たる地位が従来の当事者の一方から第三者に移転したことによって、第三者が従来の訴訟を引き継いで追行する訴訟承継と、実体法上紛争主体たる地位の移転はないが、従来の当事者が当事者適格を欠く場合に、適格者が当事者として入れ替わる任意的当事者変更とに区別される。訴訟承継は、当然に生じる場合（当然承継）と当事者の行為によって生じる場合（参加承継・引受承継（49条～51条））とに区別される。

2 訴訟承継

(1)　総説

ア　定義

　　訴訟承継とは、訴訟係属中における当事者の死亡や、係争物の売買・賃貸などによって、係争権利関係をめぐる前主の実体法上の地位が相続人や譲受人などの承継人に移転する場合に、新たに紛争主体となった第三者に、従来の訴訟における当事者としての地位を認めて、承継時における前主の訴訟上の地位を承継させ、審理を続行して承継人との関係でも一挙に争訟の処理を図る制度をいう。

イ　種類

　　訴訟承継には、a.当事者の死亡など一定の承継原因が生じれば、当然に訴訟承継が行われる当然承継と、b.係争物の譲渡など、当然承継以外の承継原因が生じた場合に、譲受人など承継人たるべき者からの参加（49条）又は相手方当事者の引受けの申立て（50条）によってはじめて訴訟承継が生ずる参加承継・引受承継とがある。

ウ　趣旨

　　訴訟には相応の期間を要するので、訴訟係属中、当事者が死亡したり、係争物の譲渡その他の処分がされたりすることがありうる。この場合に、従来の当事者との間で訴訟を続行し判決を下し

ても紛争の解決は図れない。また、新たに別訴を提起して審判することになれば、訴訟経済に反するのみならず、当事者間の公平にも反する。そこで、訴訟係属中の死亡や係争物の譲渡等を訴訟手続に反映させ、新当事者は旧当事者の訴訟状態上の地位をそのまま承継することとして、紛争の実効的解決を図ろうとするのが訴訟承継の制度である。

エ　効果

承継人は当事者となり、被承継人の承継時点での訴訟上の地位をそのまま承継する。具体的には、

a．訴え提起の効果としての時効の完成猶予・法律上の期間遵守の効果が承継人に及ぶ。

b．承継前の弁論、証拠調べ、裁判は承継人についても効力を有する。

c．前当事者がすることができなくなった訴訟追行上の行為は、自由にはできない。

(2) 当然承継

事例　5-6

甲は、乙を被告として、特許権侵害による損害賠償請求訴訟を提起した。ところが、この訴訟が係属した後、乙が唯一の相続人丙を遺して死亡してしまった。乙は、訴訟代理人を選任して訴訟追行させていた。この場合、係属している訴訟はどうなるか。なお、相続人丙は乙の相続について単純承認しているものとする。

ア　総説

当然承継とは、承継原因の発生により、法律上当然に当事者の交替が行われる場合をいう。当然承継の原因について、正面から規定した条文はないが、訴訟手続の中断・受継の規定から推知される。すなわち、当然承継の原因としては以下のものが挙げられる。

a．当事者の死亡（124条1項1号）

b．当事者である法人の合併による消滅（124条1項2号）

c．信託財産に関する訴訟につき当事者たる受託者等の任務終了

□中断・受継は、手続の進行面からの規制であり、中断しても訴訟承継を生じない場合や（訴訟能力喪失や法定代理権の消滅の場合、124条1項3号）、逆に訴訟承継を生じても中断しない場合もある（訴訟代理人ある場合、124条2項）。

　　　　（124条1項4号）
　　d．一定の資格に基づき当事者となる者の資格の喪失（124条1項5号）
　　e．選定当事者全員の資格の喪失（124条1項6号）
　イ　手続
　　a．手続が中断する場合
　　　承継人か相手方当事者から受継の申立てがあったときは、裁判所は職権で受継の事実を調査し、理由がない場合は申立てを却下する決定を行う（128条1項）。
　　b．手続が中断しない場合
　　　訴訟代理人があって中断しない場合（124条2項）、承継人が承継原因発生時点において法律上当然に当事者となり、判決前に承継が裁判所に明らかになれば、判決には承継人が当事者として表示されるとするのが判例・通説である。

□本文に挙げたもののほか、特別法による当然承継事由として破産手続開始の決定又は破産手続の終了の場合が挙げられる（破産法44条）。

□この場合、訴訟代理人は、中断事由の発生を裁判所に書面で届け出る（規52条）。

> **解説　事例5－6**
> 　訴訟は乙から丙に当然承継される（124条1項1号）。なお、乙は訴訟代理人を選任して訴訟追行させていたことから、訴訟が中断されることはない（同条2項）。

(3) 参加承継・引受承継

> **事例5－7**
> 　甲特許権を保有するAは、Bに甲特許権の通常実施権を許諾したが、Bが実施料を支払わないため、Bを被告として、実施料の支払を求める訴訟を提起した。
> 　その後、AはこのAの訴訟の係属中に実施料債権をCに譲渡するとともに、その旨の通知をBに送付し、到達した。
> 　この場合、CはBに対し、この実施料債権の支払を求めるため、いかなる訴訟上の手続を執ることができるか。

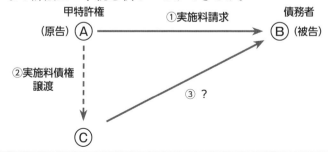

209

事例 5-8

甲特許権を保有するA株式会社は、乙製品を製造販売するB株式会社を被告として、甲特許権に基づく乙製品の製造販売差止請求訴訟を提起した。その後、B社が事業譲渡によりC株式会社に乙製品の製造設備を譲渡し、現在はC社が侵害品の製造販売を行っている場合、A社は、いかなる訴訟上の手続を執ることができるか。なお、AB間の訴訟の口頭弁論は未だ終結していない。

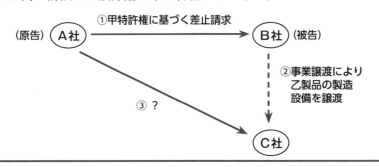

ア 総説

訴訟係属中に訴訟物たる権利をはじめ、広く紛争の基礎となる実体関係につき、一方当事者と第三者に特定承継があった場合に、これにより新たに紛争主体となった承継人が訴訟参加の申出を行い、あるいは承継人に対して前主の相手方当事者から訴訟引受けの申立てを行うことにより、現時点での紛争主体である承継人が、被承継人の承継時での訴訟追行上の有利・不利な地位を承継することとする原則を訴訟承継主義という。49条～51条や、既判力の拡張を認める115条の規定から、現行法は訴訟承継主義を採用したものと解されている。

なお、当事者の交替が生じるのは、参加後、又は引受決定後、前主である当事者が48条により脱退した場合である。

イ 承継人の範囲

「承継」とは何を承継した者かについては争いがあるが、前述した口頭弁論終結後の承継人の範囲（第4章第2節3(6)イb(b)）と同様に、訴訟物たる権利・義務の承継に限定せず、訴訟法的見地から、「当事者適格」ないし「紛争の主体たる地位」の承継も含まれるとするのが通説である。

ウ 手続

　a．参加承継

承継人は、独立当事者参加の方式で参加申立てができる（49

□旧法73条は、権利の承継人の参加申立てを、旧法74条は債務の譲受人に対する相手方当事者からの引受申立てを規定していた。しかし、判例・通説は、義務の承継も参加承継の原因となりうるし、権利の承継も引受承継の原因となりうると解していた。そこで、現行法は義務の承継人からする訴訟参加と、権利の承継人に対する引受申立てについても明文の規定を設けている（51条）。

条1項)。前主との間に争いがなければ、相手方当事者に対してのみ請求を立てる片面的参加もできる(49条1項、47条1項)。

b．引受承継

当事者は、相手方当事者の承継人に対する訴訟引受けの申立てをし、引受決定を得て、承継人を当事者とする（50条1項）。

解説 事例5－7

Cは、訴訟の目的である権利の全部を譲り受けたことを主張して、独立当事者参加の方式により訴訟参加することができる(参加承継、49条1項、47条1項)。Aとの間に争いがなければ、Bに対してのみ請求を立てる片面的参加もすることができる（47条1項）。なお、Cは別訴を提起して実施料債権の支払を求めることもできるが、訴訟資料の流用ができる参加承継によるのが適切である。

解説 事例5－8

A社は、C社を引受人とする訴訟引受けの申立てを行い、引受決定を受けることにより、C社を訴訟に引き込むことができる（50条1項）。C社はB社から本件訴訟の被告たる地位（当事者適格ないし紛争の主体たる地位）を承継しているからである。なお、A社はC社を被告として改めて提訴することもできるが、訴訟引受けがされるとC社はAB間で既にされた訴訟状態を承認する義務が課せられ、A社は従前の手続を無駄にすることなくC社を相手として訴訟を追行することができるため、訴訟引受けによるのが適切である。

---

3 任意的当事者変更

事例 5－9

甲は、自己の有する特許権を乙株式会社（代表取締役丙）が侵害していると考え、乙社を被告としてこの特許権に基づく損害賠償請求訴訟を提起したが、訴訟の係属中に、侵害を行っているのは丙の親族が代表者を務め、乙社と本店所在地が同じ丁株式会社であることが判明した。この場合、甲は、丁社を被告としてこの損害賠償請求をするために、いかなる訴訟上の手続を執ることができるか。

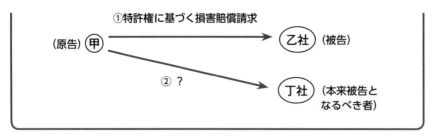

(1) 意義

　任意的当事者変更とは、訴訟係属後、実体関係に変動がないのに、原告が当初の被告以外の者にその訴えを向けかえ、又は最初の原告以外の者が原告に代わって訴えを提起することをいう。

　任意的当事者変更は、主として、法律知識の欠如や事実関係の不明確さの故に、当事者とすべき者を誤った場合に利用されるものである。このような場合に、間違えられた当事者に代わって本来当事者となるべき者が当事者となって従来の訴訟を維持し、従前の訴訟追行の結果を新当事者との訴訟において利用できるとすれば便宜である。これが許されなければ、当事者を誤った訴訟は当事者適格を欠くものとして却下され、改めて本来の当事者が原告として、又は本来の当事者を被告とする訴訟を提起しなければならないからである。そこで、任意的当事者変更が学説上考えられるに至ったものであるが、訴訟承継の場合と異なり、実体関係の変動がない場合であるから、新当事者の手続保障への配慮がより重要となる。

(2) 法的性質

　訴訟承継の場合と異なり、任意的当事者変更については、法律に規定がなく、任意的当事者変更を認めるとしても、いかなる要件・手続のもとに認めるか、またこれにどのような効果を認めるか（特に、当然に将来の訴訟追行の結果の利用をも認めるか）が問題となる。この点は、任意的当事者変更の法的性質をどのように理解するかと密接に関係する。

ⅰ) 訴えの変更説

　任意的当事者変更を訴えの変更の一種とみる。

（理由）

　当事者も訴えの1つの要素であり、当事者の変更も訴えの変更に当たる。このように考えれば、新当事者との関係で従来の訴訟追行の結果を当然に利用できることになる。

（批判）

　訴えの変更の規定を適用できるのは同一の当事者間における審判事項（訴訟物）の同一性や範囲の変更の場合だけである。もし

当事者の変更に訴えの変更の規定を適用すると、それまで何ら手続に関与してこなかった新当事者に対し、従前の訴訟資料が当然に流用されることとなり、この者の手続保障上問題がある。

ⅱ）　新訴提起・旧訴取下げ説（通説）

任意的当事者変更を、新当事者による（又は対する）新訴の提起と、旧当事者による（又は対する）旧訴の取下げが併存する複合的訴訟現象であるとする。

（理由）

①　現行法上、任意的当事者変更に関する規定を欠く以上、このように解することが自然である。

②　従来の訴訟資料について、当然には新当事者には流用されないとすることで、新当事者の手続保障にも資する結果となる。

(3)　要件・効果

ア　要件

新訴提起・旧訴取下げ説によれば、これらの各訴訟行為に関する要件を備えることが必要とされることになる（ex. 旧訴被告の同意（261条2項）等）。

イ　効果

新訴提起・旧訴取下げ説によれば、新旧両訴は別個ということになるので、従前の訴訟追行の結果は新訴において全く利用できず、弁論の併合（152条1項）がされない限り、新当事者は旧当事者の地位を承継しないのが原則である。なお、新当事者が従来の訴訟追行結果に拘束される例外的場合としては、旧当事者の訴訟追行が新当事者の訴訟追行と同視できる場合（ex. 旧当事者と新当事者が、本人と法定代理人である場合や、一人会社の株主兼代表者とその会社である場合）や、新当事者が追認した場合などが挙げられている。

□新旧両訴は別個であり、新たな訴え提起である以上、時効の完成猶予や期間遵守の効力も旧訴から引き継がれない（147条）。

> **解説**　**事例5－9**
>
> 丁社を被告として訴訟を提起し、乙社を被告とする訴えについては乙社の同意を得て取り下げるべきである（261条1項、2項）。本事例は実体関係に変動がなく、訴訟承継の場面ではないことに注意を要する。

第6章

上訴・再審

　本章では、裁判に対する不服申立ての手続として、上訴と再審について学びます。

　裁判所の裁判にも常に誤りがないとはいえないことから、その誤りを是正する機会を当事者に与えるため、民事訴訟法は各種の不服申立て手続を設けていますが、このうち上訴は、未確定の裁判の取消し又は変更を上級裁判所に対して求めるものであり、第一審の終局判決に対する第二審への不服申立てである控訴と、最上級審への不服申立てである上告が特に重要です。一方、再審は、確定判決の取消しを求めるとともに本案の申立てについての再審判を求めるものです。

第6章 上訴・再審

1 総説

(1) 意義

上訴とは、未確定の裁判の取消し又は変更を上級裁判所に対して求める不服申立てをいう。

法の定める資格を備えた裁判官であっても、事実認定又は法の解釈・適用を誤る可能性は否定できない。また、敗訴した当事者は裁判所が誤った判断をしたものと考えがちである。そこで、未確定の裁判について、上級裁判所において、異なる裁判官により再審理を受ける機会を与えて、内容的又は手続的に誤った原裁判を匡し、当事者の救済を図る一方で、国民の司法に対する信頼をも確保しようとするのが上訴の制度である。

(2) 上訴の種類と不服申立ての方法

現行法が認めている上訴の種類は、第一審の終局判決に対する第二審への上訴である控訴、終局判決に対する最上級審への上訴である上告、決定及び命令に対する上訴である抗告の3つである。

2 控訴

事例 6-1

A特許権を保有する甲株式会社は、A特許権を侵害していると疑われるB製品を製造販売する乙株式会社を被告として、大阪地方裁判所に、A特許権の侵害による損害賠償請求訴訟（請求額2000万円）を提起した。この訴訟において、裁判所は2024年12月6日に、請求額のうち1200万円の支払を乙社に命じ、甲社のその余の請求を棄却する内容の一部認容判決を言い渡し、同日、当事者双方の訴訟代理人に判決書が送達された。この判決には仮執行宣言が付されている。

(1) 甲社又は乙社が控訴を提起する場合、何年何月何日までに、どの裁判所に控訴状を提出しなければならないか。また、控訴状の宛先とすべき裁判所はどこか。

(2) 乙社は、この判決の内容は不当であり、控訴審で覆される可能性が高いと考え、控訴期間内に控訴した。この場合、乙社が甲社による乙社の預金や売掛金債権の差押えを防ぐには、どのような法的手段を取るべきか。なお、訴訟記録は未だ大阪地方裁判所にある。

□ 2024年12月6日の時点では令和4（2022）年改正の民事訴訟法中電子判決書に関する規定が未施行のため、単に判決書と記載している（事例6-2も同じ）。

(3) 甲社は控訴期間内に控訴しなかった。この場合、甲社は控訴審において、第一審で請求が認められなかった800万円部分の支払を請求することができるか。

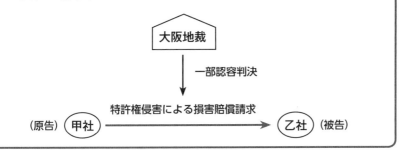

(1) 意義

控訴とは、第一審の終局判決に対して、その取消し又は変更を求めて第二審裁判所にする上訴をいう。

(2) 要件

① 控訴の利益の存在

この点については後述する。

② 控訴が法定の形式に従い有効であること

控訴状の記載事項を具備し（286条2項）、手数料を納付する（288条）という形式面での要件の他に、当事者が訴訟能力を具備していることも必要である。

③ 控訴が、控訴することができる裁判に対してされること（281条〜283条）

④ 控訴が控訴期間内に提起されること

控訴は、判決書（調書判決（254条2項）の場合は調書）の送達を受けた日から2週間の不変期間内に（285条、95条1項、民法140条（初日不算入）。なお、95条3項参照）、控訴裁判所（特許権等に関する訴え（6条1項）については知的財産高等裁判所（同条3項、知的財産高等裁判所設置法2条1号））宛の控訴状を第一審裁判所に提出してしなければならない（286条1項）。

⑤ 当事者間に不控訴の合意、飛躍上告の合意（281条1項ただし書）、控訴権の放棄（284条）が存在しないこと

(3) 控訴審の審理

ア 続審制

控訴審は、第一審で収集された訴訟資料に（298条1項）、控訴審で新たに収集される訴訟資料を加えて（297条）、控訴審の口頭弁論終結時を基準として、不服申立てについての当否を判断する。

□附帯控訴

被控訴人は、控訴権が消滅した後であっても、口頭弁論の終結に至るまで、附帯控訴をすることができる（293条1項）。ここに附帯控訴とは、被控訴人によって控訴審手続においてされる申立てであって、請求についての原判決を自己の有利に変更することを求めることをいう。附帯控訴は、控訴人が控訴提起後に不服の範囲又は請求を拡張することができることとのバランス、及び附帯控訴が主たる控訴と同一手続にて審理されるためこれを認めても控訴人を煩わせることにならないことから認められたものである。

□執行停止

例えば甲特許権を保有するAが、これを侵害する疑いのある乙製品を販売したBに対し、特許権侵害による1億円の損害賠償請求訴訟を東京地方裁判所に提起したところ、裁判所はAの請求を認容し、BはAに対し1億円を支払うよう命じる判決を下し、この判決には仮執行宣言が付されたとする。この場合、判決に不服のあるBは控訴を提起するはずであるが、判決には仮執行宣言が付されているため、Bが控訴を提起しただけでは、AがBの預金債権や売掛金債権などの

217

イ　審理の方式

　　控訴審の訴訟手続は、第一審に準ずる（297条）。

(4) 控訴審の終了

ア　当事者の意思による終了

　ａ．第一審と同じく、訴えの取下げ、請求の放棄・認諾、和解がある。

　ｂ．控訴の取下げ

　　(a)　意義

　　　　控訴の取下げとは、控訴人が控訴を撤回する意思表示をいう（292条）。

　　(b)　要件

　　　　控訴人は、控訴審の終局判決がされるまで控訴を取り下げることができる（292条1項）。

　　　　控訴の取下げの方式については原則として訴えの取下げの規定が準用されるが（同条2項）、控訴の取下げは相手方にとって有利であるためその同意を要しない。

　　(c)　効果

　　　　控訴の取下げにより、控訴は遡って効力を失い、控訴審手続は終了する（292条2項、262条1項）。従って、第一審判決に影響を及ぼさず、控訴期間が徒過していればそのまま第一審判決が確定する。また、口頭弁論期日に当事者双方が欠席した場合、控訴の取下げが擬制されることがある（292条2項、263条）。

イ　終局判決による終了

　ａ．控訴却下の場合

　　　控訴要件が欠けるときは控訴は不適法として判決をもって却下される（290条）。

　ｂ．控訴棄却の場合

　　　第一審判決を正当と認めるときは、控訴を棄却しなければならない（302条1項）。また、第一審判決の理由が不当でも、他の理由によれば結論（判決の主文）が正当であれば、控訴を棄却しなければならない（同条2項）。判決理由中の判断には既判力が生じないからである。これらは、控訴審の口頭弁論終結時を基準として判断される。

　ｃ．控訴認容の場合

　　　控訴に理由があり、第一審判決が不当と認めるとき、又は、第一審判決の手続が法律違反のときは、第一審判決を取り消さ

財産を差し押さえるなどの強制執行をすることを止めることができない。しかし、Bとしては、このような執行をされると対外的信用が低下するおそれがあるため、執行を止めたいところである。

　このような場合に、BがAの執行を止めるためには、裁判所（訴訟記録が原裁判所にあるときは原裁判所）に対し執行停止の申立てを行い、①原判決には誤りがあり、その取消し若しくは変更の原因がないとはいえないこと又は②執行により著しい損害を生ずるおそれがあることを疎明することが必要である（403条1項3号、404条1項）。なお、実務上は、①を疎明し、また、執行停止が命じられる場合には、これにより執行の機会を逃すおそれのあるAの利益保護のため、Bは一定の担保を立てることを命じられるのが普通である（403条1項柱書）。

なければならない（305条、306条）。その後の処理は、(a)自判、(b)差戻し、(c)移送となる。

(a) 自判

控訴審は事実審であるから、自ら裁判（自判）するのが原則である。

(b) 差戻し

原判決が訴え却下のときは、第一審の審理がされていないため、控訴裁判所は原則として事件を原裁判所に差し戻す（307条本文、必要的差戻し）。また、第一審で更に弁論をする必要があるときは、控訴裁判所は裁量により事件を原裁判所に差し戻すことができる（308条1項、任意的差戻し）。差戻し判決は終局判決であるから、これに対しては上告することができる。

(c) 移送

専属管轄違いを理由に、第一審判決を取り消す場合は、事件を管轄裁判所に移送しなければならない（309条）。

□これは審級の利益を確保する趣旨である。このため、却下の理由となった訴訟要件の問題が本案の問題と密接に関係するときは（ex.訴えの利益や当事者適格）、第一審が訴えを却下していても、実質的には本案の審理がされている（そうであれば事件につき更に弁論をする必要がない）といえる場合がある。そこで、このような場合には、控訴裁判所は原判決を取り消して自ら本案判決をすることができるものとされている（307条ただし書）。

解説　事例6-1

(1) 2024年12月20日までに（285条、95条1項、民法140条）、大阪地方裁判所に（286条1項）に控訴状を提出しなければならない。控訴状の宛先は知的財産高等裁判所である（6条3項、知的財産高等裁判所設置法2条1号）。

(2) 大阪地方裁判所に対し執行停止の申立てを行い、原判決には誤りがあり、その取消し若しくは変更の原因がないとはいえないことを疎明すべきである（403条1項3号、404条1項）。

(3) 附帯控訴を行うことによって請求することができる（293条1項）。

3 上告と上告受理申立て

事例 6-2

X特許権を保有する甲株式会社は、X特許権を侵害していると疑われるY製品を製造販売する乙株式会社を被告として、大阪地方裁判所に、X特許権の侵害による損害賠償請求訴訟を提起した。この訴訟において、裁判所は甲社の請求の大部分を認容する判決を下したため、乙社のみが控訴したが、控訴審裁判所は2024年12月12

219

日に、乙社の控訴を棄却する判決を言い渡し、翌13日に判決書が乙社に送達された。しかし、この判決は、特許法の解釈につき、通説的見解や地方裁判所の下した多くの裁判例とは異なる解釈を採用したものであった。

(1) この場合に乙社が取るべき、最高裁判所に対する不服申立手段は何か。
(2) 乙社が(1)の手段を取ったが、その申立書に申立ての理由を記載しなかった場合、その理由書はいつまでに提出しなければならないか。

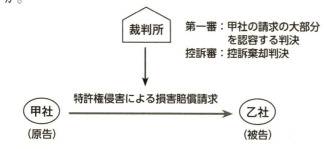

(1) **意義**

　　上告とは、終局判決に対して、その取消し又は変更を求めて最上級審裁判所にする上訴をいう。上告は、第二審（控訴審）判決に対してされるのが原則であるが、高等裁判所が第一審である場合や、当事者間に飛躍上告の合意がある場合には、例外的に第一審判決に対して直ちに上告できる（311条、281条1項ただし書）。

　　旧法においては、判決に影響を及ぼすことが明らかな法令違反も、一般的上告理由として認められていたが、現行法は、最高裁判所に対する上告については、法令違反を上告理由から除外して、上告受理申立ての対象とし（318条）、上告理由としては、憲法違反、重大な手続法規違反で、判決への影響の有無を問わない絶対的上告理由のみに制限した（312条1項、2項）。このように上告理由が制限されたのは、最高裁判所の加重な負担を軽減し、最高裁判所が憲法事件の処理及び法令の解釈適用の統一という使命に集中できるようにするためである。

(2) **手続**

　ア　上告の提起は、上告期間内に上告状を原裁判所に提出してすることを要する（314条1項）。上告期間は判決書の送達後2週間（不変期間）である（313条、285条）。上告状に上告の理由を記載しないときは、上告提起通知書の送達を受けた日から50日以内に上告理由書を提出しなければならず（315条1項、規194条、規

□上告状の宛先とすべき裁判所は上告裁判所である。

189条1項）、これを提出しなければ、決定で上告は却下される（316
条1項2号）。

イ　上告裁判所は、高等裁判所が第二審（地方裁判所が第一審）又
は第一審として終局判決をした事件については最高裁判所であ
り、地方裁判所が第二審（簡易裁判所が第一審）として終局判決
をした事件については管轄高等裁判所である（311条1項）。なお、
飛躍上告の合意がある場合について311条2項参照。

ウ　上告理由は、最高裁判所に対する上告の場合と高等裁判所に対
する上告の場合とで異なる。

　　a．最高裁判所に対する上告では、憲法違反と絶対的上告理由の
　　　みが上告理由である（312条1項、2項）。

　　b．高等裁判所に対する上告では、憲法違反、絶対的上告理由に
　　　加えて、判決に影響を及ぼすことが明らかな法令違反も上告理
　　　由となる（312条3項）。

(3)　**上告受理申立て**

ア　意義

　　上告をすべき裁判所が最高裁判所である場合には、法令違反は
上告理由とはならず、原判決に不服のある当事者は上告受理の申
立てをしなければならない（318条）。前述のとおり、最高裁判
所の負担軽減のためである。

イ　上告受理申立ての理由

　　当事者は、原判決に最高裁判所の判例（これがない場合は、大
審院や高等裁判所の判例）と相反する判断がある事件、その他の
法令の解釈に関する重要な事項を含むと認められる事件につい
て、上告審として事件を受理するよう申し立てることができる
（318条1項、2項）。

　　最高裁判所は、上記の要件に該当すると判断した場合には、そ
の裁量により上告受理の決定をすることができる。上告受理の決
定があれば、上告があったものとみなされ（318条4項）、上告
と同様に取り扱われる。

ウ　手続

　　上告受理の手続は、原則として上告提起の手続に準じる（318
条5項、規199条2項）。

(4)　**上告審の審理**

ア　上告審は法律審であり、原判決において適法に確定された事実
に基づいて裁判をする（羈束力、321条1項）。

イ　上告審は法律審であるから、書面だけで審理可能な場合が多い。

221

そこで、上告状・上告理由書・答弁書などから上告の理由がないと判断されれば、口頭弁論を開かなくても、判決で上告を棄却できる（319条）。これに対し、上告を認容する場合には、口頭弁論を開いて審理しなければならない。

ウ　上告裁判所が最高裁判所である場合、上告の理由が明らかに312条1項及び2項に該当しないときは、決定で上告を棄却できる（317条2項）。

エ　その他、上告審の審理には控訴審の規定が準用される（313条）。

(5) 上告審の終了

ア　当事者による終了

控訴審と同じく、訴えの取下げ、請求の放棄・認諾、和解、上告の取下げがある。

イ　終局判決による終了

上告審における終局判決の種類も、控訴審と同じである。上告が不適法なときは、決定で却下できる（317条1項等）。

上告審は法律審であるから、破棄差戻しが原則であり、自判は例外的である（325条、326条）。

ウ　差戻し・移送後の手続

差戻し又は移送を受けた裁判所は、新たに口頭弁論を開いて裁判しなければならない（325条3項前段）。この場合に、上告裁判所が破棄の理由とした事実上又は法律上の判断は、差戻し又は移送を受けた裁判所を拘束する（羈束力、同項後段）。

解説　事例6－2

(1) 上告受理申立てである（318条1項）。本事例では高等裁判所が第二審として終局判決を下しているから上告をすべき裁判所は最高裁判所である（311条1項）。そして、この場合には、最高裁判所は、法令の解釈に関する重要な事項を含むものと認められる事件について、申立てにより、決定で、上告審として事件を受理することができるところ（318条1項）、本事例の訴訟は、控訴審判決が特許法の解釈につき通説的見解や地方裁判所の下した多くの裁判例と異なる解釈を採用しているため、法令の解釈に関する重要な事項を含む事件に当たるからである。

(2) 上告受理申立て通知書の送達を受けた日から50日以内である（318条5項、315条1項、規199条2項、規194条、規189条1項、民法140条）。

222

4 決定・命令に対する上訴

(1) 抗告

ア 意義

抗告とは、決定・命令に対する独立の上訴をいう。抗告はすべての決定・命令に対して許されるのではなく、これを許す法律の定めがある場合に限って認められる。

抗告には、抗告提起期間の定めがなく、抗告の利益があればいつでもできる通常抗告と、法が個別に規定し、裁判の告知を受けた日から1週間の不変期間内にしなければならない即時抗告（332条）がある。

抗告は、次の裁判に対してすることができる。

a．口頭弁論を経ずに訴訟手続に関する申立てを却下した決定又は命令（328条1項、ex.移送、忌避、期日指定、受継の各申立てに関する裁判）

b．決定又は命令で裁判できない事項についてされた決定又は命令（328条2項）

c．訴訟上の救助に関する決定（86条）や、訴状却下命令（137条3項）など、法律が個別に認めている場合

d．許可抗告（337条）

旧法下では、高等裁判所の決定又は命令に対しては、特別抗告を除いて、一切抗告は認められなかったが、現行法は、決定手続により審理される事件(ex.文書提出命令、民事保全・執行、破産・民事再生・会社更生)にも重要な法令解釈を争点とするものがあることに鑑み、許可抗告の制度を設けている。これは、高等裁判所の決定又は命令に対しては、一定の場合を除いて、その高等裁判所が許可した場合に限り、最高裁判所に抗告することを認めたものである（337条1項）。

イ 手続

抗告は、原裁判によって不利益を受ける当事者又は第三者が提起することができ、抗告状を原裁判所に提出してする（331条、286条）。

ウ 抗告提起の効果

a．再度の考案

原裁判をした裁判所又は裁判長は、抗告を理由があると認めるときは、その裁判を更正しなければならない（333条）。これを再度の考案という。

b．即時抗告には確定遮断の効力があり、原裁判について生じた

□ここに「独立の」とは、「控訴・上告とは別の」という意味である。

□特別抗告

地方裁判所及び簡易裁判所の決定及び命令で不服を申し立てることができないもの並びに高等裁判所の決定及び命令に対しては、その裁判に憲法の解釈の誤りがあることその他憲法の違反があることを理由とするときに、最高裁判所に特に抗告をすることができる（336条1項）。この抗告は裁判の告知を受けた日から5日の不変期間内にしなければならない（同条2項）。

執行力は停止する（334条1項）。一方、通常抗告には確定遮断の効力はなく、抗告裁判所又は原裁判をした裁判所若しくは裁判官は、原裁判の執行停止その他必要な処分を命ずることができるにとどまる（334条2項）。

エ　抗告審の審理

抗告審は決定手続であるから、口頭弁論を開くかは抗告裁判所の裁量による（87条1項ただし書）。口頭弁論を開かないときは、抗告裁判所は当事者や利害関係人を審尋できる（同条2項、335条）。

⑵　**再抗告**

再抗告とは、抗告審の決定に対する抗告をいい、抗告審の決定に憲法解釈の誤りがあるなど憲法違反があること又は決定に影響を及ぼすことが明らかな法令違反があることを理由とするときに限り認められる（330条）。

5 上訴をめぐる諸問題

事例　6-3

A特許権を保有する甲株式会社は、A特許権を侵害していると疑われるB製品を製造販売する乙株式会社を被告として、A特許権の侵害による損害賠償請求訴訟（請求額2000万円）を提起した（以下の⑴と⑵は、それぞれ独立した問いである。）。

⑴　この訴訟において、乙社は、B製品がA特許発明の技術的範囲に属しないことを主張するとともに、予備的に損害賠償請求権すべてが時効消滅していると主張したところ、裁判所は特許侵害の成否について判断を示すことなく、消滅時効の主張を採用して甲社の請求を棄却した。

この場合、乙社は、B製品がA特許発明の技術的範囲に属しないことによる請求棄却を求めて控訴することができるか。

⑵　この訴訟において、裁判所は、乙社の行ったB製品の製造販売がA特許権を侵害することを認め、乙社は甲社に対し損害賠償金を支払うよう命じる判決を下したが、裁判所が認定した損害額は100万円であり、乙社の予想よりも遥かに低い金額であったため、乙社は控訴期間内に控訴の申立てをしなかったが、甲社はこれを不服として控訴した。

控訴審における審理の結果、控訴審裁判所は、甲社の損害額について第一審よりも更に少ない50万円であるとの心証を形成し

た。この場合、控訴審裁判所は、いかなる判決を下すべきか。

```
                    ┌─────┐
                    │控訴審│
                    │裁判所│
                    └─────┘
   (2)甲社のみ控訴          (1)技術的範囲に
    →損害額は50万円          属しないことに
      であるとの心証          よる請求棄却を
                            求めて控訴？

  ┌──┐                      ┌──┐
  │甲社│ ──────────────→   │乙社│
  └──┘   特許権侵害による損害賠償請求  └──┘
  (原告)  (第一審：100万円認容判決)  (被告)
```

(1) 控訴の利益

ア　意義

　　民事訴訟法に明文規定はないが、控訴が認められるためには、控訴人に控訴の利益、すなわち原裁判によって不利益を受けた者に対する控訴による救済の必要が認められることを要する。いかなる場合に控訴の利益が認められるかについては争いがあるが、以下の形式的不服説が判例・通説である。

　　この説は、第一審における当事者の申立てと、その申立てに対して与えられた判決とを比較して、後者が前者よりも、質的又は量的に足りない場合に控訴の利益を認めるものである。この説によれば、全部勝訴当事者は、原則として控訴できないことになる。

（理由）

① 基準の明確性。

② 自ら求めた裁判（裁判所は当事者の申立てに拘束される）を勝ち取った者が、相手方当事者や裁判所の負担となる上訴によって、その取消しを求めることを一般的に認めるべきではない。

イ　形式的不服説と第一審全部勝訴当事者による控訴の可否

　　形式的不服説によれば、第一審において全部勝訴した当事者は、申立てとそれに対する判決が一致するのであるから、控訴の利益が全く認められず、控訴できないことになりそうである。しかし、たとえ全部勝訴した当事者であっても、第一審判決の確定によりなお不利益を受け、しかもこれを自己責任により甘受させるのが酷な場合もある。こうした場合には、形式的不服説からも、例外的に控訴の利益を認めざるをえない。

ａ．明示のない一部請求が全部認容された場合

□上訴をするには、上訴人に上訴により救済を求めるだけの利益がなければならない。これを上訴の利益という。本書ではこのうち実務上最も問題となるといえる控訴の利益について取り上げることにする。

第6章

第一審において一部であることを明示せずに一部請求をして全部認容された原告が、追加請求するために控訴する場合（明示がないため、判例・通説によれば後訴での請求が禁止される）

　ｂ．判決理由中の判断に不服がある場合

判決理由中の判断に不服があっても、結局勝訴しているときは控訴の利益は認められないのが原則であるが、判決理由中の判断であっても、相殺の抗弁のように既判力その他の拘束力が生じる場合には、例外的に控訴の利益が認められる。

(2)　不利益変更禁止の原則

続審制の下では、控訴審の審理及び判断の対象は第一審と同じであると一応は考えられる。

しかし、控訴審の裁判においては、第一審の裁判を控訴人にとって不利益に変更することは原則としてできない（304条）。これを不利益変更禁止の原則という（また、この規定は不服申立ての限度を超えて、控訴人に有利な裁判をすることを禁止する利益変更禁止の原則も併せ含むものと解されている）。この不利益変更禁止の原則は、処分権主義（246条）の上訴段階における発現であるとともに、上訴の帰趨に対する不安を抑える機能を有する。

例えば、一部認容の第一審判決に対して、原告のみが控訴した場合に、控訴審で請求の全部につき理由のないことが判明しても、被告からの控訴・附帯控訴がない限り、控訴裁判所は全請求を棄却できず、控訴棄却（第一審判決維持）ができるにとどまる。被告からの控訴・附帯控訴があれば審判対象が拡張され、その限りにおいて不利益変更禁止の原則は排除される。

不利益変更禁止の原則は、利益変更禁止の原則とともに、上告審・抗告審においても認められている（313条、331条、304条）。

解説　事例６−３

(1)　できない。控訴を提起するには第一審における当事者の申立てと、その申立てに対して与えられた判決主文とを比較して、後者が前者よりも足りない場合であることが必要であると解されているところ（控訴の利益に関する形式的不服説、判例・通説）、乙社の申立てと判決主文は、ともに請求棄却であり同一だからである。

(2)　控訴審裁判所は控訴を棄却すべきである。処分権主義の控訴審手続における発現である不利益変更禁止の原則（304条）により、

第一審判決を取り消して認容額を50万円とする判決を下すことは許されない。

6 再審

(1) 意義

再審とは、確定判決の取消しを求めるとともに本案の申立てについての再審判を求める不服申立てをいう。

終局判決が確定して訴訟手続が終了した以上、その判決が尊重されなければ当事者の利益を安定して図ることができず、訴訟制度の目的は達成されないことになる。しかし、その一方で、その判決に重大な瑕疵がある場合にまでなお判決を覆せないというのでは、かえって正義に反し、裁判に対する信頼も失われる。そこで、これらの相反する要請を調和するために、判決を当然に無効とするのではなく、確定判決に法定の重大な事由が存在するときに限り、訴えという明確な形式で判決の取消しを認めることにしたものが再審の制度である。

(2) 手続

再審による不服申立ては、その取消しを求める確定判決をした裁判所に対して、再審期間内に再審事由その他の事項を記載した訴状を提出して行う（340条〜343条）。

(3) 再審事由

再審の訴えは、再審事由がある場合に限り提起できる（338条1項本文）。但し、①判決確定前に上訴により再審事由に当たる事実を主張したとき、又は②それを知りながら上訴により主張しなかった場合は、再審事由として主張できない（338条1項ただし書）。これを再審の補充性という。

(4) 再審の審判

再審の審判は、その性質に反しない限り、再審訴訟の係属する審級に関する規定が準用される（341条）。

ア　裁判所は、再審の訴えが不適法である場合には、決定で却下しなければならない（345条1項）。

イ　再審の訴えが適法である場合には、裁判所は再審事由の存否を調査し、これがなければ決定で再審の請求を棄却し（345条2項）、再審事由があれば再審開始の決定をする（346条1項）。

ウ　裁判所は、再審開始の決定が確定した場合には、不服申立ての限度で本案の審理及び裁判をする（348条1項）。そして、原判決を正当と認めるときは再審の請求を棄却し（同条2項）、不当

と認めるときは原判決を取り消した上、更に裁判をしなければならない（同条3項）。

(5) 侵害訴訟判決確定後の無効又は不成立審決と再審事由

ア　例えば、甲が乙を被告として提起した特許権侵害による損害賠償請求訴訟において甲の請求が認容され確定したが、その後、当該特許は無効審判で無効となり、これが確定した場合、かつては、乙は338条1項8号所定の再審事由があるとして確定判決を取り消し、支払済みの損害賠償金を不当利得（民法703条）として返還を求めることができるものと解されていたが、平成23年改正特許法で104条の4が設けられたため、現在では、このような事例における乙の不当利得返還請求は認められない（同条柱書、1号）。すなわち、【図解】の例で乙が再審の訴えを提起した場合、裁判所は再審の請求を棄却する決定を下す。特許権侵害訴訟につき甲の請求を認容する終局判決が確定した後に当該特許につき無効審決が下され、確定しているため、乙は再審の訴えにおいて、再審開始の決定（民事訴訟法346条1項）がされるために必要な事実である、この無効審決の確定を主張することができず（特許法104条の4柱書、1号）、結局、再審事由がないことになるからである（民事訴訟法345条2項）。

【図解】

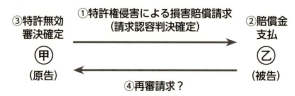

イ　アの事例とは逆に、裁判所が乙の主張した無効の抗弁（特104条の3第1項）を認めて甲の損害賠償請求を棄却する判決を下し、判決が確定した後で、特許庁が、乙が侵害訴訟において主張したものと同じ無効理由に基づいて行った無効審判請求につき不成立審決を下し、審決が確定した場合は、再審事由にも既判力の基準時後の事由にも当たらない。前訴判決は甲の特許権の対世的有効性を前提に、前訴における甲の特許権の行使は制限されるとの相対的判断をしたものであり、不成立審決により甲の特許権の有効性が新たに認められたわけではないからである。従って、甲が乙に対し、改めて前訴と同一の損害賠償請求訴訟を提起しても、前訴判決の既判力に触れるため、請求は棄却されることになる。

□本文のとおり、特許法104条の4柱書、1号により、特許権侵害による差止め及び損害賠償の請求訴訟で原告勝訴の判決が確定した後に当該特許につき無効審決が確定しても、その主張が制限されるため、判決に基づき被告が原告に対し支払った損害賠償金の返還請求は封じられる（未払の場合でも支払義務は免れない）。一方、差止めについてはこの審決の確定により解除されるため、被告は、この審決の確定後は自由に当該特許発明を実施することができる。この場合も本文の場合と同様に再審の訴えは認められないが、被告は、この判決を債務名義とする強制執行の不許を求めるために請求異議の訴えを提起でき（民事執行法35条2項）、また、原告がこの判決に基づき間接強制の申立てをした場合は債務者審尋（同法172条3項）においてこの審決の確定を主張できるため、再審の訴えが認められないことによる実害はないと考えられる。

□再審は確定判決の効力を覆す唯一の手続であるから、再審請求事件の訴訟物は確定判決に係る事件のそ

【図解】

②無効審判
　請求不成立
　審決確定

①特許権侵害による損害賠償請求
（裁判所は無効の抗弁を認めて
請求棄却判決を下し、確定）

甲 ─────────────────────→ 乙
（原告）　　　　　　　　　　　　　　　　（被告）
　　　　　─────────────────→

③ ①と同一の損害賠償請求？

れと同じ（アの図解の例で
は損害賠償請求権）である。
この点、【事例4－4】と
混同しないよう注意を要す
る。なお、アの図解の例で
再審請求が認められること
を念頭に不当利得返還請求
を併合する（訴訟物に加え
る）ことは理論上可能と考
えられるが、上記のとおり
特許法104条の4柱書、
1号により無効審決の確定
を再審事件において主張で
きず、再審請求は棄却され
るから、再審事件で不当利
得返還請求権の存否が判断
されることはない。

第6章

229

付録　訴状書式例（特許権侵害訴訟）

＊以下の書式は、あくまでも一例であり、常にこの書式と同じ書き方や内容となるわけではないことにご留意ください。

訴　　　状

令和7年4月4日

東京地方裁判所民事部　　御　中

原 告 訴 訟 代 理 人
弁 護 士　　　甲　川　一　郎（印）
弁 理 士　　　乙　山　一　夫（印）

【当 事 者 の 表 示】
〒000-0000 東京都中央区銀座○丁目○番××号
原　　　　告　　株式会社○○○○
原告代表者代表取締役　　○　山　×　男
〒000-0000 東京都千代田区富士見△丁目×－○
甲 川 法 律 事 務 所（送達場所）
電話：03-0000-××××　FAX：03-0000-×××○
原告訴訟代理人弁護士　　甲　川　一　郎
〒000-0000 東京都港区赤坂×丁目×番○号
乙 山 特 許 事 務 所
電話：03-0000-○○○○　FAX：03-0000-○○○○
原告訴訟代理人弁理士　　乙　山　一　夫

〒000-0000 東京都台東区浅草○丁目○番○号
被　　　　告　　×××株式会社
被告代表者代表取締役　　丙　沢　太　郎

訴訟物の価格（略）
貼用印紙額　　（略）

特許権侵害差止等請求事件

第1 請求の趣旨

1 被告は、別紙被告製品目録記載の製品を製造し、販売してはならない。

2 被告は、別紙被告製品目録記載の製品を廃棄せよ。

3 被告は、原告に対し、金3000万円及びこれに対する本訴状送達の日の翌日から支払い済みに至るまで年3パーセントの割合による金員を支払え。

4 訴訟費用は被告の負担とする。

との判決並びに仮執行の宣言を求める。

第2 請求の原因

1 当事者

原告は、・・・・・・・・・を目的とする株式会社である。

被告は、・・・・・・・・・を目的とする株式会社である。

2 原告の特許権

(1) 原告は、以下の特許権（以下「本件特許権」といい、その特許請求の範囲の請求項1に係る発明を「本件特許発明」という。）を有している（甲第1号証：特許登録原簿謄本、甲第2号証：特許公報）。

発明の名称　　○○○○○○○○

出　願　日　　令和○○年○月○日

出　願番号　　特願20××‐000000

登　録　日　　令和○○年○月○日

特許番号　　第9999999号

(2) 本件特許発明の技術的範囲は、次のとおりである。

「・・・・・・・・・・・・・・・・・・・・・・・・・・。」

(3) 本件特許発明は、次のとおり、構成要件に分説することができる。

A　・・・・・・・・・・・・・・・・、

B　・・・・・・・・・・・・・・・・、

C　・・・・・・・・・・・・・・・・、

D　・・・・・・・・・・・・・・。

(4) 本件特許発明は、・・・・・・・・・という作用効果を奏する。

3 被告の行為

被告は、令和○年○月から現在に至るまで、別紙被告製品目録記載の製品（以下、「被告製品」という。）を業として製造し、販売している（甲第3号証：被告製品のパンフレット）。

4 特許権侵害

被告製品は、次のとおり、本件特許発明の構成要件AないしDを充足し、その技術的範囲に属する。

(1) 被告製品の構成

被告製品は、別紙被告製品説明書記載のとおりの構成を有しており、本件特許の構成要件に対応させて記述すれば、次のとおりとなる。

a・・・・・・・・・・・・・・・・・、

b・・・・・・・・・・・・・・・・・、

c・・・・・・・・・・・・・・・・・、

d・・・・・・・・・・・・・・・・・。

(2) 被告製品は、・・・・・・・・・・・という作用効果を奏する。

(3) 被告製品の構成と本件特許発明の構成要件との対比

ア 被告製品の構成aは・・・であるから、被告製品は本件特許発明の構成要件Aを充足する。

イ 被告製品の構成bは・・・であるから、被告製品は本件特許発明の構成要件Bを充足する。

ウ 被告製品の構成cは・・・であるから、被告製品は本件特許発明の構成要件Cを充足する。

エ 被告製品の構成dは・・・であるから、被告製品は本件特許発明の構成要件Dを充足する。

(4) 以上により、被告製品は本件特許発明の技術的範囲に属し、作用効果も同一であるから、被告が被告製品を製造・販売する行為は、本件特許権を侵害する。

5 原告の損害

上記のとおり、被告が被告製品を製造・販売する行為は本件特許権を侵害する。

そして、被告は、令和○年○月から令和7年3月までの間に、被告製品を少なくとも3000個製造販売した。1個当たりの単価は2万円であるから、売上額合計は6000万円になる。

被告製品の製造原価は1個当たり1万円であり、変動経費を控除した1個当たりの限界利益は1万円であるから、被告製品の製造販売により被告は3000万円の利益を得た。

したがって、特許法102条2項により、上記3000万円が原告の被った損害額と推定され、被告は原告に対し特許権侵害による損害賠償として上記金額を支払う義務がある。

6 結語

よって、原告は、被告に対し、

⑴ 特許法100条1項及び2項に基づき、被告製品の製造・販売の差止め及び被告製品の廃棄を、

⑵ 民法709条、特許法102条2項に基づき、金3000万円及びこれに対する本訴状送達の日の翌日から支払済みに至るまで年3パーセントの割合による金員の支払を、

それぞれ求める。

以上

証　拠　方　法

甲第1号証	特許登録原簿謄本（略）
甲第2号証	特許公報（略）
甲第3号証	被告製品のパンフレット（略）

附　属　書　類

（略）

~~~~~~

（別紙）

被　告　製　品　目　録

製品名を「○○○○○○」、製品番号をＸＰ△△△△とする×××装置

~~~~~~

（別紙）

被　告　製　品　説　明　書

（略）

付録　答弁書書式例（特許権侵害訴訟）

＊以下の書式も、前記訴状書式例と同様に、あくまでも一例であり、常にこの書式と同じ書き方や内容となるわけではないことにご留意ください。

＊「第2　請求の原因に対する認否」では、書式例を読みやすくするため、前記訴状書式例の項番だけでなく、その後ろに括弧書きでその項目の見出しも示していますが（例えば「1 1（当事者）」）、実際の事件の答弁書において、必ずこのような記載をしなければならないわけではないことにもご留意ください。

令和7年（ワ）第○○○○号　特許権侵害差止等請求事件

原告　株式会社○○○○

被告　×××株式会社

令和7年5月9日

東京地方裁判所　民事第29部　御中

答　弁　書

〒000-0000　　東京都中央区銀座×丁目×番○号

　　　　　　　　　ギ ン ザ 法 律 事 務 所【送達場所】

　　　　　　　　　　　電　話　03－0000－×××○

　　　　　　　　　　　FAX　　03－0000－××××

被告訴訟代理人　弁護士　　丁　　山　　二　　郎　（印）

〒000-0000　　東京都千代田区霞が関○丁目×番○号

　　　　　　　　　戊 谷 特 許 事 務 所

　　　　　　　　　　　電　話　03－0000－○○××

　　　　　　　　　　　FAX　　03－0000－○○×○

被告訴訟代理人　弁理士　　戊　　谷　　三　　郎　（印）

第1 請求の趣旨に対する答弁

1 原告の請求をいずれも棄却する。

2 訴訟費用は原告の負担とする。

との判決を求める。

第2 請求の原因に対する認否

1 1（当事者）については認める。

2 2（原告の特許権）(1)～(3)については認め、(4)については本件明細書（甲2）にそのような記載があることは認める。

3 3（被告の行為）については認める。

4 4（特許権侵害）について

(1) (1)（被告製品の構成）について

① aについては認める。

② bについては否認する。

③ cについては認める。

④ dについては否認する。

(2) (2) については否認する。

(3) (3)（被告製品の構成と本件特許発明の構成要件との対比）について

① アについては認める。

② イについては争う。

③ ウについては認める。

④ エについては争う。

(4) (4) については争う。

5 5（原告の損害）については否認ないし争う。

6 6（結語）については争う。

第3 被告の主張

1 被告製品は本件特許発明の構成要件B及びDの「・・・・・」を備えていないこと

(1) 本件特許発明の構成要件B及びDの「・・・・・」は、本件明細書の記載を参酌し「・・・・・・・・・」と限定解釈すべきである。

本件明細書には「・・・・」（【000×】）、また「・・・・・」（【00××】）との記載があり、これらの記載を参酌すれば、構成要件B及びDの「・・・・・」については「・・・・・」との限定を加えるべきだからである。

(2) これに対して、被告製品における・・・・・は・・・・・である。

したがって、被告製品は、本件特許発明の構成要件B及びDの「・・・・・」を備えるものではなく、構成要件B及びDのいずれも充足しない。

よって、被告製品は本件特許発明の技術的範囲に属しない。

2 無効理由の存在による権利行使制限（特許法 104 条の 3 第 1 項）
　　・・・・・・・・・・・・・・・・・・・・・・・・・・・・・

3 先使用による通常実施権（特許法 79 条）
　　・・・・・・・・・・・・・・・・・・・・・・・・・・・・・

4 以上から、原告の請求には理由がなく、速やかに棄却されるべきである。

　　　　　　　　　　　　　　　　　　　　　　　　　　　　　　　以上

証　　拠　　方　　法

(略)

附　　属　　書　　類

(略)

237

索 引

あ 行

い

異議権	73
異議権の放棄・喪失	73
遺言無効確認の訴え	53
移送	21
一部請求	65
一部認容判決	62
一部判決	157
違法収集証拠	132
インカメラ手続	129

う

訴え	40
訴えの客観的併合	178
訴えの主観的併合	187
訴えの主観的追加的併合	195
訴えの主観的予備的併合	192
訴えの取下げ	146
訴えの変更	181
訴えの利益	47

お

応訴管轄	19

か 行

か

回避	14
確認の訴え	40
確認の訴えの利益	51
管轄	14
間接事実	103
間接反証	141
鑑定	125
関連裁判籍	17

き

擬制自白	94、120
覊束力	160

既判力

既判力	11、161
既判力の客観的範囲	167
既判力の時的範囲（時的限界）	164
既判力の主観的範囲	171
忌避	14
旧訴訟物理論	41
給付の訴え	40
給付の訴えの利益	48
共同訴訟	187
共同訴訟参加	191
共同訴訟的補助参加	199
共同訴訟人独立の原則	188

け

経験則	121
形成の訴え	40
形成の訴えの利益	55
形成力	161
決定	155
検証	126
顕著な事実	120
権利根拠規定	137
権利自白	110
権利主張参加	203
権利障害規定	137
権利消滅規定	137
権利阻止規定	138

こ

合意管轄	19
公開主義	82
抗告	223
控訴	216
控訴の利益	225
公知の事実	120
口頭主義	83
口頭弁論	70
口頭弁論終結後の承継人	173
抗弁	139
固有必要的共同訴訟	191

さ 行

さ

債権者代位訴訟 ……………………………… 173
再抗告 ………………………………………… 224
再審 …………………………………………… 227
裁判 …………………………………………… 155
裁判上の自白 ………………………………… 105
裁判所調査官 ………………………………… 98
詐害防止参加 ………………………………… 203
参加承継 ……………………………………… 209
参加的効力 …………………………………… 200
暫定真実 ……………………………………… 142

し

時機に後れた攻撃防御方法の却下 ………… 89
事実上の推定 ………………………………… 141
執行力 ………………………………………… 160
指定管轄 ……………………………………… 20
自白契約 ……………………………………… 118
自白の拘束力 ………………………………… 106
事物管轄 ……………………………………… 16
釈明義務 ……………………………………… 114
釈明権 ………………………………………… 112
遮断効 ………………………………………… 165
終局判決 ……………………………………… 156
自由心証主義 …………………………… 11、131
集中証拠調べ …………………………… 91、122
主張共通の原則 ……………………………… 105
主張責任 ……………………………………… 104
主要事実 ……………………………………… 103
準備書面 ……………………………………… 74
準備的口頭弁論 ……………………………… 76
消極的釈明 …………………………………… 112
証拠共通の原則 ……………………………… 134
上告 …………………………………………… 219
上告受理申立て ……………………………… 221
証拠契約 ……………………………………… 117
証拠決定 ……………………………………… 122
証拠原因 ……………………………………… 119
証拠資料 ……………………………………… 119

証拠制限契約 ………………………………… 118
証拠適格 ……………………………………… 119
証拠能力 ……………………………………… 119
証拠の申出 …………………………………… 121
証拠方法の無制限 …………………………… 131
証拠保全 ……………………………………… 130
証拠力 ………………………………………… 119
証拠力の自由評価 …………………………… 133
上訴 …………………………………………… 216
上訴の利益 …………………………………… 225
証人義務 ……………………………………… 123
証人尋問 ……………………………………… 123
証明責任 ………………………………… 11、135
証明責任の転換 ……………………………… 140
証明力 ………………………………………… 119
将来給付の訴え ……………………………… 49
職分管轄 ……………………………………… 16
書証 …………………………………………… 125
除斥 …………………………………………… 14
職権進行主義 ………………………………… 71
職権探知主義 ………………………………… 102
職権調査事項 ………………………………… 46
処分権主義 ……………………………… 10、61
書面による準備手続 ………………………… 81
信義則 ………………………………………… 170
審尋 …………………………………………… 84
新訴訟物理論 ………………………………… 41

す

随時提出主義 ………………………………… 89

せ

請求の原因 …………………………………… 41
請求の趣旨 …………………………………… 41
請求の特定 ……………………………… 61、63
請求の認諾 …………………………………… 148
請求の放棄 …………………………………… 148
請求の目的物の所持者 ……………………… 174
積極的釈明 …………………………………… 112
専属管轄 ……………………………………… 17
専属的合意 …………………………………… 19
選択的併合 …………………………………… 180

選定当事者 …………………………… 57
全部判決 ……………………………… 157
専門委員 ……………………………… 97

そ

相殺の抗弁 …………………………… 168
送達 …………………………………… 42
争点効 ………………………………… 170
双方審尋主義 ………………………… 83
双方当事者の欠席 …………………… 95
即時確定の現実的必要性 …………… 53
訴状 …………………………………… 41
訴訟委任に基づく訴訟代理人 ……… 34
訴訟契約 ……………………………… 115
訴訟行為 ……………………………… 72
訴訟告知 ……………………………… 201
訴訟承継 ……………………………… 207
訴訟上の代理人 ……………………… 30
訴訟上の和解 ………………………… 150
訴訟資料 ……………………………… 102
訴訟手続の中断・受継 ……………… 96
訴訟能力 ……………………………… 26
訴訟判決 ……………………………… 159
訴訟物 …………………………… 10、41
訴訟物理論 …………………………… 41
訴訟法上の特別代理人 ……………… 31
訴訟要件 ……………………………… 45
訴訟要件の調査 ……………………… 45
疎明 …………………………………… 135

た 行

た

第三者の訴訟担当 …………………… 55
単純否認 ……………………………… 138
単純併合 ……………………………… 179

ち

中間確認の訴え ……………………… 186
中間判決 ……………………………… 156
調査嘱託 ……………………………… 79
重複する訴えの提起の禁止 ………… 58
直接主義 ……………………………… 85

つ

追認 ……………………………… 28、73
通常共同訴訟 ………………………… 187

て

適時提出主義 ………………………… 88

と

当事者 ………………………………… 24
当事者尋問 …………………………… 124
当事者適格 …………………………… 55
当事者能力 …………………………… 24
当事者の確定 ………………………… 24
当事者の欠席 ………………………… 92
当事者の交替 ………………………… 207
同時審判の申出がある共同訴訟 …… 194
当然承継 ……………………………… 208
特別裁判籍 …………………………… 17
独立裁判籍 …………………………… 17
独立当事者参加 ……………………… 202
土地管轄 ……………………………… 16

な 行

に

二段の推定 …………………………… 134
任意管轄 ……………………………… 17
任意代理人 …………………………… 34
任意的訴訟担当 ……………………… 56
任意的当事者変更 …………………… 211

は 行

は

判決 …………………………………… 155
判決の更正 …………………………… 160
判決の自己拘束力（自縛性） ……… 159
判決の変更 …………………………… 160
反証 …………………………………… 137
反訴 …………………………………… 183

ひ

引受承継 ……………………………… 209
必要的共同訴訟 ……………………… 190
必要的口頭弁論の原則 ……………… 82

否認 ……………………………………… 138

ふ

複数請求訴訟 ……………………………… 178

普通裁判籍 ………………………………… 16

不要証事項 ……………………………… 119

不利益変更禁止の原則 ………………… 226

文書提出命令 …………………………… 127

文書の証拠力 …………………………… 125

紛争の成熟性 ……………………………… 53

へ

弁護士代理の原則 ……………………… 34

弁論主義 ……………………………… 11、102

弁論準備手続 ……………………………… 77

弁論の更新 ………………………………… 85

弁論の制限 ………………………………… 71

弁論の全趣旨 …………………………… 132

弁論の分離 ………………………………… 72

弁論の併合 ………………………………… 72

ほ

法人格のない社団・財団 ……………… 25

法人等の代表者 …………………………… 33

法定管轄 …………………………………… 16

法定証拠主義 …………………………… 131

法定訴訟担当 ……………………………… 56

法定代理人 ………………………………… 31

法律上の推定 …………………………… 141

法律要件分類説 ………………………… 137

法令上の訴訟代理人 …………………… 36

補佐人 ……………………………………… 37

補助参加 ………………………………… 198

補助事実 ………………………………… 103

補正 ………………………………………… 73

本案判決 ………………………………… 159

本証 ……………………………………… 137

ま 行

み

民事訴訟制度の目的 ……………………… 8

民法上の組合の当事者能力 …………… 25

め

命令 ……………………………………… 155

や 行

ゆ

唯一の証拠方法の法理 ………………… 122

よ

予備的併合 ……………………………… 179

ら 行

り

理由付否認 ……………………………… 138

る

類似必要的共同訴訟 …………………… 191

わ 行

〔著者紹介〕

村西大作（むらにし　だいさく）

早稲田大学法学部卒
1995 年 司法試験合格
1998 年 弁護士登録（第一東京弁護士会）

知的財産権法を専門分野の 1 つとして活動し、
これに関連する企業・団体における研修講師
業務も多数行っている。

知的財産権の事例から見る民事訴訟法

2024 年 12 月 25 日　発行

著者　　村西　大作

発行　　開隆堂出版株式会社
　　　　代表者　岩塚　太郎
　　　　〒 113-8608　東京都文京区向丘 1 丁目 13 番 1 号
　　　　電話　03-5684-6111
　　　　https://www.kairyudo.co.jp/

発売　　開隆館出版販売株式会社
　　　　〒 113-8608　東京都文京区向丘 1 丁目 13 番 1 号
　　　　電話　03-5684-6118（販売）

印刷　　株式会社大熊整美堂

表紙・本文デザイン／パシフィック・ウイステリア有限会社
© 2024, DAISAKU Muranishi. Printed in Japan

●本書の無断複製は著作権法上の例外を除き禁じられています。●乱丁本・落丁本はお取り替えいたします。